전능자의 기운이
나를 살리시고

모든 인간은 하나님의 형상을 닮은 존엄한 존재입니다. 전 세계의 모든 사람들은 인종, 민족, 피부색, 문화, 언어에 관계없이 존귀합니다. 예영커뮤니케이션은 이러한 정신에 근거해 모든 인간이 존귀한 삶을 사는 데 필요한 지식과 문화를 예수 그리스도의 사랑으로 보급함으로써 우리가 속한 사회에 기여하고자 합니다.

국립중앙도서관 출판시도서목록(CIP)

전능자의 기운이 나를 살리시고
지은이: 오운철. -- 서울 : 예영커뮤니케이션, 2013
  p. ;   cm
ISBN 978-89-8350-841-6 03230 : ₩13,000

기독교 신앙 생활[基督敎信仰生活]

234.8-KDC5
248.4-DDC21   CIP2013006599

전능자의 기운이 나를 살리시고
초판 1쇄 찍은 날 · 2013년 5월 20일 | 초판 1쇄 펴낸 날 · 2013년 5월 25일
지은이 · 오운철 | 펴낸이 · 김승태
등록번호 · 제2-1349호(1992. 3. 31) | 펴낸 곳 · 예영커뮤니케이션
주소 · (136-825) 서울시 성북구 성북1동 179-56 | 홈페이지 · www.jeyoung.com
출판사업부 · T. (02)766-8931 F. (02)766-8934 e-mail: jeyoungedit@chol.com
출판유통사업부 · T. (02)766-7912 F. (02)766-8934 e-mail: jeyoung@chol.com

ISBN 978-89-8350-841-6 (03230)
Copyright © 2013 오운철

값 13,000원

* 잘못 만들어진 책은 교환해 드립니다.
* 본 저작물은 저작권법에 의하여 한국 내에서 보호를 받는 저작물이므로 무단 전재와 무단 복제를 금합니다.

전능자의 기운이
나를 살리시고

오운철 지음

이동원 · 강준민 · 변희관 · 이태웅 · 김규동
송영선 · 장경철 · 안종혁 추천

예영커뮤니케이션

차례

추천사 이동원 · 강준민 · 변희관 · 이태웅 · 김규동 · 송영선 · 장경철 · 안종혁 _7
서론 _15

1장 상실한 마음과 고통 _21
1. 상한 감정으로 얼룩진 어린 시절 23
2. 몸과 마음을 병들게 한 분노 28
3. 상실된 자아에서 시작된 대학초년생활 33
4. 잠시의 행복 41

　　　　　　　　　　시. 모래를 치는 소년(오영례) 44

2장 심리적 구원 _47
5. 분초마다 겪는 고통 49
6. 극적인 만남이 가져다 준 놀라운 회복 55
7. 치유의 요소 62
8. 심리적 구원 69
9. 자신감의 증대와 꿈 73

　　　　　　　　　　시. 분초마다 겪는 고통(오영례) 76

3장 예수님과의 만남과 진정한 회복의 시작 _79
10. 구도자의 길에서 만난 예수님 81
11. 영적인 힘으로 극복한 외로움 88
12. 분초마다 하나님을 찾음 93
13. 진로를 인도하신 하나님 99

　　　　　　　　　　시. 내 인생의 주인(오영례) 108

4장 훈련과 회복 _111

14. 전능자의 기운을 공급하는 기도   113
15. 약속을 바라보는 믿음   121
16. 거룩한 습관을 형성시켜 주는 훈련   128
17. 참 기쁨을 사모함   138

시. 기도(오영례)   144

18. 기도의 양이 찬 후에 이루어진 도약   146
19. 영적 도약과 이미지 변화   156
20. 최선의 졸업 작품을 주신 하나님   162
21. 최고의 배우자를 주신 하나님   170
22. 중국 선교의 문을 여신 하나님   176

시. 부부(오영례)   180

5장 사명에 대한 헌신과 회복 _183

23. 의사소통의 능력   185
24. 생각의 회복   192
25. 풍성한 열매   201
26. 놀라운 인도   211

시. 포도나무와 가지(오영례)   217

6장 고립과 회복 _219

27. 성숙을 위한 중년기의 흔들림   221
28. 하나님과의 특별한 만남   230
29. 축복된 섭리적 만남   240

30. 행복한 사역자   247
31. 중년기에 찾아온 건강의 회복   254
32. 점점 차오르는 충만함   269
33. 영혼의 주시   276

시. 내 인생의 꿈(오영례)   284

주 _286

추천사

우리가 사는 시대를 포스트모던 시대라고 부릅니다. 이 시대의 현저한 특성은 파괴와 해체입니다. 지식은 무섭게 증가하지만 정신세계가 무너지고 있습니다. 그런 증상 중의 하나가 우울증과 불면증입니다. 이런 증상은 또한 보편적이라는 것이 시대의 고민입니다.

오운철 목사님은 우리 시대의 대표적 지성의 길을 걸었습니다. 그러나 시대의 질병인 우울증으로 불면의 밤을 지새워야 했던 분이십니다. 그러나 이런 영혼의 어둔 밤에서 빛이신 주님을 만나셨습니다. 그리고 결코 쉽지만은 않았던 어둠의 긴 질곡에서 벗어나 영혼을 치유하는 상처받은 치유자가 되신 분이십니다.

저는 어거스틴의 참회록을 읽던 심정으로 이 책을 읽었습니다. 진솔한 간증과 깊은 영혼의 고백 속에서 그의 맑은 영혼을 만났습니다. 저는 우울증으로 고생하는 이웃들에게 이 책을 선물하고픈 마음이 생겼습니다. 여러 정신적 상처로 마음 아픈 친구들에게 전할 귀한 보석을 발견했습니다.

무엇보다 깊은 영적 순례를 떠나고픈 분들에게 이 책을 선물하고 싶습니다. 오 목사님을 살려낸 전능자의 기운을 경험하게 될 것입니다. 이 책을 읽는 모든 분들에게 샬롬을 빕니다.

이동원 (지구촌교회 원로목사)

고통처럼 고통스러운 것은 없습니다. 저자는 깊은 고통을 경험한 사람입니다. 침체의 깊은 늪 속에서 죽음의 위기에 직면했던 사람입니다. 우울증이 얼마나 위험한가를 아는 사람입니다. 이 책은 저자가 자신의 고통에 직면하면서 쓴 책입니다. 훌륭한 작가와 시인은 자신의 고통과 상처를 재료 삼아 글을 쓰는 사람입니다. 그리함으로 고통 중에 있는 사람, 상처 입은 영혼을 치유하는 것입니다. 그것은 쉬운 일이 아닙니다. 왜냐하면 과거의 상처를 다시 생각하며, 그 과거의 고통을 끌어내어 재연한다는 것은 또 다시 고통을 받는 일이기 때문입니다. 그렇지만 저자는 고통 중에 있는 분들을 치유하기 위해 그런 과정을 사명으로 여기며 이 책을 썼습니다.

이 책은 고통이 무엇이고 침체가 얼마나 힘든 아픔인가를 알려 줍니다. 그러나 저자는 거기에 머물지 않습니다. 하나님이 고통과 침체 중에 있는 영혼을 어떻게 건져 내 주셨는가를 보여 줍니다. 그래서 이 책은 치유의 책이요, 회복의 책이요, 소망의 책입니다. 아무리 깊은 상처와 아픔도 전능자의 손길을 통해 치유될 수 있음을 보여 주는 책입니다. 상처가 어떻게 하나님의 손길에서 진주가 될 수 있는지, 상처도 하나님의 손에서 잘 익으면 얼마나 놀라운 향기를 발할 수 있는 가를 보여 주는 책입니다. 저자의 글은 간결하지만 힘이 있습니다. 담백하지만 맛이 깊습니다. 우리의 눈길이 하나님을 앙망하도록 도와주는 영성 깊은 글입니다. 깊은 상처와 고통 중에 있는 분들에게 이 책을 추천하고 싶습니다. 하나님의 따스하고 깊은 치유의 손길을 경험하기 원하는 분들에게 이 책을 추천하고 싶습니다. 회복과 치유를 갈망하는 분들에게 추천하고 싶습니다. 내적 치유를 돕고 계시는 영적 인도자들에게 추천하고 싶습니다.

강준민(L.A. 새생명비전교회 담임목사)

이 책은 "맑고 진솔한 한 개인의 영적 순례에 대한 이야기"입니다. 벌거벗은 임금님처럼 오운철 목사님 역시 벌거벗고 자신의 속살을 다 드러내어 보였습니다. 선교사와 목회자로서 자신의 허물과 연약함을 다 드러내는 것은 쉬운 일이 아닙니다. 오랫동안 가까이서 지켜 본 오운철 목사님의 맑고 진솔한 영성이 느껴집니다. 오로지 하나님의 은혜와 역사하심을 드러내고자 하는 용기 있는 고백에 박수를 보내고 싶습니다.

한창 훈련 받고 섬기며 20대를 보내는 청년들, 치열한 삶과 사역의 현장에서 고뇌하는 직장인이나 크리스천 사역자들, 신앙의 고립과 회복의 시기를 거치고 있는 이 땅의 모든 아버지들과 지도자들에게 깊은 공명을 주고, 공감을 주는 책입니다. 그러기에 손에 잡으면 거침없이 읽어 내려가는 매력이 있습니다. 왜냐하면 과거와 현재의 나의 이야기이며 앞으로의 나의 이야기처럼 느껴지기 때문입니다. 또한 오운철 목사님은 자신의 인생 전체를 하나님의 시야에서 건강하고 균형 잡힌 시야로 바로 보고 있습니다.

그리고 하나님의 시야로 현재를 해석할 수 있는 좋은 본을 보여 주고 있습니다. 그래서 자신의 정체성과 진로에 대해서 고민하는 모든 분들에게 이 책을 추천해 주고 싶습니다.

변희관 목사(전 세계로선교회 대표, 현 세계로선교회 부산지구 대표)

오운철 목사님은 생생한 삶에 대한 신학의 정립이 부족한 한국교회에 삶의 신학화를 시도함으로써 땜 방식의 신앙이 아닌, 신학이 삶으로 나타나는 과정에 대한 책을 썼습니다. 특기할 만한 점은 이 책이 지식적인 면보다 전인적인 삶의 귀중성에 대해 더 큰 의미를 부여했다는 사실입니다. 이런 신학화(神學化) 과정의 장점은 다른 사람들도 그것을 모델로 삼아 카피할 수 있고, 이로써 자신들의 삶의 신학화 과정을 시도할 수 있게 해 주는 데 있습니다.

이 책을 한 번 읽기 시작하는 사람이면 누구든지 단숨에 읽어 내려갈 정도로 박진감과 현장감이 넘치는 데 그 매력이 있습니다. 마음에 치유가 필요한 사람들이나 정작 치유가 필요 없다고 생각하는 사람들까지도 모두가 도움을 받을 수 있고 성령님께서 한 사람의 인격 속에 어떻게 재창조의 역사를 이루어 나아가시는지를 볼 수 있게 해 줄 것이라고 확신합니다.

이태웅(선교학 박사, 글로벌리더십연구원(GLfocus.org) 원장)

이 책은 저자 오운철 목사님을 처음 대했을 때의 품성이 잘 드러난 작품이라 할 수 있습니다. 항상 겸손하시고 소박하시며, 화려한 제스처나 퍼포먼스와는 거리가 먼 저자의 자서전이요, 고백록 같은 글입니다. 저자의 섬세하며 정직과 진실로 점철된 작품이기에 비슷한 경험자들에게 있어서는 치유의 효과까지도 충분히 기대할 수 있는 글입니다. 또한 신앙의 입문 과정부터 성장과 성숙을 향해 가는 신앙인들의 여정을 자서전적 고백록 같은 표현으로 독자들의 공감을 일으켜 감동을 공유하기에 적절하며 유익한 작품으로 기쁨으로 추천합니다. 좋은 멘토이신 강준민 목사님을 도우며 함께 사역하시며 앞으로 더욱 좋은 글을 기대해 봅니다.

김규동(일본 요한동경교회 담임목사)

이 책을 읽고 난 후에 세 가지 생각이 떠올랐습니다. '쉽게 읽혀진다. 깊은 영성을 느낀다. 실제적이다.' 이 책은 아픔과 절망과 그로 인한 분노와 좌절, 외로움과 우울함의 상처로 얼룩진 과거에 붙잡혀 사는 이들에게 예수 안에서 회복될 수 있는 소망의 빛을 밝혀 주는 아름다운 수채화 같습니다.

책을 읽어 가면서 저자에게 역사한 전능자 하나님의 생기가 이 책을 읽는 독자의 마음의 숨 속으로 들어가 동일한 생기로 읽는 이들의 영혼 육을 회복시킬 것입니다. 눌린 영혼을 풀어 주며 세상의 죄로 말미암아 포로로 된 마음들을 자유하게 할 것입니다. 은혜를 느끼게 할 것이며 생기가 넘치는 크리스천의 삶을 살게 할 것입니다.

송영선(메릴랜드 주 볼티모어 소재 빌립보교회 담임목사)

이 책은 『끝까지 쓰임 받는 비결』의 저자 오운철 목사님의 신간입니다. 저는 오운철 목사님의 『전능자의 기운이 나를 살리시고』의 추천사를 부탁 받고 원고를 받은 후에 단숨에 이 책을 읽어 내려갔습니다.

이 책은 한 사람의 영적 순례여정이 남긴 자전적 에세이인 동시에 오늘의 그를 빚어온 만남의 흔적들을 담고 있습니다. 이 책에는 대한민국 최고 학력의 공학도에게 찾아오셔서 그의 아픈 상처를 치유하시고 다양한 만남의 축복을 통해서 우리를 인도하시는 하나님의 섭리가 생생하게 그려져 있습니다. 이 책에는 인생의 공허 가운데 괴로워하는 영혼이 어떻게 전능자의 품 안에서 회복의 손길을 체험하고 하나님의 영광을 위하여 쓰임 받을 수 있는지가 묘사되어 있습니다.

하나님이 우리를 지으신 까닭은 하나님 안에 있는 탁월한 속성과 성품을 우리를 통해서 옮기게 하기 위함이라고 생각합니다. 우리가 하나님의 손에 붙들릴 때, 우리의 아픔과 연약함은 하나님의 속성과 성품을 옮기는 데 꼭 필요한 재료들이 될 것입니다. 지금 나의 삶은 시련 가운데 있으나 언젠가 정금같이 나를 빚으셔서 나를 쓰실 하나님을 기대하는 모든 사람들에게 오운철 목사님의 책을 진심으로 추천하고 싶습니다.

장경철(서울여대 기독교학과 교수)

이 책은 상처 입은 한 영혼, 우울증에 걸렸던 한 인생이 어떻게 전능자의 기운으로 소생되는가를 소상히 기록한 영적 갈등과 변화와 회복에 대한 간증집입니다. 오운철 목사님의 어린 시절에 아버지로부터 입은 상처 때문에 겪은 심리적 고통과 갈등과 영적인 변화를 정직하고 섬세하게 쓴 책입니다. 폴 트루니에의 작품들이 생각나게 할 정도로 상처 입은 인간심리와 그 내면세계를 잘 그려냈습니다. 그는 소위 엘리트 출신의 탁월한 공학자이셨지만, 어떻게 상처 입은 치유자요, 목회자로 부르셨는가를 기록한 간증이자 하나님의 경륜에 대한 감동의 기록입니다. 이 시대에 상처를 끌어안고 사는 모든 사람들이 이 책을 통하여 전능자의 기운의 능력을 경험하며 또 치유를 경험하게 되리라고 확신합니다.

안종혁(신시내티대학교 전자공학과 석좌교수)

서론

전능자의 기운이
나의 깊은 상처를 어루만졌다

　마음의 상처는 마음의 병을 만든다. 마음에 병이 들 때 우리의 마음은 차가워지고 단단해진다. 얼어붙은 마음은 우울한 마음, 불안한 마음을 만든다. 단단해진 마음은 무지한 마음을 만든다. 새로운 것을 배우고 깨닫지 못하게 한다. 좁은 시야를 만들어 넓은 세계를 볼 수 없게 한다. 밝은 세계를 볼 수 없게 하고, 어두움만 보게 한다.
　마음의 병이 때로 우리의 몸을 병들게 한다. 우리 안에 있는 두려움과 불안이 우리 몸에 과도한 스트레스를 유발하고 몸의 기능에 장애를 조성한다. 불면을 만들기도 한다. 장기의 손상을 주기도 하고, 뇌의 손상을 주기도 한다. 몸의 병은 다시 마음의 병을 깊게 한다. 마음의 병은 몸의 병을 더 깊게 한다. 병이 병을 낳는 악순환을 만든다. 병의 악순환은 불행을 더 깊게 한다.
　마음의 병은 마음으로 치료한다. 건강한 마음이 병든 마음을 치유하고, 온전한 마음이 어그러진 마음을 회복시킨다. 차가운 마음은 따뜻한 마음이 치료하고, 단단한 마음은 부드러운 마음이 치료한다. 그런데 인간의 마음은 한계가 있다. 인간의 마음으로 작은 상처, 표면적인 상처를 치유할 수는 있다. 그러나 깊은 상처를 치유하기에는 부족하다. 인간의 마음은 온전하지 않다. 그래서 사람의 마음을 근본적으로 치유할 수 없다. 심리학자나 카운셀러들도 마음의 치료를 상당히 도울 수 있다. 그러나 그것도 한계를 갖는다. 부족한 인간의 마음과 기술과 노력이기 때문이다.

그러나 우리에게 소망이 있다. 하나님의 마음이 우리의 소망이다. 하나님의 마음은 온전한 마음이다. 하나님의 마음은 우리의 어떠한 상처도 치유하기에 충분할 정도로 따뜻하고 부드럽다. 하나님의 마음은 풍성한 사랑의 마음이며, 어떠한 죄도 용서하는 마음이다. 예수님의 마음은 완전히 부서져 버린 베드로의 마음도 회복시키셨고, 십자가에서 온 인류의 상처를 싸매시고 회복시키셨다.

하나님의 마음은 하나님의 기운을 통해 우리에게 전달된다. 하나님의 기운은 전능자의 기운이자 전능자의 숨결이다. 전능자의 기운은 곧 하나님의 영이요 예수님의 영이다. 하나님의 영이 우리 안에 불어넣어질 때 하나님의 마음이 우리에게 전달된다. 그 마음이 우리의 마음의 상처를 싸매고 회복시키신다. 성령님은 하나님의 평강을 통해 우리의 마음을 온전하게 하고 치유한다. 그러므로 전능자의 기운은 회복시키고 치유하는 영이다(욥 33:4).

"하나님의 영이 나를 지으셨고 전능자의 기운이 나를 살리시느니라"(욥 33:4).

전능자의 기운에 의한 마음의 치유는 오랜 시간을 필요로 한다. 마음의 치유는 우리의 성화와 함께 이루어진다. 성령의 열매를 맺는 것과 함께, 인격의 성장과 함께, 성령의 충만과 함께 이루어진다. 그러므로 마음의 치유는 일평생 걸린다. 댐에 물이 차듯이 서서히 점진적으로 일어난다. 점진적으로 이루어지다가 때로는 도약이 일어나기도 한다. 일상적인 하나님과의 동행과 특별한 역사가 함께 어우러진다. 크로노스(Chronos) 때의 역사와 카이로스(Kairos) 때의 역사가 함께 일어난다. 지속되는 충만의 역사이다.

이 글은 내면의 상처 치유에 관한 이야기다. 전능자의 기운이 나를 어떻게 살렸는지를 증거하는 이야기다. 하나님의 회복의 역사를 적은 글이다. 하나님, 예수님, 성령님을 증거하는 이야기다. 내게 역사하신 전능자의 기운은 모든 믿는 자에게 역사하실 수 있음을 믿는다. 마음의 상처 문제로 고통 받는 많은 분들에게 회복에 대한 소망을 주기 위해 이 글을 쓴다.

나는 상처받은 영혼이었다. 나의 어린 시절은 상처투성이었다. 가난과 가정불화는 나의 어린 마음을 괴로움과 고통으로 짓눌렀다. 미움의 짐이 너무 커서 상처가 되었다. 아물기 어려운 깊은 상처였다. 환경의 고난이 지나갔을 때 다시 마음의 병이 나의 몸을 병들게 했다. 지속되는 불면, 소화장애, 두통이 나를 괴롭혔다. 사춘기와 대학시절을 오로지 질병에 짓눌려 살았다. 어둡고 우울하고 암담했다. 절망감에 사로잡혀 살았다.

대학 졸업 후 극적으로 만난 의사선생님의 도움으로 우울증의 증상에서 벗어나게 되었다. 새로운 깨달음으로 소망이 생겼다. 신비로운 체험이었다. 불면과 소화불량과 두통이 사라졌다. 6년 동안 극심하게 괴롭히던 질병으로부터 해방된 것이다. 얼마나 기뻤는지 모른다. 그러나 여전히 몸과 마음은 불안한 상태였다. 불안정한 치유였다.

이때 하나님은 내 안에 숨결을 불어 넣으셨다. 전능자의 기운이 내게 임했다. 하나님을 믿는 마음을 주셨다. 성경을 읽고 싶은 마음을 주셨다. 기도하게 하셨다. 그리고 복음을 듣게 하시고 예수 그리스도를 구세주로 모셔들이게 하셨다. 하나님은 내게 기도의 영을 부으셔서 하나님을 찾게 하셨다. 분초마다 고통스러워하던 나의 영혼이 이제는 분초마다 하나님을 찾는 영혼으로 바뀌었다. 그리고 귀한 멘토를 만나 예수님의 제자의 길을 배우게 하셨다.

하나님을 찾고 찾을 때 전능자의 기운이 내 안에 들어와 역사하기 시작했다. 회복의 역사였다. 전능자의 기운은 하나님에 대한 이미지를 바꾸어 주었다. 아버지로서의 하나님을 알게 하셨다. 아들 된 자로서 자유함을 가지고 담대하게 하나님 앞에 나아가게 하셨다. 학업의 성취를 주시고 선교의 문을 형통하게 열어 주셨다. 생애 동반자를 주셔서 힘난한 인생길을 함께 걸어가게 하셨다. 아내와 삶을 나누는 가운데 큰 힘과 격려가 되게 하셨다. 주님께서 주시는 풍성한 영혼의 열매도 경험하게 하셨다.

목자 되신 하나님은 나로 하여금 중년기의 흔들림을 경험하게 하셨다. 외로움과 고립감이 있었다. 그때에도 주님을 바라보았다. 주님께서 나를 만나 나의 손을 잡아 주셨다. 하나님의 훈훈한 인정을 경험했다. 그리고 새로운 만남과 새로운 사역과 회복의 길로 인도하셨다. 한 번도 해 보지 못한 새로운 사역을 경험하게 하셨다.

오랫동안 주님과 동행하면서 나의 마음의 구김살은 점점 펴져 갔다. 아울러 나의 몸은 점점 건강한 몸으로 회복되어 갔다. 이사야 58장

9~12절을 계속 붙들고 기도하는 가운데 내 안의 어두움은 점점 사라져 가고 밝은 빛이 드러나게 되었다. 하나님과 보다 친밀한 교제를 나누게 되었다. 하나님의 임재와 평강 가운데 살게 되었다. 나의 심령은 물 댄 동산 같고 물이 끊어지지 않는 샘같이 되어 갔다. 나의 뼈가 점점 견고해져 갔다. 나로부터 사람의 열매가 점점 맺히기 시작했다.

지난 50년간의 세월을 뒤돌아 본다. 예수님을 믿기 전 25년간은 전능자의 기운이 내게 없었다. 상처투성이었다. 세상의 신이 나를 수없이 할퀴었다. 절망과 좌절이었다. 그러나 언젠가부터 전능하신 하나님이 내 영혼을 찾아오셔서 전능자의 기운을 불어넣어 주셨다. 그 기운이 내게 새로운 깨달음과 능력을 주었다. 나는 전능자를 간절히 찾았다. 25년간 끊임 없이 그분을 찾았다. 그분의 숨결이 나의 영혼 깊숙이 스며들었다. 회복이 일어났다. 영과 혼과 몸의 회복이었다.

전능자의 기운이 나를 살렸다. 전능자의 기운이 나의 깊은 상처까지 어루만지고 그 상처를 치유하였다. 예수 그리스도를 닮아 가면서 상처는 치유되어 갔다. 내 안에 하나님의 형상이 회복되면서 상처가 점점 회복되었다. 지금도 회복되고 있는 중이다. 전능사의 기운은 나의 상처를 회복시킬 뿐 아니라 그 상처를 진주로 만들어 빛나게 하였다. 많은 상처 받은 사람을 치유하는 도구가 되게 하였다. 상처는 사명의 도구가 되었다. 영국 격언처럼 상처가 변하여 별이 되었다(Scar into star).

전능자의 기운은 나뿐만 아니라 모든 그리스도인들 안에 역사한다. 하나님의 기운은 하나님을 찾고 전능자의 숨결을 들이마시는 자 안에서 역사한다. 치유를 일으키고 진주가 되게 할 것이다. 나를 살리신 전능자의 영은 또한 하나님을 의지하고 찾는 모든 심령 위에 동일하게 역사할 것을 믿음으로 바라본다.

이 책이 나오기까지 여러분들의 아름다운 섬김이 있었다. 책의 출판을 흔쾌히 승낙해 주시고 출판의 모든 과정을 정성스럽게 섬겨 주신 김승태 사장님과 예영커뮤니케이션 가족들에게 감사드린다. 글쓰기에 대한 좋은 본이 되어 주시고 글쓰기에 대해 항상 격려와 지도를 아끼지 않으신 강준민 목사님께 감사드린다. 책을 쓸 수 있도록 적극적으로 지원해 주고, 매 장마다 시를 지어 책을 보다 풍성하게 만들어 준 사랑하는 아내 오영례에게 감사의 마음을 전한다.

1장
상실한 마음과 고통

1

상한 감정으로 얼룩진 어린 시절

상한 감정은 내면의 고통을 낳는다. 부모나 주위 사람들에 의해 부당한 취급을 받을 때 사람은 상처를 입는다. 상처를 입은 사람은 기질에 따라 두 종류의 반응을 한다. 폴 트루니에(Paul Tournier)는 이를 '강한 반응'과 '약한 반응'이라 불렀다.[1] 약한 반응은 신경증, 수치심, 열등감, 자신감 부족, 신경과민, 병적인 죄책감, 정서 불안, 강박관념, 공포심, 기능성 장애, 우유부단, 우울증 등이다.[2] 반면에 강한 반응은 갈등, 불의, 폭력, 편협, 비방, 앙갚음, 잔인함, 전쟁 등이다. 약한 반응과 강한 반응은 모두 외부에 나타나는 반응이다. 외부적인 모습은 다르지만 그 내면의 인간성은 같다. 모두 약한 자들이다. 그 안에 자리 잡고 있는 것은 두려움이다.

"인간은 누구나 두려움을 가지고 있기 때문에 모두 약한 존재다. 인간은 누구나 자신이 패배할지도 모른다는 두려움에 휩싸여 있다."[3]

결국 상처는 두려움을 만들고 두려움에 대처하기 위해 사람들은 기질에 따라 약한 반응을 보이기도 하고, 강한 반응을 보이기도 한다. 상처가 만든 또 다른 모습은 분노이다. 감정의 상처는 분노의 감정을 만든다. 그 분노가 약한 반응과 강한 반응으로 나타낸다.

약한 반응은 심리적 장애를 의미하고, 강한 반응은 성격적 장애를 의미한다. 이중 심리적 장애는 신체적 장애를 야기할 때가 많다. 우울증은 정서적인 고통과 함께 신체적인 고통을 수반한다. 불면이나 소화 장애나 두통을 동반한다.

대학 시절에 나는 심한 우울증을 앓았다. 이것은 내가 약한 반응을 보이는 사람임을 의미한다. 나의 우울증은 어린 시절 오랫동안 지속된 상한 감정에 의한 것이었다. 그 상한 감정은 분노의 감정이었다. 분노의 감정이 적절히 처리되지 않은 채 나의 몸으로 전이되었다. 불면과 소화불량과 알 수 없는 두통이 나의 삶을 불행하게 만들었다.

내게 있어 분노는 아버지에 대한 분노였다. 내가 어린 시절에 경험한 아버지는 늘 술에 취해 있는 술 중독자였다. 아버지는 24시간 근무하고 24시간 쉬는 형태의 일을 하는 말단 철도 공무원이었다. 이북 출신으로서 남한의 생활에 잘 적응하지 못하는 어려움을 술로 달래며 생활했다. 쉬는 날이면 아버지는 영락없이 술에 취해 있었다. 나의 기억 속에는 하루도 예외는 없었다. 병원에 입원할 때 외에는 항상 취해 있었다. 병원에 입원할 때도 술 때문에 위층 계단에서 떨어지든지 아니면 술 취해 걷다가 다리를 헛디뎌 구덩이에 빠져 다리가 부러진 것 때문이었다. 술에 취한 아버지는 늘 어머니에게 술주정을 했다. 폭력이 오가는 것을 목격할 때도 많았다.

아버지는 월급날 거의 빈 봉투를 가져왔다. 술값을 먼저 갚아야 했기 때문이다. 우리는 단칸방에서 네 식구가 살면서 늘 끼니 걱정을 해야 했다. 생계는 어머니가 막노동을 해서 꾸려 갔다. 어머니는 뙤약볕이 내리쬐는 한여름에 벽돌 공장에서 벽돌에 물 주는 일을 했다. 어머니가 일이 다 끝날 때면 나는 어머니와 함께 벽돌 위에 앉아 이야기하면서 "엄마, 나는 이 다음에 커서 절대로 어머니를 고생시키지 않을게요"라고 말하기도 했다.

어느 날 벽돌 공장에서 어머니를 볼 수 없었다. 나는 수소문해서 어머니의 새로운 일터를 몰래 찾았다. 나는 작업장을 살짝 들여다 보고는 깜짝 놀랐다. 깜깜하고 좁은 공간이었다. 톱밥이 잔뜩 날리는 목공소였다. 어머니는 그곳에서 고개도 펴지 못한 채 나무에 못을 박고 있었다. 나는 들어가지도 못하고 밖에서 하염없이 울기만 했다. 나는 어머니가 고된 노동으로 인해 거품을 흘리며 쓰러지는 장면을 두 번이나 목격했다. 나는 울분을 참기 어려워 내가 다니던 초등학교의 씨름장을 자주 찾았다. 주먹으로 모래를 마구 치면서 다짐했다. "어떻게든 이 가난을 이겨내겠다", "어머니를 고생으로부터 해방시켜 호강시켜드리겠다"고 외치며 작은 주먹으로 모래를 수없이 쳐댔다. 겨울이면 눈이 덮인 모래를 치며 울고 또 울었던 기억이 난다.

가끔 담임선생님이 가정방문을 했다. 우리 집에는 선생님을 맞아 줄 사람이 아무도 없었다. 담임선생님은 단지 닫혀진 초라한 단칸방을 보며 쓸쓸히 돌아가야 했다. 초등학교 5학년 어느 날, 선생님은 여느 때처럼 정기 가정방문을 했다. 여전히 집에는 아무도 없었다. 그때 선생님은 실망한 표정을 지으며 "반장 자격이 없군" 하며 돌아갔다. 그리고는 얼마 후 작은 꼬투리를 잡아 여러 학생들 앞에서 공개적으로 나의 뺨을 때렸다. 반장의 능력이 없다고 했다. 반장으로서 선생님의 기대와 요구에 미치지 못한다는 뜻이었다. 해 드려야 하지만 도저히 할 수 없는 실정이었다. 나는 선생님께 반장을 그만두겠다고 했다. 선생님은 기다렸다는 듯이 당장 그만두라고 했다. 6학년 때 나는 다른 학교로 전학을 했고 곧바로 부반장에 당선되었다. 당시의 선생님은 나의 사정을 알고 있었다. 교실 환경 미화를 해야 하는데 부반장으로서 기본은 해야 한다고 내게 말했다. 나는 아무 말도 할 수 없었다. 단지 선생님 앞에서 울기만 했다.

중학교에 들어간 후 나는 선생님들의 요구로부터 벗어나서 매우 좋아했다. 그러나 경제적인 어려움은 여전했다. 언젠가 어머니는 어떤 사기꾼의 꼬임에 빠져 큰 어려움을 당한 일이 있었다. 어떤 영문인지 알 수 없지만 그 사기꾼은 어떤 일을 저질러 놓고 도망갔고 어머니가 모든 책임을 지고 재판을 받아야 했다. 나는 한 번만 선처해 달라는 애절한 편지를 재판장에게 썼다. 그러나 재판장은 실형 언도를 했다. 대신에 최소형인 8개월 형을 내렸다. 어머니가 복역 중에 범인이 잡혔다는 소식을 들었다. 누명이 벗겨졌지만 이미 내려진 판결이 번복되지는 않았다. 당시는 내가 중학교 시절이었고 동생은 국민학생이었다. 아버지와 어린 여동생은 함께 생활했고 나는 먼 친척 고모 댁으로 가야 했다. 집 안이 뿔뿔이 흩어지게 된 것이다. 참으로 암담한 시절이었다.

그 어려웠던 시절, 내가 다니던 중학교에 아버지가 방문한 적이 있었다. 모든 부모님이 선생님을 면담해야 하는 시기였다. 아버지는 여전히 술 냄새를 풍기며 학교에 왔다. 아버지는 담임 선생님을 만나고 돌아갔다. 아버지가 학교를 다녀간 후 선생님들의 나에 대한 반응이 다른 것을 느낄 수 있었다. 나를 좋게 대해 주던 어느 선생님은 내게 "그게 니 아버지냐?"라고 경멸하듯이 말했다. 나는 못 보일 것을 보인 것처럼 참으로 부끄러웠다.

나는 국민학교와 중학교 시절에 아버지의 술주정과 선생님들의 보이지 않는 요구에 의해 늘 긴장하며 살아야 했다. 오늘은 아버지와 어머니가 싸우지 않고 무사히 넘어갈 수 있을까 하는 불안이 늘 마음에 남아 있었다. 학생 간부로서 선생님의 필요를 채워야 할 것이 무엇인가에 늘 신경 써야 했다. 부모가 그것을 채워 줄 수 없음을 잘 알았기에 늘 답답한 마음으로 초조해했다. 이러한 환경은 하루도 빠지지 않고 계속되었다. 국민학교와 중학교 시절을 내내 이렇게 보내야 했다.

나는 아버지가 술에 취해 있지 않았을 때는 조금도 미워하는 마음이 없었고 오히려 좋아했다. 술이 깨어 있을 때 아버지는 매우 선량한 사람이었고 또한 지적이었다. 암기력이 매우 뛰어났고 영어와 지리에 능했다. 늘 세계지도를 펴 놓고 지리에 대해 나를 가르쳤다. 평소에 나는 이런 아버지를 존경했다. 의식적인 영역에서 나는 아버지에 대해 늘 좋은 감정이었다. 그러나 술 취해서 주정을 부리는 아버지의 모습을 볼 때면 나는 이해가 되지 않았고 또 분노가 치밀었고 답답해했다. 아버지의 나약한 모습이 너무나 싫었다. 지금 돌이켜 보건대 나의 무의식에서는 아버지에 대해 늘 화가 나 있었던 것 같다. 가정에 대해 전혀 책임을 지지 못하는 무능력한 아버지에 대해 이해하지 못하고 용서하지 못하는 마음을 늘 간직하고 있었다. 쌓여진 분노와 어그러진 마음은 나의 인생의 나이테 속에 깊이 기록되었다. 그것이 내면에 깊은 상처로 남아 있게 되었다.

2

몸과 마음을 병들게 한 분노

부정적인 감정이 무의식 속에 감추어져 있을 때 그 감정은 마음의 의식적인 부분과 몸에 좋지 않은 영향을 미친다. 몸과 정신을 병들게 한다. 잠언 기자는 "마음의 즐거움은 양약이라도 심령의 근심은 **뼈**를 마르게 하느니라"(잠 17:22)라고 말했다. 심령 속에 있는 근심, 불안, 두려움, 분노 등은 우리의 정신과 몸을 상하게 한다. 어린 시절의 상한 심령은 나의 무의식 속에 분노를 만들고 그 분노의 독은 나의 몸과 마음을 병들게 했다.

내가 고등학교에 다닐 때부터 우리 가정에 회복의 바람이 불기 시작했다. 시간이 지남에 따라 아버지는 술을 절제하시기 시작했다. 그것은 경제적인 짐을 덜기 시작하면서부터였다. 당시 한국은 공무원 보너스 제도가 생겼다. 아버지의 수입이 늘게 되고 오랫동안 삶을 짓누르던 빚을 갚게 되었다. 아버지는 마음이 홀가분해졌다. 자주 "쨍하고

해 뜰 날 돌아온단다"라는 노래를 흥얼거렸다. 이때 우리는 함 아저씨가 제공하는 집에서 집세도 내지 않으며 살고 있었다. 함 아저씨와 우리는 오래 전 한 집에 오랫동안 세 들어 산 적이 있다. 그 후, 서로 다른 곳으로 이사를 갔다. 함 아저씨는 얼마 후 성공해서 자기집을 장만하였다. 어느 날, 우리 집은 집세를 제대로 내지 못해 주인집으로부터 나가 달라는 통보를 받았다. 그야말로 온 가족이 길거리로 내쫓기게 되었다. 바로 그날 우연히 길에서 어머니와 함 아주머니가 반갑게 재회를 했다. 우리의 딱한 사정을 들은 함 아주머니는 자신들의 새 집에 함께 살자고 제안했다. 우리는 당시 다른 대안이 없어 그 집에 무료로 함께 살게 되었다. 함 아저씨는 계속 사업이 성공하여 더 큰 집을 짓고 이사했다. 이때에도 함께 살자고 하여 새 집의 아래층을 우리에게 다시 무료로 주었다.

어머니는 돈을 내지 않고 사는 것에 매우 미안해했고 열심히 주인집을 섬겼다. 점차 우리 집의 경제가 좋아지면서 전세금을 마련해 드렸다. 그 후 두 집은 아버지가 퇴직하여 집을 장만할 때까지 함께 살았다. 세상에서 좀처럼 보기 힘든 아름다운 우정이었다. 지금까지도 서로 연락하며 좋은 관계로 지내고 있다.

경제적으로 안정되면서 아버지와 어머님의 관계도 매우 좋아지게 되었다. 아버지의 변화에 있어서 가장 큰 역할을 한 것은 어머니의 인내와 강한 의지였다. 어떤 환경 속에서도 똑바로 정신을 차리고 대처하는 어머니의 의연한 태도는 아버지를 탄복시켰다. 결국 아버지는 술을 절제하고 성실한 태도로 생활하게 되었다. 이때가 내가 고등학교 3학년 때였다.

모처럼 인생이 주는 긴장감에서 해방되었다. 이제 일 년만 열심히 공부하면 나는 모두가 선망하는 서울대학교에 들어갈 수 있었다. 작은 가슴에 꿈이 생겼다. 그러나 인생은 나로 하여금 자유를 누리도록 놓아 주지 않았다. 어느 날 나는 갑자기 잠이 오지 않기 시작했다. 마음에는 불안증이 엄습했다. 머리가 늘 무거웠다. 이 불면과 불안은 고등학교 3학년 내내 나를 떠나지 않았다.

훗날 심리학적 지식을 통해 깨달은 것은 내 무의식 속에 쌓여진 분노의 감정이 나의 정서와 신체를 병들게 했다는 것이었다. 심리학적 용어로 "신경증적 우울증"이 생긴 것이다.[4] 긴장할 때는 나타나지 않았지만 긴장이 풀리면서 상한 감정이 내게 정서적 불안과 불면증을 유발시킨 것 같다. 그리고 그것이 분노의 골이 깊었기 때문에 쉽게 해결될 수 없었던 것으로 생각된다. 물론 내 개인적인 기질과 유전적인 요소 속에 신경증적인 요소를 지니고 있었던 것도 한 요인이 되었다고 생각한다.

나는 늘 불안해했고 초조했다. 공부가 손에 잡히지 않았다. 불면이 계속되면서 겁이 덜컹 났다. 어쩔 줄을 몰랐다. 어떻게 해결해야 할지를 몰랐다. 어느 누구와도 상의할 수 없었다. 점점 의욕이 상실되기 시작했다. 그러던 중 대학 입시를 치렀다. 전국 시험인 예비고사와 대학에 가서 치는 본고사를 치러야 했다. 다행히 예비고사 성적이 좋았다.

나는 서울대 공대를 지원했다. 나의 재능을 고려하지 않은 선택이었다. 나는 원래 문과적인 성향이 강했다. 그러나 어려서부터 가정형편이 안 좋지 않아 직장을 쉽게 고를 수 있는 이공계를 택했고 그 중에 공대를 지망했다. 서울대 진학을 위해 본고사를 치렀다. 본고사는 무척 어려웠기 때문에 나는 떨어졌다고 생각했다. 절망감에 휩싸여 눈이 온 계룡산을 구두를 신고 올랐고 혼자 갑사로 넘어갔다. 꼭대기에서 산마루턱까지 앉아서 미끄러져 내려왔다. 인생이 끝나는 것 같았다. 어렵게 어렵게 살아왔는데 이제 마음에 병도 들었고 대학도 떨어진다고 생각하니 절망감이 나의 마음을 사로잡았다.

나는 합격자 발표를 보기 위해 서울에 가지 않았다. 어머니만 홀로 새벽에 서울에 가셨다. 오전에 서울에 있는 사촌누나에게서 전화가 왔다. 방송국에 확인해 보니 합격자 명단에 내가 있다고 했다. 나는 놀랬다. 아버지는 오후에 술이 잔뜩 취하셔서 집에 들어오셨다. 나를 쳐다보지도 않으셨다. "내가 합격했어요"라고 말하자 아버지는 놀라며 얼굴이 금방 밝게 변하셨다. 아버지가 그렇게 기뻐하시는 것을 처음 보았다. 어머니가 서울에서 내려 오셨다. 너무 기뻐서 춤을 추셨다. 우리 가족은 모두 너무 기뻐했다. 그 가난과 가정불화에 찌들었던 집안에 큰 경사가 난 것이다. 빈민촌에서 자라난 한 불우한 소년이 엄청나게 불리한 조건에서 성실하게 노력한 결과로 인생의 좋은 기회를 잡은 것이다.

그러나 기쁨도 잠시 다시 근심이 내게 엄습했다. 나의 불면증과 불안증은 나를 떠나지 않았다. 여전히 머리가 무거웠다. 운동도 열심히 하고 친구도 만났지만 아무 소용이 없었다. 흔히 말하는 입시 스트레스에 의한 소위 "고3병"이었다면 합격한 후에 곧 나았을 것이다. 그러나 내 경우는 그렇지 않았다. 그 상한 감정의 뿌리가 보다 깊었던 것이다. 그것은 내 안에 깊게 쌓여진 분노의 감정이었다. 분노는 부정적인 에너지가 되어 나의 마음과 몸 속에 영향을 미쳤다.

인생에서 고등학교를 졸업하고 대학교에 들어가는 것은 인생의 한 단계에서 더 넓은 단계로 들어가는 것이다. 새로운 세계로 나아가는 것이다. 인공위성이나 우주왕복선이 지구를 벗어나 우주로 나가기 위해 반드시 대기권을 통과해야 한다. 이곳을 지날 때 비행체는 2,500도의 엄청난 열을 극복하고 통과해야 한다. 만일 잘 준비되지 않으면 대기권을 통과하다 비행체는 폭발하고 만다. 실제 2003년 2월 1일 우주왕복선 콜롬비아호가 지구로 귀환하다 대기권에서 폭발하는 일이 있었다. 우주왕복선 외부 단열재의 파편이 우주선의 왼쪽 날개와 충돌하고 그 날개 쪽에 균열이 생기게 되었고 대기권의 고온이 취약해진 부분을 녹여 결국 폭발하게 되었다.

인생의 전환기는 위험하다. 이 단계를 통과하기 위해 많이 충전된 에너지가 필요하다. 에너지가 충분하면 학생 시절에서 사회로 나아갈 때 오는 도전을 잘 극복하며 나아갈 수 있다. 대학생활로 나아가는 것은 어른이 되는 것이다. 고등학생에서 대학생으로 나아가는 것은 인생의 새로운 단계로 접어 들어 가는 것이다. 사회로 나아가는 것이다. 새로운 시야, 새로운 태도가 필요하다. 새로운 삶으로 전환할 때는 항상 저항이 있다. 이 저항을 이기기 위해서는 많은 에너지가 필요하다. 이것은 마치 우주왕복선이 지구에서 우주로 나가기 위해 대기권을 통과할 때 많은 에너지가 필요한 것과도 같다.

우리에게 필요한 에너지는 사랑의 에너지다. 변화의 시기에 변화를 저항하는 부정적인 에너지를 극복할 수 있는 것은 사랑의 에너지다. 사랑의 에너지가 있으면 건강한 자아상이 생긴다. 마음에 상처가 많은 사람들은 그 마음에 사랑의 에너지를 담지 못하고 그 상처로 말미암아 사랑의 에너지를 잃게 된다. 상처에서 독이 나와 부정적인 에너지가 마음에 쌓이게 된다. 그 에너지는 분노, 두려움, 불안 등이다. 이러한 부정적인 에너지는 우리를 새로운 변화에 잘 적응하지 못하게 하고 전환기의 혼동을 뚫고 전진하지 못하게 한다. 때로는 꺾여 넘어지게 된다. 방황의 늪으로 빠지게 된다. 나의 대학 진학 시절의 모습이 중간 단계에서 넘어진 모습이었다.

3

상실된 자아에서 시작된 대학 초년 생활

　나의 대학생활은 상실된 자아의 상태였다. 그것은 방황이었다. 궤도에서 벗어난 삶이었다. 나는 내가 누구인지 내가 무엇을 해야 하는지를 몰라 방황하였다. 따라서 자신감과 의욕이 없었고, 활력도 없었다. 자신만의 세계에 갇혀 살았다. 자신의 질병에 고착된 삶을 살았다. 사춘기 시절을 벗어나 대학 시절로 진입해야 하는데 그렇게 하지 못했다. 나 자신과 올바른 관계를 맺고 살지 못했을 뿐만 아니라 다른 사람들과의 관계도 잘 맺지 못했다. 어디엔가 집착된 삶이었다. 꿈을 상실한 삶이었다.

　우울증 증상을 갖고 시작한 대학생활은 내내 우울하기만 했다. 대학 캠퍼스 가까이에 큰 이모님이 사셨기 때문에 그 집에 머물며 학교에 다녔다. 나는 늘 나의 건강을 염려했다. 몸과 마음이 상쾌하지 않으니 매사에 자신감과 의욕이 없었다. 학교 공부는 따라가기가 힘들었다. 마음이 안정이 되지 않으니 차분히 공부할 수 없었다. 게다가 당시는 사회가 매우 혼란스러운 시기였다. 학교 교정에는 늘 데모가 끊이지 않았고, 반정부 시위도 격렬했다. 내 마음도 불안했고 주위 환경도 불안했다.

나의 문제를 놓고 누구와 나눌 사람이 거의 없었다. 가끔 고등학교 친구들을 만나 술을 먹는 것이 유일한 낙이었다. 나는 공부에 흥미를 잃었고 과목을 따라가기가 힘들었다. 친구들은 함께 놀다가도 공부를 열심히 했다. 반정부 시위로 학교가 불안하기는 했지만 그에 가담하지 않은 학생들은 클럽활동도 하고 이성교제도 하고 문화생활도 즐겼다. 밝고 재미있게 즐기며 살아가는 그들의 모습이 무척이나 부러웠다. 나의 머리는 늘 띵했고 가슴에는 불안의 기운이 있었다. 몸에는 힘이 없었다. 어깨는 축 늘어지고 고개는 땅에 떨어지고 걸음걸이는 느릿느릿했다. 그저 시간을 때우는 삶을 살았다. 대학교 초년생들이 하는 미팅에 한두 번 가 보았지만 나는 여자들과 이야기하는 데 익숙하지 않았다. 자신감이 없어 관계를 계속 이어가기도 어려웠다.

5월이 되자 교내 시위는 더욱 격렬해졌다. 5.17 광주민주화항쟁이 발발하여 교문에는 탱크가 들이닥쳤고 공수부대가 학교를 점령했다. 학교는 휴교령이 내려져 우리는 모두 집으로 무작정 내려가야 했다. 나는 집으로 돌아갔다. 학교 다니기가 싫었는데 잘됐다 싶었다. 집에 내려가 친구들을 만나 술 먹고 소일하는 것이 그나마 재미있는 일이었다. 불안감을 잊어버리려고 운동을 했다.

그러던 중 한 신경정신과 의원을 발견하고 찾아갔다. 의사 선생님은 나의 말을 귀담아 듣지 않았다. 증상만 듣고는 이렇게 말했다. "능력이 안 되는 사람이 너무 무리해서 얻은 병이야." 내게는 아무 도움도 안 되는 말이었다. 그래서 어쩌란 말인가? 여기에서 삶을 포기해야 한다는 말인가? 격려를 받으러 갔다가 도리어 더 실망만 하고 돌아왔다. 병원에서 지어 준 약을 먹었는데 약을 먹으면 잠은 오지만 깨어나면 기분이 더욱 나빴다. 그래서 약을 조금 먹다가 끊어 버리고 말았다.

휴교는 여름 방학까지 계속되었다. 여름 방학에 친구 동훈이가 고대 친구들과 함께 제주도로 여행을 가는데 내가 거기에 합류하기로 했다. 동훈이는 가정이 부유한 친구였다. 경제적으로 넉넉할 뿐 아니라 늘 자신이 넘쳐 보였다. 그것이 늘 부러웠다. 나는 늘 불안에 쫓기고 열등감에 젖어 살았기 때문이다. 우리는 함께 제주도로 가서 일주일을 보냈다. 동훈이와 그 친구들은 나에 비하면 귀공자들 같았다. 모두 나와 같은 내면의 고통은 느끼지 않고 사는 것 같았다. 내면이 넉넉한 친구들처럼 보였다. 그들은 나를 잘 받아 주었다. 그들과 함께 여행하며 제주도의 여러 경치를 구경했다. 함께 여행을 하고 캠핑을 하면서 어느덧 마음의 불안이 사라지는 것 같았다. 머리도 그다지 무겁지 않았다. 나는 병을 거의 잊고 여행을 즐겼다. 그러나 여행을 마치고 집에 돌아오니 나의 불안과 불면 그리고 머리가 묵직한 증상은 다시 시작되었다.

여름 방학이 끝나고 휴교령이 해제되었다. 우리는 다시 학교로 복귀해야 했다. 1학기 성적은 주로 숙제로 처리되었는데 나는 숙제를 제대로 하지 않았다. 하기가 싫었다. 성적은 학사 경고를 겨우 면할 정도였다. 2학기 때도 학업에 흥미가 없었다. 따라가기가 힘들었다. 수업시간에는 그저 앉아 있다가 수업이 끝나면 누구와도 어울리지 못하고 집으로 돌아왔다. 나는 다시 의욕 없이 2학기를 마쳤다. 한 해 동안 학과 성적은 거의 최하 수준이었다. 1학년을 마치고 학과 선택을 하게 되었다. 자기가 좋아하는 과를 지망하는데 주로 성적순으로 뽑았다. 인기

학과는 성적이 좋은 학생들만 갈 수 있었다. 당시 인기학과는 전자공학과, 기계공학과, 전산학과, 제어계측공학과, 산업공학과, 건축공학 등이었다. 반면에 내 성적으로 갈 수 있는 몇몇 비인기 학과들이 있었다. 그 중에 요업공학과는 지금은 과의 이름 때문에 비인기과이지만 차세대 산업에 유용하게 쓰일 수 있는 학과라는 말을 우연히 들었다. 나는 그 말만 듣고 별로 생각 없이 요업공학과를 선택했다. 될 대로 되라는 자포자기의 마음도 있었다. 학과에 들어가 보니 최하위 학과에 들어왔다는 사실 때문인지 모두들 의기소침해 있었다. 그 중에 내가 가장 의기소침한 패잔병이었다. 공부도 못하고 놀지도 못하니 말이다. 나는 이때 학과에 대한 열등감이 많았다. 공부를 못했다는 자책감과 가장 인기 없는 과를 다닌다는 생각이 나로 하여금 열등감을 갖게 했다. 공부하고 싶은 열망이 점점 떨어졌다. 나는 그저 쉬고 싶었다. 삶에 대한 자신감이 계속 떨어지고 있었다. 결국 2학년에 올라가자마자 나는 학교에 휴학계를 내고 대전 집으로 내려갔다. 나는 낙오생이 되었다.

집으로 내려간 나는 할 일 없이 빈둥빈둥 놀기만 했다. 해 주는 밥을 먹고 TV 보고 산책하며 보냈다. 가끔 대전으로 내려오는 친구들을 만나 술을 먹는 것이 유일한 낙이었다. 늦은 봄, 나는 배낭을 메고 정처 없이 여행을 떠났다. 먼저 버스를 타고 친한 친구 용민이가 있는 온양으로 갔다. 용민이는 그곳에서 순천향의대 의예과를 다니며 서클활동도 열심히 하고 생활에 충실하게 살고 있었다. 우리는 고교시절에 그랬던 것처럼 함께 밤늦도록 살아가는 이야기를 나누며 기숙사에서 함께 잤다.

그리고 다시 정처 없이 버스를 타고 서산으로 향했다. 서산 해미면에 무작정 내려 그곳에서 모내기하는 사람들을 찾아가서 나도 일꾼으로 써달라고 부탁했다. 그들은 허락했다. 어느 집에 며칠 머물면서 모내기를 했다. 그리고 일당을 받았다. 남들은 일당 7,000원 받을 때 나는 3,500원을 받았다. 모내기를 하면서 나는 도시에서 이주한 한 농부에게 물었다. "아저씨는 도시에서 사업하던 일을 버리고 왜 농사를 지으세요?" 그의 답은 의외였다. "땅은 가장 정직합니다. 뿌린 대로 거둘 수 있습니다. 노력한 대로 수확할 수 있습니다." 나는 바로 직전 해에 태풍으로 인해 서산 앞바다가 큰 피해를 입었다는 것을 잘 알고 있었기에 농사는 예측이 어려운 일 같아 보였다. 그러나 의외로 땅은 정직하고 일한 대로 열매를 맺는다는 말이 참 인상적이었다. 나는 후에 그 말을 늘 마음에 새기며 살았다. 그리고 영적인 세계에서도 '심은 대로 거둔다'는 말을 참 좋아하게 되었다.

나는 다시 버스를 타고 만리포를 찾았다. 관광철에 수많은 여행객들이 오는 곳이지만 그때는 여행객이 거의 없는 쓸쓸한 해변이었다. 나는 한 여인숙에서 멀리 들려 오는 파도소리를 들으며 혼자 소주를 마시며 외로움을 달랬다. 아침 일찍 일어나 해변에 나가 보니 고깃배 위에서 열심히 일하는 어부들이 보였다. 열심으로 일하는 그들이 참 행복해 보였다. 만리포를 지나 천리포, 백리포로 이어지는 해변을 둘러 보고 다시 버스를 타고 집으로 돌아왔다. 여행하면서 나는 늘 우울하고 슬펐다. 나는 훗날 이때의 여행을 오래오래 기억하게 되었다. 쓸쓸했던 나의 모습을 생생하게 그릴 수 있기 때문이다.

한번은 조혁이라는 친구와 함께 특급열차를 타고 대전에서 부산까지 요금을 내지 않고 다녀온 적이 있다. 아버지가 철도 공무원이어서 철도에 대해 잘 알았기 때문에 무임승차하는 방법도 알고 있었다. 우리는 함께 밤열차를 타고 해운대에 가서 백사장에서 소주를 마시고 다시 부산에서 대전까지 무임승차하고 올라온 적이 있다. 혁이는 고교동창으로서 서울공대에 다니며 함께 친하게 지냈던 친구였다. 부모님이 어려서 돌아가시고 형의 도움으로 사는 친구였다. 그는 공대가 체질에 안 맞는다고 늘 학업을 포기하고 법대에 가려고 했다. 그도 항상 방황을 했기 때문에 둘이 잘 어울리며 지냈다. 그렇지만 혁이는 나보다 삶에 대한 애착이 더 많았다. 법조인인 형을 따라 자신도 법조인이 되고 싶어 했다. 그는 나를 자주 위로했고 나 또한 그를 위로했다. 서로의 아픔을 나누며 동병상련의 정을 나누었다. 그리고 둘이 술도 많이 마셨다.

1년 휴학을 하면서 이 두 번의 여행 외에는 기억할 만한 일이 없었다. 게으르게 하는 일 없이 먹고 자고 그저 무료하게 보냈다. 꿈도 없이 아무런 의미가 없는 삶이었다. 가끔 친구의 소개로 미팅을 하였는데 여전히 오래 가지 못했다. 여자들과 어떻게 사귀어야 할 지 전혀 알지 못했고 대화할 줄도 몰랐다. 나는 인생을 허비하는 것이 무엇인지 철저히 경험하고 있었다. 무의미한 생활, 뜻 없고 꿈 없는 삶이 얼마나 불행한 삶이고 부끄러운 삶인지 철저히 깨달았다.

나의 경험을 통해 볼 때 마음의 상처는 상실된 자아를 만든다. 즉 건강하지 못한 병든 자아를 만든다. 신경증은 상실된 자아의 현상이라 생각된다. 상실된 자아는 자신을 건강하게 사랑하지 못하는 것이다. 자신에 대한 존재감을 잃은 것이다. 자신의 밝은 미래에 대한 꿈을 잃은 것이다. 상실된 자아는 자신과의 관계를 올바로 하지 못한다. 또한 다른 사람과 혹은 세상과의 관계에도 장애를 갖는다. 사회성을 잃어버린다. 상실된 자아는 열등감, 분노, 좌절, 두려움 등의 상한 감정이 복합되어 그 내면을 지배한다. 데이비드 시멘즈(David Seamands)는 이렇게 말한다.

"상한 감정이란 구체적으로 무엇일까? 그 중 대표적인 것은 '자기 비하, 분노, 욕구 불만, 열등감' 등이다. 감정의 상처를 입은 사람은 늘 속으로 이렇게 말한다. "나는 좋은 사람이 못돼. 나는 아무 쓸모가 없어. 아무에게도 사랑을 받을 수 없어. 내가 하는 일은 되는 일이 없어." … 상한 감정의 또 다른 유형이 있다. 편의상 나는 이 유형을 '완벽주의 콤플렉스'라고 부르겠다. 이 콤플렉스에 걸린 사람은 늘 "나는 제대로 할 수 없어. 무슨 일이든지 만족스럽게 처리할 수 없을까? 나 자신과 다른 사람들과 하나님을 제대로 기쁘게 해 드릴 수 없을까?"라고 말한다."[5]

상한 감정이 대학 초년생인 나를 지배했다. 나는 나 자신을 늘 부정적으로 생각했고 열등감에 사로잡혔다. 나 자신의 좋은 면을 보지 못하고 있었다. 이러한 감정은 나의 몸의 기능이 정상적으로 작동하는 것을 막았다. 불면과 소화 불량과 원인을 알 수 없는 두통이 그런 것이었다.

나는 대학시절을 온통 우울증으로 인해 방황한 반면, 원만한 가정에서 자란 나의 친구들은 모두 대학생활도 원만했다. 비록 방황은 하지만 나처럼 궤도에서 멀리 벗어난 삶을 살지 않았다. 그들은 가족, 친척, 친구들과도 원만하게 지낼 줄 알았다. 나처럼 어려서 심령에 상처를 많이 받고 자란 사람들은 건전한 자아상의 형성이 어렵다. 자아가 형성되어야 할 시기에 과거로부터 벗어나지 못하고 과거에 머물게 된다. 혹은 나같이 질병에 마음이 고착되기도 한다. 우울증에 걸린 사람은 한 단계에서 다른 세계로 들어가는 단계에서 에너지가 부족해 중간단계의 저항을 뚫고 나가지 못하는 로켓과도 같다는 생각이 든다. 과거의 상처가 에너지 누수의 핵심이 된다. 이것을 보면 어린 시절 부모와의 관계가 청년 시절로 발돋움하는 과정에서 얼마나 중요한가를 알 수 있다.

나의 상한 감정은 부모와의 관계에서 온 것이었다. 아버지에 대한 불만이 가장 큰 원인이었다. 사랑 받지 못한 자아는 상한 감정을 만든다. 어린 시절에 부모로부터 충분히 용납되고 관심이 베풀어진 영혼은 쉽게 감정이 상하지 않는다. 상하더라도 병들기까지는 않는다. 사랑의 에너지가 부족하면 사춘기의 혼동스러운 시기에 그 회오리 바람을 감당하지 못하고 꺾어지는 자아를 갖게 되는 것 같다. 나의 친구들이 비교적 건전한 가정 생활로 하나같이 사춘기를 잘 극복한 것을 보면 알 수 있다.

나를 신뢰하고 받아 주는 부모가 필요했다. 자라면서 공부 잘한다는 칭찬은 많이 들었으나 나의 존재 자체에 대한 사랑과 용납과 격려는 받지 못했다. 공부 잘한다는 칭찬은 나의 기능을 칭찬한 것이다. 그보다 나의 어떤 실행의 결과 때문이 아니라 아들이니까 사랑한다는 말이 필요했다. 나를 신뢰하고 받아 주고 용납하는 사람과 그 사람의 언어가 내게 필요했다.

우리의 자아는 신뢰를 필요로 한다. 신뢰의 말을 필요로 한다. 용납의 말을 필요로 한다. 가능성을 말해 주는 것을 필요로 한다. 격려를 필요로 한다. 부모의 따뜻한 터치를 필요로 한다. 그렇지 않으면 우리의 자아는 거칠어진다. 불안정하게 된다. 이 불안정은 세상으로 나갈 때 관계 속에서 나타난다.

4

잠시의 행복

 1년간 휴학의 시기를 마쳤다. 나의 우울증은 여전했다. 그러나 계속 그렇게 물러서는 삶을 살 수는 없었다. 마음에 결심을 했다. 다시 복학해서 열심히 살기로 다짐했다. 복학을 해서는 아르바이트 자리를 얻었다. 이모의 소개로 잠실에 있는 먼 친척의 자녀의 학업을 돌보기로 했다. 학생과 함께 살면서 학업을 돕는 것이었다. 학생의 부모는 맞벌이로서 돈 버는 일에 열중하고 아이를 돌볼 시간이 전혀 없었다. 고급 아파트 단지인데도 그 집은 절약을 하느라 전등을 켜지 않아 어둡고 침침했다. 학교까지는 버스를 타고 지하철을 타고 40~50분가량 걸렸다.
 마음에 결심을 단단히 했다. 스스로에게 이렇게 말했다. '나는 이긴다.', '나는 이긴다.', '나는 한다.', '나는 한다.' 이러한 말을 수없이 되뇌었다. 누가 시키지도 않았는데 나는 스스로에게 말하는 자기암시(self-talk)를 하고 있었다. 나의 우울증이 자각될 때마다 스스로에게 말하고 또 말했다. 그리고 열심히 살았다. 아침에 일찍 일어나 조깅을 하기도 했다. 강의실에서는 수업에 집중했고, 열심히 숙제도 했다. 지난 2년 동안 하지 못한 대학교 수업을 따라가느라 최선을 다했다. 집에 돌아와서는 학생을 가르치는 아르바이트를 열심히 했다. 그렇게 하니 피곤해서 잠을 그런대로 잘 수 있었다. 한 학기 동안 마음을 굳게 먹고 분발하며 살았다.

한 학기를 마치고 성적표를 받아 들었을 때 나는 놀랐다. 평점 A에 해당하는 성적이었다. 나는 의외의 성취에 놀랐다. 스스로의 가능성을 확인하게 되어 기뻤다. 머리 아픈 것과 불안증, 불면증이 조금 누그러졌다. 그럭저럭 살 만한 수준이 되었다. 2학기 때는 아르바이트 집에서 나와 서울 북쪽에 있는 외삼촌댁에서 묵었다. 어머니는 8남매였는데 그 중 막내에 해당하는 삼촌댁에서 아이들을 돌보며 지냈다. 가까이에는 큰외삼촌댁이 있었다. 그곳에는 나를 끔찍이 사랑해 주는 외할아버지, 외할머니가 함께 계셨고 늘 형제같이 지내는 사촌 누나, 사촌 동생들이 있었다. 그곳에서 학교까지는 1시간에서 1시간 반 정도 되는 거리였다. 나는 따뜻한 가족의 분위기 속에서 힘을 얻어 더욱 열심히 살았다. 2학기 때는 서서히 수학과, 물리과 과목을 수강하기 시작했다.

점점 생활에 자신감이 붙기 시작했다. 정상적인 생활을 하고 있다는 느낌이 들었다. 특별히 나는 비가 오는 날이 좋았다. 비가 오는 날은 마음이 차분해졌다. 2학기가 끝나갈 무렵 어느 날 나는 빗소리를 들으며 매우 놀랐다. 나를 오랫동안 짓누르고 있던 두통이 사라진 것이었다. 불면에서 벗어나 있었다. 우울증에서 벗어난 나를 발견했다. 참으로 기뻤다. 오랜 만에 경험하는 안식과 행복이었다. 무사히 2학기를 마쳤다. 여전히 좋은 성적이었다. 나의 2학년 성적은 평점이 A를 유지할 만한 좋은 성적이었다. 비록 비인기과에서 얻은 성적이었지만 나는 성취감을 느낄 수 있었고 기뻤다. 기억이 정확하지는 않지만 그때쯤 학과의 이름이 요업공학과에서 재료공학과로 바뀌었다. 그러면서 우리과는 순식간에 인기과로 탈바꿈을 하게 되었다. 우수한 학생들이 지원하게 되었다. 나는 학과에 대한 열등감에서도 벗어났다.

겨울 방학 때 집에 내려가 좋은 휴식을 취할 수 있었다. 친구들과도 자연스럽게 만날 수 있었다. 그런데 이때부터 여동생 운선이가 대학교에 들어갔는데 적응하지 못하고 있었다. 운선이도 나처럼 사회생활과 대인관계에 어려움을 겪고 있는 것을 알 수 있었다. 나의 초창기 대학생활처럼 자꾸 뒤로 물러가는 생활을 하고 있었다. 학교 공부를 따라가지 못했고 친구들과 점점 멀어지기 시작하고 있었다. 안타깝게도 운선이는 그때 이후부터 지금까지 회복되지 않은 채 고통 속에 살고 있다.

나는 소망을 가지고 3학년을 시작했다. 서울대 부근의 작은 이모댁에서 지내게 되었다. 작은 이모부는 대기업 중견 간부였고 매우 바쁜 생활을 했다. 작은 이모는 매우 성품이 좋은 분이었다. 가정이 매우 화목했다. 사촌 동생 둘과 함께 지냈는데 영지, 창의 모두 귀여운 동생들이었다. 나는 2학년 2학기 이후부터는 장학금을 받았다. 그리고 생활비는 학생들을 과외하며 충당했다. 이때 이후 나는 전 대학생활을 장학금으로 지낼 수 있었다. 모든 것이 원만하게 잘 진행되고 있었다. 그러나 이것은 오래 가지 않았다. 약 4개월 정도였다.

모래를 치는 소년

오영례

한 소년이
맞고 있네.
어른들의 요구를
만족시켜 줄
돈이 없어서.

한 소년이
분노하고 있네
쌀 대신
술로 마셔 버린
아버지의 무책임 때문에.

한 소년이
울고 있네.
막노동판에서
일하다 쓰러진
어머니를 부둥켜 안고.

한 소년이

주먹을 불끈 쥐고
모래를 치고 있네.
배고픔과
아빠의 무능함이 싫어서.

이미 어두워진
초등학교 씨름장에
어린 소년과
짓눌린 분노가
씨름하고 있네.

2장
심리적 구원

5

분초마다 겪는 고통

　대학 3학년에 들어서면서 학과공부에 대한 부담이 매우 커졌다. 당시 우리 학과에서는 양자역학과 고체 물리학을 공부해야 할 필요를 먼저 자각한 학생이 있었다. 그 학생의 이름은 정원상이었다. 그 학생을 중심으로 공부에 관심이 있는 학생들은 물리학과에 가서 수강 신청을 하여 공부하는 바람이 불었다. 나도 그 바람에 휩쓸렸다. 물론 흥미도 있었다. 그때 나는 물리학과에서도 어렵기로 소문난 수리물리라는 과목을 수강했다. 이 과목은 내게 큰 학업의 부담을 안겨 주었다. 자신의 학과공부도 어려운 때에 가장 수재들만 모인다는 서울대 물리학과 과목을 수강한다는 것은 엄청난 도전이었다. 물리과 과목의 수강은 다른 과목과는 달랐다. 매주 매 과목마다 많은 양의 숙제를 해야 했다. 당시 물리학과에서는 반정부 데모를 하는 학생이 거의 없었다. 시위대에 가담하면 그때부터 그는 자연스럽게 학업을 포기해야만 했던 것이다. 나는 욕심에 그들 속에 파묻히게 되었다. 마음에 부담감이 많았다.

어느 봄날 오후, 나는 갑자기 소화가 안 되는 느낌을 가졌다. 위가 무력증에 빠진 것 같은 느낌이 들었다. 아무리 뛰고 운동을 해도 그 무력감은 없어지지 않았다. 갑자기 두려움이 엄습했다. 몸이 다시 말을 듣지 않는 것 같았다. 다시 잠이 오지 않기 시작했다. 예전에 있었던 두통보다 훨씬 심한 강도의 두통이 찾아왔다. 이번에는 두통과 불면에다 위장장애까지 겹친 것이다. 몸이 편했던 것은 4개월 정도였다. 다시 고통 속으로 들어갔다. 그러나 이번에는 지난 번보다 훨씬 더 고통스러웠다.

무엇보다도 무서운 것은 절망감이었다. 이제는 도저히 극복할 수 없을 것 같아 보였다. 모든 의욕이 상실되었다. 마치 식물인간처럼 하루 하루 살았다. 갈고리 같은 것이 나의 머리 속을 계속해서 괴롭혔다. 나는 머리 속의 그 이상한 기운을 느낄 때마다 절망했다. 그리고 밤에는 한 잠도 자지 못했다. 누울 때 '나는 오늘도 잠을 자지 못하겠지' 하고 생각했다. 일어나서는 '역시 잠을 못 잤네' 하고 일어났다. 그리고 위가 무력해져 아침을 먹고 한 시간 이상 소화를 위해 누워 있어야 했다. 점심 후에도 마찬가지였고, 저녁도 그랬다. 위가 전혀 움직이지 않는 것 같았다. 나중에 성경을 안 다음에 당시의 나의 상태를 아주 적절하게 묘사해 주는 구절을 발견하고 적이 놀랐다. 그것은 욥기 말씀이었다.

"이러므로 내 마음이 뼈를 깎는 고통을 겪으니 차라리 숨이 막히는 것과 죽는 것을 택하리이다. 내가 생명을 싫어하고 영원히 살기를 원하지 아니하오니 나를 놓으소서. 내 날은 헛것이니이다. 사람이 무엇이기에 주께서 그를 크게 만드사 그에게 마음을 두시고 아침마다 권징하시며 순간마다 단련하시나이까. 주께서 내게서 눈을 돌이키지 아니하시며 내가 침을 삼킬 동안도 나를 놓지 아니하시기를 어느 때까지 하시리이까. 사람을 감찰하시는 이여 내가 범죄하였던들 주께 무슨 해가 되오리이까. 어찌하여 나를 당신의 과녁으로 삼으셔서 내게 무거운 짐이 되게 하셨나이까"(욥 7:15-20).

차라리 죽는 것이 낫다고 느꼈다. 나의 날이 헛되다고 생각했다. 참으로 숨을 쉬는 매 순간 분초마다 고통이 느껴졌다. 매 순간이 고통스러웠다. 아침마다 절규했다. 무언가가 한 순간도 나를 놓지 않고 붙들고 있는 것 같았다. 무거운 짐이 내 안에 있었다. 나는 자주 캠퍼스로 가지 않고 정문 옆으로 난 관악산 등산로로 올라가 하루 종일 산을 헤매며 돌아다녔다. 몸을 피곤하게 하여 잠을 자기 위함이었다. 교정에 가더라도 아침에 자신의 몸의 고통 때문에 조용한 곳을 찾아 몸을 뒹굴며 절규할 때가 많았다. 언젠가 관악산 숲 속에서 하늘을 나는 비행기를 바라보며 나도 저렇게 날 수 있었으면 하는 생각을 했다. 또힌 내기 지금까지 20여 년을 살아오면서 행복하게 웃어본 적이 있는가를 자문해 보았다. 내 기억으로는 한 번도 없었다는 생각을 하게 되었다. 나의 인생이 참으로 불행한 인생이라고 생각했다. 차라리 손발이 없는 것이 더 낫지 않겠는가 하는 생각을 할 때도 많았다.

문제를 해결하고자 하는 의욕을 완전히 상실했다. 아무에게도 나의 문제를 이야기하지 않았다. 그저 일주일에 한 번씩 친한 친구들을 만나 술을 먹고 취하는 것이 유일한 낙이었다. 그러나 몸이 점점 쇠하여져서 술을 더 이상 먹기도 힘들었다.

그래도 학업을 포기하지 않았다. 겨우겨우 안간힘을 다해 학업을 해 나갔다. 그 덕분에 3학년 1학기 성적은 평균 B학점을 유지할 수 있었다. 물리학과 과목도 B를 맞았다. 그런 중에도 2학기 때는 아직도 남은 오기를 부렸다. 물리학과 과목을 두 과목이나 신청했다. 수리물리와 전자기학을 수강했다. 2학기 평균성적이 다시 거의 A에 가까웠다. 4학년 때는 양자역학, 고체물리학 과목을 들으면서 물리학과에서도 A를 맞고, 4학년 전과목 성적이 A였다. 그 고통 속에서 어떻게 그렇게 할 수 있었는지 나는 지금도 놀랄 뿐이다. 머리와 배를 움켜쥐면서 탈진하다시피 하며 학업을 해 나갔다. 그 상황 속에서 어떻게 그런 성취를 했는지 이해하기가 힘들다. 지성의 기능을 사용할 수 없는 상황에서 한 공부였기 때문이었다.

당시 나는 단 일 분 일 초도 편안한 가운데 책을 볼 수 없었다. 책을 보려면 엄청난 두통이 엄습해서 책을 읽을 수가 없었다. 또 신경을 쓰면 위가 가라앉는 느낌이었다. 그런 상태에서 할 수 있는 것은 오로지 마음을 두는 것뿐이었다. 마음을 포기하지 않고 나름대로 안간힘을 쓰며 최선을 다했다. 당시에 늘 이상하게 생각한 것은 머리로는 이해하면서 공부하지는 못해도 마음을 끓이며 했던 공부들은 항상 성적이 놀랄 만큼 좋았다. 나는 이때부터 마음을 두고 신경을 쓰는 것의 놀라운 효과에 깊은 관심을 갖기 시작했다. 신앙 안에서이건 밖에서이건 물론하고 무슨 일을 할 때 마음을 계속 둔 일들은 항상 결과가 좋았고 탁월했다. 물론 신앙 안에서는 기도로 하나님을 의지하는 요소가 더 포함된다. 나는 그 메커니즘을 학문적으로 잘 알지 못하지만 정신의 역할이 얼마나 중요한지를 잘 알고 있다. 탁월한 결과는 재능만으로 얻어지는 것이 아님을 나는 경험으로 알고 있다.

나는 나의 경험을 통해 의식세계와 무의식세계에 대한 인식을 갖게 된다. 나의 경험은 지성적 기능이 어려울지라도 마음을 두고 집중하면 좋은 결과를 갖는다는 것을 안다. 무의식의 역할을 한다는 것을 안다. 의식이 따라가지 못한다 해도 무의식이 일한다. 의식은 의욕이 없다 해도 무의식의 열심히 작동할 수 있다. 나의 의식은 모든 것을 포기했지만 나의 무의식은 포기하지 않았다. 나의 무의식 안에 숨어 있는 욕심과 경쟁심은 여전히 일을 하고 있었다. 어느 면으로 내 안에 있는 엄청난 욕심이 나를 큰 고통으로 몰고 간 것이다. 나의 의식이 나의 무의식을 제대로 설득시키지 못한 결과라고 생각된다. 내 마음 속의 교만이 나의 마음을 짐승같이 울부짖는 마음을 만든 것이다. 구약 성경 다니엘서에 보면 느부갓네살 왕이 교만하여서 왕의 지위를 잃고 짐승의 마음을 받아 쫓겨나 들짐승들과 함께 사는 장면이 나온다. 그의 교만이 그의 마음을 짐승의 마음으로 변화하게 했던 것이다. 이러한 지식은 심리학에 대한 공부를 통해 얻은 것이기보다는 고통의 경험을 통해 얻은 지식이다.

아무리 학업의 결과가 좋았다 해도 그것은 나에게는 소금노 위안이 되지 못했다. 나는 점점 절망의 나락에 빠져들어 가고 있었다. 4학년을 마치고 졸업을 했다. 그리고 석사 학위 시험도 합격했다. 그때 나는 나의 인생에 대해 생각해 보았다. 당시 '나의 몸과 마음의 상태로 결혼생활을 하며 가정을 꾸려 나갈 수 있을 것인가,' 그리고 '직장생활을 할 수 있겠는가,' '그 복잡한 사회생활을 할 수 있겠는가'를 스스로에게 물었다. 나의 내면의 대답은 '노'였다. 나는 절망했다. 지도교수님께 간염에 걸렸다고 거짓말을 하고 다시 집으로 내려갔다. 학업을 포기하고 생을 포기하고 싶었다.

집에 내려간 이후 나는 자살할 생각을 했다. 어떻게 생을 마칠 것인가를 궁리했다. 당시 나의 몸과 마음은 더욱 극심하게 긴장되어 아무것도 조절할 수가 없었다. 텔레비전 소리조차 들을 수 없었다. 낮에 아무리 돌아다녀 몸을 피곤하게 하여도 밤에 약간의 가수면도 취할 수 없었다. 계속 절망 속으로 추락하며 자살만을 생각했다. 그러나 자살을 실행에 옮기는 마지막 결단의 용기는 쉽게 나지 않았다. 나는 사면초가의 상태에 있었다. 생의 막다른 골목에 있었다.

당시 나의 마음은 오직 나의 몸의 건강에 고착되어 있었다. 다른 것을 볼 여유가 없었다. 오로지 나의 건강에 대한 염려에 사로잡혀 분초마다 좌절하고 있었다. 시야의 잘못된 고착이 불행을 만든 것이다.

6

극적인 만남이 가져다 준 놀라운 회복

인생은 만남에 의해 이루어져 간다. 만남이 인생의 방향을 바꾼다. 극한 절망 속에 있던 어느 날 집으로 한 광고지가 날아 들어왔다. 동네에 신경정신과 의원이 새롭게 개원했다는 광고였다. 나는 그 광고를 보면서 '죽을 때 죽더라도 잠이나 한 번 자고 죽자'는 마음이 생겼다. 나는 발걸음을 옮겨 새롭게 개원한 이성민신경정신과의원을 찾았다. 처음 병원문을 열고 들어갔을 때 분위기가 매우 좋았다. 클래식 음악이 흐르고 있었고, 실내 인테리어는 매우 따뜻한 분위기였다. 접수실 옆에는 화실이 있었고, 한 아담한 남자가 그림을 그리고 있었다. 내가 들어 갔을 때 그림을 그리던 남자가 나를 반갑게 맞아 주었는데 그가 바로 이성민 원장님이었다.

나는 상담실로 들어갔다. 편안한 분위기에서 이야기를 나누었다. 이 원장님은 나에게 어떤 고통이 있는지를 물었다. 나는 나의 고통을 이야기했다. 그리고 나의 과거의 삶에 관해 조금은 자세하게 설명했다. 이 원장님은 나의 이야기에 귀를 기울이며 들어 주었다. 그는 나의 이야기를 진지하게 경청하며 들은 최초의 사람이었다. 나의 이야기를 다 들은 후 이 원장님은 나에게 몇 마디 이야기를 했다. 그는 나에게 '오 선생님'이라는 경어를 사용하며 존중해 주었다.

"오 선생님의 문제는 감정의 흐름이 막힌 것입니다."
"나도 그런 고통을 경험한 적이 있습니다."
"오 선생님은 가능합니다. 가능한 두 가지 이유가 있습니다. 첫째는 젊기 때문에 가능합니다. 두 번째는 말을 잘할 줄 아는 것을 보니 가능합니다."
"나와 같이 노력해 봅시다."
"요즈음에는 약도 매우 좋습니다. 약물치료를 적절하게 병행하면 아주 효과가 좋습니다."

이런 말들을 했다. 나는 처음으로 '가능하다'는 말을 들었다. 그는 나의 삶에 대해 긍정적인 말을 해 준 최초의 사람이었다. 그 동안 많지는 않지만 몇몇 의사 선생님들을 만났었다. 그들은 모두 심리학 전공자들이었다. 그분들은 하나 같이 나의 상태에 대해 부정적이었다. "그것은 잘 낫지 않습니다." "그 병은 일평생 안고 살아야 하는 병입니다." "특별한 치료방법이 없습니다." 등등의 말을 들었다. 그런 이야기를 들을 때마다 나는 더 낙심할 수밖에 없었다. 그러나 이성민 원장님은 내게 긍정적인 말을 해 주었다. 나을 수 있다는 희망을 던져 주었다.

그러나 나는 그분의 말을 제대로 듣지 않았다. 단지 잠을 잘 수 있는 약을 좀 달라고 했다. 원장님은 그렇게 하지 않았다. 나는 그냥 집으로 돌아왔다. 그리고 다시 하루 이틀을 지냈다. 도저히 참을 수가 없었다. 다시 이 원장님을 찾았다. 문에 들어서자 이성민 원장님은 나를 보며 강하게 책망했다. "당신은 내 말을 들으면 살고 그렇지 않으면 일평생 그 고생을 하다 죽을 것입니다." 나는 그분의 말을 듣기로 하고, 다시 그분과 상담을 했다. 나는 최근의 어려움을 말했다. 이성민 원장님은 몇 마디 의미 있는 말을 던져 주었다.

"사람은 겸허하게 살아야 합니다."
"몸과 마음을 늘 살피며 살아야 합니다."
"인생은 물 흐르듯이 살아야 합니다."
"지금은 우울증을 뇌의 손상으로 봅니다. 약물이 뇌의 손상을 치유하여 우울증 치료에 효과적입니다."

나는 뇌파 검사를 받았다. 아직 정신 분열증으로 발전되지는 않았다고 했다. 이성민 원장님이 조제해 주는 약을 받아 집으로 돌아왔다. 왠지 마음이 편안함을 느꼈다. 그날 저녁 나는 약을 먹고 잤다. 나는 그때까지 약물에 대해 신뢰를 하지 않았다. 이전에 약을 먹어 보면 잠은 잘 수 있었으나 일어날 때 기분이 더 나쁘고 컨디션도 좋지 않았었다. 그러나 그날 저녁은 달랐다. 약을 먹고 잠을 자다가 깨어 보니 약 세 시간 정도 잠을 잔 것을 알 수 있었다. 기분이 상쾌했다. 약 기운을 전혀 느낄 수가 없었다.

나는 깜깜한 새벽에 일어나 오랜만에 맛보는 상쾌한 기분을 느끼며 약수터로 향해 걸어 갔다. 당시 우리 집에서 야산이 가까웠다. 어두움을 뚫고 한 걸음 한 걸음 걸어가는데 나의 마음 속에 한 줄기 빛이 비추어지는 것이 느껴졌다. 소망의 빛줄기였다. '약을 먹고 이 정도 상쾌함을 유지할 수 있다면 살 만하지 않는가?' 하는 생각이 들었다. 자살만을 생각하다가 이제 살 수 있다는 생각이 들기 시작한 것이다. '살 수 있을 것 같다'는 내면의 목소리가 들렸다.

곧바로 마음의 깊은 심연에서 또 한 목소리가 울렸다. "사람은 겸허하게 살아야 합니다."는 이성민 원장님의 말이었다. '겸허'라는 말은 내게 생소한 말이었다. 그렇지만 '겸허', '겸손'이라는 단어가 내게 깊은 깨달음으로 다가와 나의 내면에서 용솟음치기 시작했다. 봇물처럼 밀려오는 깨달음이 있었다. '그렇다 겸손하게 살아야 한다.' '겸손하게 살아야 한다.' '겸손이란 나를 낮추는 것이다.' '겸손이란 분수에 맞게 사는 것이다.' '겸손이란 욕심 부리지 않는 삶이다.'

혼자 겸손을 여러 가지로 정의하고 있었다. 어머니께서 늘 "자기 분수에 맞게 살아야 해" 하던 목소리가 갑자기 생각났다. 그것이 무엇인지 알 것 같았다.

나는 내가 가지고 있는 것을 세어 보기 시작했다. "나는 명문대 졸업장을 가지고 있다." "나는 어머니, 아버지, 여동생이 있다." "나는 친한 친구들이 여럿 있다." "나는 친척들도 있다." "나는 가진 것이 많다." "건강도 이 정도면 약을 먹고 살 수 있을 것 같다." "살자." "살자." "졸업하고 꼭 대기업 직원이나 교수가 될 필요는 없다." "힘들면 말단 공무원 생활을 하자. 그러면 어떤가 즐겁게 살면 되지 않겠는가? 욕심을 버리자." "행복의 비밀을 알 것 같다." 약수터로 가면서 이러한 생각들이 나를 지배했다. 긍정적인 생각들이었다. 나는 처음으로 삶을 향한 의지를 갖기 시작했다.

또 한 가지 깨달음은 것은 "몸과 마음을 늘 부지런히 살펴야 합니다. 인생을 물 흐르듯이 살아야 합니다."라는 이성민 원장님의 또 다른 말이었다. 나는 그의 조언을 이렇게 생각했다. '늘 몸과 마음을 살펴서 힘들면 조금 쉬어야 한다. 너무 무리해서 어떤 일을 하지 않도록 하자' 하는 생각이 들었다. 근신하며 융통성 있게 살아야 한다는 깨달음이 생겼다.

아무튼 나는 소망으로 충만하여서 약수터에서 돌아왔다. 당시 나는 단 일 분 일 초도 고통 없이 어떤 일에도 집중할 수 없었다. 특별히 나는 고통 없이 책을 읽을 수 없었다. 고통이란 머리 속에 치미는 이상한 기운을 의미했다. 나는 그것을 단순히 두통이라고 했다. 그러나 두통이라기보다는 어떤 기운이었다. 그런데 그날 나의 몸을 자세히 살펴보는 가운데 조심스럽게 책을 보는 데 30초를 견딜 만하고 조금 후에는 1분을 견딜 만한 것을 발견했다. 나는 이것을 발견한 순간 쾌재를 불렀다. 몸과 마음을 살피고 잘 조절하면 두통이나 위장장애 없이 지낼 수 있는 시간이 길어질 것이라고 생각했다. 실제 첫날에 나는 수많은 시간을 고통없이 견딜 수 있음을 발견했다.

나는 이성민 원장님께 전화했다. 일주일에 한 번 만나기로 한 것을 두 번으로 늘려 달라고 했다. 이 원장님은 허락해 주었다. 나는 이 원장님과 만나는 것이 기뻤다. 가서 그 동안에 있었던 변화를 말했다. 그러면 내게 무엇을 하고 싶으냐고 물었다. 그것을 이야기하면 그것을 해보라고 했다.

그때부터 나는 늘 겸손이라는 단어를 묵상했다. 그리고 몸과 마음을 살펴서 어디까지 힘들지 않고 지낼 수 있는 한계인지를 살폈다. 물 흐르듯 무리하지 않고 사는 연습을 했다. 하루 하루 집중하며 일할 수 있는 용량이 커졌다. 1주일 만에 약 15분 정도 고통 없이 책을 읽거나 신경 쓰는 일을 할 수 있었다. 2주일이 되었을 때 나는 약 1시간 정도를 큰 어려움 없이 일에 집중할 수 있었다. 나 자신을 조절할 수 있는 용량은 계속 커졌다. 고통이 서서히 사라져 갔다. 그리고 2주 만에 나는 약을 먹지 않고도 잠을 자고 또 두통과 위장 장애 없이 지낼 수 있는 시간이 점점 많아졌다. 6년 동안 집요하게 나를 괴롭히던 우울증 증상에서 분명하게 벗어나고 있었다. 절망은 바뀌어 희망이 되었다.

하루는 아버지와 단 둘이서 시외버스를 타고 양촌이라는 시골로 소풍을 갔다. 아버지와 이런저런 이야기를 했다. 우리는 서로 지난 일들을 이야기했다. 나의 신경증이 아버지에 대한 무의식적 분노와 관계 있다고 늘 생각하고 있었기 때문에 아버지와의 대화가 필요하다고 생각했다. 우리는 좋은 시간을 가졌고 그 이후 좀더 몸과 마음이 가벼워졌다. 약 2주일 정도 지났을 때 이제 다시 서울에 올라가 공부를 시작할 수 있을 것 같은 마음이 들었다. 그 동안의 깨달음을 가지고 얼마든지 살 수 있을 것 같았다.

내가 얻은 깨달음이란 첫째, 항상 겸손이 삶의 중요 원리라는 것이었다. 둘째는 몸과 마음을 살펴서 몸이 허용하는 데까지 일을 하고 물 흐르듯이 무리하지 않도록 융통성 있는 삶의 경영을 실천하는 것이었다. 이성민 원장님께 서울에 다시 가서 공부하고 싶다고 하자 이 원장님은 좋다고 했다. 그리고 이런 말을 했다. "삶을 살다가 어려우면 다시 연락하세요. 대부분 한 번 이런 병을 앓은 사람은 다시 재발합니다. 어려워하지 말고 연락하세요. 도와줄게요." "오 선생님은 훌륭한 과학자가 될 것입니다."라는 위로와 격려의 말을 해 주었다. 나의 미래에 대한 가능성에 대한 말을 다른 사람으로부터 처음 들었다. 그리고 이 말을 나는 마음에 깊이 간직했다.

  나는 항상 어떤 문제가 닥치면 무엇이 겸손한 선택인가를 생각했다. 또한 무엇이 나의 한계인가를 생각하고 융통성 있게 사는 삶을 실행했다. 나는 점점 조절능력이 커졌다. 나의 몸과 마음은 점점 강해져 갔다. 그때 이후 지금까지 다시는 항우울제를 먹지 않고 살게 되었다. 불면, 소화장애, 두통과 같은 우울증의 육체적 증상으로부터 벗어난 것이다. 우울증의 근본 뿌리가 되는 마음의 상처와 왜곡된 가치관으로부터 자유한 것은 아니었다.

 7

치유의 요소

비록 믿기 전의 일이지만 하나님은 나에게 관심을 가지시고 나를 지켜 보시고 나를 다루셨다. 내게 사랑의 매를 대셨다. 나를 일정기간 단련하신 후에 적절한 때에 회복시키셨다. 영적인 구원에 이르게 하기 전에 먼저 심리적인 구원을 경험하게 하셨다. 나의 심리적 치유와 회복의 과정 속에 치유에 관한 몇 가지 중요한 요소들을 나름대로 생각해 본다.

첫째는 만남이다. 섭리적 만남의 은혜이다. 이성민 원장님과의 만남은 하나님의 계획 속에 이루어진 것이며 하나님의 은혜의 사건이었다. 나의 인생의 시간선 속에서 고통의 기간을 정하셨고 회복의 때를 정하셨다. 하나님은 내가 가장 절박할 때 극적으로 이성민 원장님과 만나게 하셨다.

그는 나를 이해해 주었고 동일시해 주었다. 무엇보다 그는 나의 말에 신중하게 경청해 주었다. 경청이 치유의 환경을 조성한다. 이성민 원장님은 나의 말을 경청한 처음의 사람이었다. 대부분의 사람들과 의사들은 나의 말을 귀담아 듣지 않았다. 오히려 경멸하는 태도를 보이거나 무관심한 태도 혹은 직업적인 태도로 나의 말을 들었다. 이성민 원장님이 나의 말을 잘 들어 주었기 때문에 내 안에 그를 신뢰하는 마음이 생기고 마음을 열게 되었다. 잘 들으면 사람을 얻는다. 이성민 원장님은 나의 말을 잘 들어준 결과로 나를 얻은 것이다. 나의 신뢰를 얻었다. 경청한다는 것은 관심을 갖고 듣는 것이며 집중해서 듣는 것이다. 경청은 에너지를 많이 요구한다. 경청은 상대방에 대한 배려이며 사랑의 행위다.

이성민 원장님은 나를 다른 사람과는 다른 시야로 보았다. 내 안에 있는 잠재력과 가능성을 보았다. 그의 시야가 나에게 회복을 위한 힘을 제공했다. 회복을 위한 힘을 회복 탄력성이라 부른다. 이는 에미 워너(Emmy Werner) 교수가 처음 주장한 말이다. 그는 불우한 환경 속에서 역경을 이겨내고 성공적인 인생을 살았던 사람들을 수십 년간 연구한 끝에 그들 속에 있는 어떤 공통점이 있음을 발견하게 되었다. 그는 그것을 '회복 탄력성(resilience)'이라고 불렀다.

> "워너 교수가 40년에 걸친 연구를 정리하면서 발견한 회복 탄력성의 핵심적인 요인은 결국 인간관계였다. 어려운 환경 속에서도 꿋꿋이 제대로 성장해 나가는 힘을 발휘한 아이들이 예외 없이 지니고 있던 공통점이 하나 발견되었다. 그것은 그 아이의 입장을 무조건적으로 이해해 주고 받아 주는 어른이 적어도 그 아이의 인생 중에 한 명은 있었다는 것이다. 그 사람이 엄마

였든 아빠였든 혹은 할머니, 할아버지, 삼촌, 이모이든 간에 그 아이를 가까이서 지켜봐 주고 무조건적인 사랑을 베풀어서 아이가 언제든 기댈 언덕이 되어 주었던 사람이 적어도 한 사람은 있었던 것이다."[6]

둘째는 의사소통이다. 새로운 만남을 통해 진실한 의사소통이 이루어졌다. 이성민 원장님은 나를 맨 처음 만났을 때 나의 회복이 가능하다고 말했다. 그리고 가능한 이유 중의 하나는 자신에 대해 표현을 잘하기 때문이라고 했다. 나는 나의 삶에 일어났었던 일에 대해 자유로운 분위기에서 자세하게 이 원장님과 나누었다. 또 매번 만날 때마다 일주일간 일어났던 일과 생각과 느낌을 나누었다. 나의 마음을 나누었다. 자기 자신에 대해 표현하는 것이 곧 의사소통이다. 의사소통은 나눔이다. 마음을 나누는 것이다. 나아가 마음의 짐을 나누는 것이다. 성경에서 나눈다는 의미의 헬라어는 코이노니아(Koinonia)이다. 코이노니아는 '교제'라는 말로 번역된다. 교제를 통해 나누어지는 가장 중요한 것은 마음이다. 의사소통은 교제이다. 교제를 통하여 마음의 고통을 나누게 된다. 올바른 의사소통과 교제에는 공감이 있다. 공감을 통해 고통의 경험이 서로 나누어진다.

"커뮤니케이션의 원래 의미는 메시지를 상대방에게 전달하기보다는 어떠한 경험을 함께 한다는 뜻이다. 고통의 경험을 함께 나누는 것이 곧 소통이다. 공유된 경험은 내가 지금 경험하는 것을 상대방도 마찬가지로 경험하리라는 '공감'의 원천이다."[7]

셋째는 가난한 마음이다. 나의 오랫동안의 고통은 나의 마음을 가난하게 했다. 막다른 골목까지 가서 나의 노력이 아무런 의미가 없음을 확인하게 되었다. 구원의 손길만을 기다리는 신세가 되었다. 비워진 마음, 낮아진 마음이 되었다. 고난은 마음을 가난하게 만드는 역할을 한다. 나의 무의식 속에 있는 교만은 엄청난 고통 앞에서 깨어질 수밖에 없었다. 그저 위에서 내리는 단비를 기다리는 마음이 되었다. 가난한 마음, 낮아진 마음은 변화를 위한 필수적인 준비다. 깨달음을 위한 준비다.

넷째는 언어다. 하이데거(Martin Heidegger)는 "언어는 존재의 집이다"라고 말했다. 언어가 존재를 결정한다. 선한 언어는 선한 삶을 가져다 주고 행복한 삶을 가져다 주지만, 악한 언어는 악하고 불행한 삶을 가져다 준다. 잠언 기자는 복은 우리 입에서 나오는 말에 의해 결정된다고 말한다. "사람은 입의 열매로 인하여 복록을 누리거니와 마음이 궤사한 자는 강포를 당하느니라"(잠 13:2).

선한 언어는 치유의 효과를 준다. 이성민 원장님은 나의 가난한 마음과 간절한 마음 속에 선한 언어를 넣어 주었다. "당신은 가능합니다," "겸허하게 살아야 합니다," "몸과 마음을 늘 살피며 물 흐르듯이 살아야 합니다"라는 말들은 나의 심령을 흔들어 놓기에 충분하였다. 내 영혼에는 긍정적인 말, 격려의 말, 사랑의 언어, 진리의 언어, 꿈에 관한 언어가 없었다. 내 안에 있었던 언어는 부정적인 말, 열등감에 의한 말 등이었다. 선한 말이란 사랑의 말, 가능성을 말해 주는 말, 격려의 말, 꿈을 심어 주는 말, 진리의 말이다. 잠언에서는 선한 말이 몸과 마음에 치유를 가져온다고 말씀한다. "선한 말은 꿀송이 같아서 마음에 달고 뼈에 양약이 되느니라"(잠 16:24).

나의 경험으로 볼 때 우울증은 잘못된 생각의 결과이다. 잘못된 생각 중에 대표적인 것이 부정적인 생각이다. 풀러신학교 심리학부 학장이었던 아치볼트 하트(Archibald D. Hart) 박사도 우울증 환자의 가장 큰 문제가 부정적인 사고 방식이라고 지적했다.

> "우울증에 빠진 많은 사람들은 수년간 부정적인 사고방식을 몸에 익힌 사람들이다. 그것이 그들에게는 하나님의 삶의 양식이 되었다. 그들은 미래의 우울증을 피하거나 최소화할 수 있기 전에 먼저 자신들이 갖고 있는 많은 습관들을 퇴치시켜야 한다."[8]

부정적인 생각은 마음 안에 쌓여 있는 부정적인 언어에 의해 큰 영향을 받는다. 정신적인 문제를 앓는 많은 사람들은 그 마음 속에 좋은 말이 없다. 축복의 말이 없다. 모두 저주의 말, 부정적인 말, 원망하는 말이 가득하다. 마음에 있는 악한 언어가 정신을 지배하기 때문에 병든 마음, 병든 정신이 되는 것이다. 선한 말이 가득하면 잠시 어려움을 당할지라도 그것을 쉽게 극복할 수 있다. 내가 그토록 오랫동안 헤매고 방황한 이유도 제대로 복음을 듣지 못하고 선한 말을 듣지 못했기 때문이다. 나는 주로 세상에서 배운 언어들을 가지고 있었다. 세상이 가르치는 언어는 주로 욕심과 경쟁심과 교만을 부추기는 말이다. 또한 가정에서 배운 언어는 늘 부정적인 언어, 서로 헐뜯는 언어, 체념의 언어들이었다. "못 살겠다," "해도 안 된다," "당신이 잘못 선택해서 그렇다," "나는 너의 학비를 낼 능력이 없다."

당시 내 안에 선한 말이 거의 없었다. 그럼에도 불구하고 나는 이성민 원장님의 격려의 말을 듣고는 곧바로 어머니께서 늘 하시던 말씀이 생각났다. 그것은 분수에 맞게 살아야 한다는 말이었다. 내 안에도 좋은 말들이 있었던 것이다. 선한 말이 가난한 마음에 떨어지니 그 말이 내 안에 깊이 감추어져 있던 좋은 언어를 건드려 주었다.

언어가 사람을 만들어 간다. 그런 의미에서 묵상이 중요하다. 어떤 언어를 주로 많이 생각하느냐에 따라 그런 사람이 되어 간다. 나는 이성민 원장님에게 겸허 즉 겸손이라는 말을 들은 후 지금까지 겸손이라는 단어를 많이 생각한다. 겸손이라는 단어가 나를 우울증에서 건져 주었기 때문이다. 또한 후에도 겸손의 추구 속에서 하나님을 만나게 되었다. 겸손의 추구 속에서 영적으로 성장하게 되었다. 그래서 나는 늘 겸손을 생각한다. 겸손한 사람이 되려고 한다. 선한 언어를 마음에 많이 담아 두는 것이 선한 삶과 복된 삶의 비결이다.

"선한 사람은 마음에 쌓은 선에서 선을 내고 악한 자는 그 쌓은 악에서 악을 내나니 이는 마음에 가득한 것을 입으로 말함이니라"(눅 6:45).

적절한 때에 적절한 말이 치유를 가져온다. 때에 맞는 말이 아름답고 또 기쁨을 주고 치유를 준다. 이성민 원장님이 내게 해 준 말들은 시기적절한 말들이었다. 그것이 기쁨을 주었고 소망을 주었다. 변화의 기폭제가 되었다.

"사람은 그 입의 대답으로 말미암아 기쁨을 얻나니 때에 맞는 말이 얼마나 아름다운고"(잠 15:23).

마크 트웨인(Mark Twain)도 때에 맞는 말의 위력을 찬양했다.

"'거의' 알맞은 단어와 '꼭' 알맞은 단어의 차이는 진짜로 엄청나다. 이 차이는 정말로 반딧불(lightning bug)과 번개(lightning)의 차이다."

비록 내가 믿지 않은 상태에 있었다 하더라도 그때에도 하나님께서 일하셨다고 나는 믿는다. 먼저 나의 완고한 마음을 고통을 통해 낮추셨다. 그리고 섭리적 만남을 통해 적합한 멘토를 만나게 하셨다. 하나님은 그를 통해 시기적절하게 선한 언어를 마음에 넣어 주셨다. 선한 언어는 사랑의 언어였다. 가난한 마음과 사랑의 언어가 만나서 깨달음이 된 것이다. 이 과정에서 의사소통이 감정의 흐름의 막힘을 뚫어 주는 역할을 했다. 이런 것들이 내게 있어 치유의 요소들이 되었다고 생각한다.

8

심리적 구원

하나님은 다스리신다. 인간 역사를 다스리시고 나라를 다스리시고, 한 인간의 삶을 다스리신다. 하나님은 모든 인생의 생사화복과 생로병사를 주관하신다. 특별히 하나님은 택하신 백성의 삶을 주관하신다. 하나님께서 택하신 자에게 믿음을 선물로 주신다. 믿음을 갖는 때와 경로를 계획하시고 주관하신다. 믿음을 갖도록 환경과 마음을 조성하시는 분도 하나님이시다. 하나님은 믿은 후에만 인도하시는 것이 아니라 믿기 전에도 인도하신다. 한 인간의 전체를 인도하신다. 하나님은 우리가 태어나기 전부터 계획하시며 우리를 만드신 분이시다. 우리의 기질과 우리의 형체를 지으셨다.

"주께서 내 내장을 지으시며 나의 모태에서 나를 만드셨나이다. 내가 주께 감사하옴은 나를 지으심이 심히 기묘하심이라. 주께서 하시는 일이 기이함을 내 영혼이 잘 아나이다"(시139:13).

또한 하나님은 우리를 향하여 많은 생각을 하시고 계획을 세우신다.

"하나님이여 주의 생각이 내게 어찌 그리 보배로우신지요. 그 수가 어찌 그리 많은지요. 내가 세려고 할지라도 그 수가 모래보다 많도소이다. 내가 깰 때에도 여전히 주와 함께 있나이다" (시139:17-18).

자기 백성을 향한 하나님의 생각은 보배로운 것이다. 그 보배로운 생각과 계획이 얼마나 많은 지 바닷가의 모래보다 많다. 그리고 그 모든 생각과 계획은 하나님의 목적을 이룬다. 하나님의 계획 속에 하나님은 나의 영혼을 구원하시기에 앞서 심리적 구원을 먼저 이루셨다. 심리적 구원은 정신적 구원이며 정신적 회복 혹은 정신치료를 의미한다. 하나님께서 항상 서둘러 영혼만을 구원하려 하시는 것이 아님을 알 수 있다. 영혼 구원을 위해 때로는 심리적 구원을 사용하시는 수도 있음을 알 수 있다. 내 경우를 보면 심리적 구원을 영혼 구원의 한 과정으로 사용하셨다는 것을 알 수 있다. 먼저 정신적으로 어느 정도 건강하게 된 후에 영혼을 구원하는 것이 보다 유익하기 때문이었을 것이라고 나는 생각한다.

심리적 구원이란 우울증과 같은 약한 반응에서 벗어나는 것을 의미한다. 스위스의 내과의사이자 정신의학자인 폴 트루니에는 "인간은 동일한 내면의 고통에 대해 서로 상반되는 반응을 보인다. 곧 강한 반응과 약한 반응이다."라고 말했다. 그리고 그는 강한 반응과 약한 반응에 대해 좀더 구체적으로 설명했다. 강한 반응은 두려움을 감추려고 적극적인 모습을 하며 오히려 다른 사람의 두려움을 자극하고 공격적 성향을 띤다. 반면에 약한 반응은 두려움 앞에 당황하며 자신을 억압한다. 자신을 열등하게 여기고 수동적 성향을 한다. 약한 반응의 사람들은 신경증, 열등감, 자신감 부족, 신경과민, 병적인 죄책감, 정서불안, 강박관념, 공포심, 기능성 장애, 우유 부단, 우울증 등의 표현을 한다. 반면 강한 반응은 폭력, 편협, 비방, 앙갚음, 잔인함 등이다. 그는 약한 반응에서 강한 반응으로 옮겨 가는 것을 심리적 구원이라고 말했다.

> "심리적 구원은 약자를 강자의 진영으로 들어가도록 하는 것이다. 프로이드파 심리학자들이 발전시킨 공격성의 원리는 이미 널리 알려져 있다. 그들의 주장에 따르면 신경증이란 인간의 타고난 공격 성향을 억압한 데서 기인하고 도덕과 종교는 치열한 삶의 현장에서 개인의 무기를 빼앗아 미리부터 그를 패배자로 만들어 파멸시키는 사회적인 제약에 지나지 않는다는 것이다."[9]

폴 트루니에는 강한 반응이나 약한 반응이나 그 근본 뿌리는 두려움과 불안이라고 말한다. 단지 반응을 다르게 할 뿐이라는 것이다.

> "우리는 약한 반응뿐 아니라 강한 반응의 뿌리에도 근본적인 불안의 원인이 자리하고 있다."[10]

강한 반응을 하는 사람이 항상 승리하고 약한 반응을 하는 사람은 항상 패배하는 것처럼 보이지만 하나님의 관점에서 보면 결국 둘 다 실패하는 반응이다. 둘 다 두려움과 불안에 사로잡혀 사는 것이며 그것으로부터 헤어나지 못하는 것이다. 따라서 폴 트루니에는 심리적 치유는 진정한 의미에서의 내적 치유가 아니라고 말한다.

"진정한 내적 치유는 약한 반응이나 강한 반응에서는 찾을 수 없다. 마음 속의 근본적인 갈등을 실제적으로 해결해야만 진정한 내적 치유가 가능하기 때문이다. 그리고 진정한 내적 치유는 심리학 수준에서가 아니라, 영적인 영역에서 이루어진다. 하나님은 우리에게 도덕적인 양심을 주셨을 뿐 아니라 본능도 주셨다. 그렇기 때문에 도덕적 양심과 본능은 절대 파괴할 수 없으며 오직 하나님께 순종할 때만 도덕적 양심과 본능이 조화를 이루게 된다."[11]

나의 심리적 치유는 큰 기쁨을 가져왔다. 몸과 마음의 회복을 서서히 그러나 분명하게 가져왔다. 이때부터 나는 구도자의 길을 걷게 되었다. 자연스럽게 나는 인생에 관한 질문을 하기 시작했다. 도대체 인간이란 무엇인가라는 질문을 끊임없이 하게 되었다. 그리고 어떻게 살아야 하는가를 계속 물었다. 적당히 물 흐르듯 삶으로 몸과 마음을 편안하게 사는 법은 배웠는데 진정으로 인생의 목적이 무엇인가에 대한 답을 얻지 못했다. 이 답을 얻기 위한 내면의 순례를 새롭게 해야 했다. 영혼 구원의 문으로 들어가는 구도자로서의 순례를 해야 했다.

9

자신감의 증대와 꿈

내가 23살 되던 1985년 여름부터 대학원 생활을 다시 시작했다. 몸도 점점 회복되었다. 잠도 잘 잤고, 사는 것이 즐거웠다. 겸손과 물 흐르듯 산다는 모토를 따라 살다 보니 대인관계도 좋아지고 영향력도 점점 커지는 것을 느꼈다. 나는 이제 더 이상 소극적이거나 열등의식에 사로잡힌 사람이 아니었다. 자신감이 점점 붙기 시작했고, 매사에 석극적인 자세로 임했다. 여전히 몸은 완전하지 않았지만 조심 조심해 가며 잘 조절하며 살 수 있었다.

학업의 영역에서 매우 적극적인 자세를 취했다. 학부 동안 너무 고통스럽게 공부한 것이 후회가 되어 대학원 때는 보다 적극적으로 제대로 공부하고 싶었다. 모든 수업에서 나는 가장 적극적이고 공격적인 질문자였다. 어떤 강의나 세미나에서 한 번 이상의 질문을 한다는 원칙을 세우고 용감하게 질문을 해 갔다. 특별히 MIT에서 학위를 하고 돌아온 유 교수님께 더 적극적으로 질문했다. 그 교수님은 나의 적극적인 태도를 매우 좋아하였다. 미국인이 와서 세미나를 해도 나는 잘 하지 못하는 영어로라도 꼭 질문을 했다. 나는 분발하기 위해 스스로에게 박차를 가했다. 그러나 항상 적극적인 자세를 갖고 임하더라도 매일 저녁 내가 혹시 교만하지는 않았는지를 돌아보고 자세를 낮추는 쪽으로 자신을 바꾸어 갔다.

지난 날 그 지옥과 같은 상태에서 천국과 같은 삶을 살면서 '인생이란 무엇인가'라는 근본적인 질문이 계속 떠올랐다. 또한 지난날 나 자신이 경험한 변화를 비추어 보면서 어떤 일이든지 할 수 있다는 자신감이 점점 생겨났다. 높은 목표를 두고 꾸준히 인내하면 어떤 일이든지 이룰 수 있다고 생각했다. 꿈이 점점 커지는 것을 느꼈다. 세계적인 작품을 만들겠다는 결심을 스스로에게 했다. 완전한 지옥 같은 삶에서 천국 같은 삶으로 변화된 경험은 내게 무엇이든지 가능하다는 자신감을 심어 주었다. 무언가를 꾸준히 추구하면 반드시 열매를 맺을 수 있다고 믿었다. 성취는 머리로 하는 것이 아니라 믿음과 인내와 성실로 이루어진다고 믿고 있었다. 우울증을 이겨낸 똑같은 방법으로 하면 어떤 일이든 충분히 할 수 있다고 믿었다.

나는 나의 불행이 사회적 부조리에서 비롯되었다고 생각했다. 일제강점기나 한국전쟁 같은 역사적 사건들이 사회를 불안하게 만들고 사람들을 정상적인 생활로부터 벗어나게 만들었다고 생각했다. 또한 교육이 중요하다고 생각했다. 그러므로 사회를 변화시키면 나와 같은 불행을 당하는 사람을 훨씬 줄일 수 있다고 생각했다. 그러기 위해서 나는 사회적으로 영향력이 있는 인물이 될 필요가 있었다. 그를 위해서 우선 내가 할 수 있는 것은 좋은 연구를 통해 사회적으로 영향력 있는 인물이 되어야겠다고 생각했다. 그리고 그것을 믿었다. 이런 생각의 바탕에는 이성민 원장님이 헤어질 때 내게 해 준 말도 영향이 컸다. 당시 이 원장님은 내가 훌륭한 과학자가 될 것이라고 말해 주었다. 나는 그 말을 마음에 두고 살았다.

나는 몸이 여전히 약했기 때문에 유학 가는 일은 포기했다. 서울대 박사과정에 진학하여 성실하게 연구하면 유학 가서 연구한 사람보다 더 좋은 결과를 낼 수도 있다고 믿었다. 당시 미국에서 학위를 하고 돌아오는 선배들이 세미나 하는 것을 보며 "그 정도는 여기서도 얼마든지 할 수 있다."고 생각했다. 굳이 돈을 들여서 건강을 해치면서까지 유학을 갈 필요는 없다고 판단했다.

나는 공공연하게 나의 자신감과 꿈을 주위에 알렸다. 그리고 열심히 노력했다. 그런데 나의 연구는 답답할 정도로 진척이 되지 않아 당혹스럽기만 했다. 연구는 두뇌를 사용하는 것인데 나는 두뇌 회전이 빠르지 않고 창의적이지 않음을 깨달았다. 뜻은 좋았지만 현실은 능력이 뒷받침해 주지 못했다. 오랫동안 두통으로 인해 두뇌를 사용하지 않았다. 다른 사람들에 비해 두뇌 회전과 판단력이 부족함을 알 수 있었다. 그래서 석사학위논문이 그다지 창의적이지 못하고 또한 기대치에 미치지 못했다. 교수님이 해 보라는 실험을 해서 데이터를 수집하고 현상을 해석하는 정도였다. 당당하게 큰 소리쳤던 것이 부끄럽고 괴로웠다. 그럼에도 불구하고 나는 포기하지 않았다. 나에게는 끈질김이 이미 몸에 배어 있었다. 아무튼 현실의 부족함을 받아들이고 인내하며 멀리 내다보고 끊임없이 전진하는 자세를 취했다. 겸손을 늘 추구했기 때문에 자존심을 꺾고 현실을 받아들이는 것이 어렵지 않았다.

분초마다 겪는 고통

오영례

만리포 여인숙
한 청년이
술을 마시고 있네.
파도 소리만이
쓸쓸히
문을 두드리고.

만리포를 지나
천리포,
백리포 해변을
청년은
괴로워서
걷고 또 걷고 있네.

숨을 쉬는 순간마다
분초마다
조여 드는 고통에
청년은
하루 종일 걷고 있네.

몸이 피곤하기까지.

피할 수 없는 고통은
분초 동안도
눈을 감을 수 없게 하고
청년은 홀로
관악산을 뒹구며
절규하고 있네.

◆◆◆
3장
예수님과의 만남과 진정한 회복의 시작

10

구도자의 길에서 만난 예수님

나는 계속 스스로 진리를 찾아 헤맸다. 하루 중 일정 시간은 늘 인생에 대해 생각하는 시간을 가졌다. 매일 서울대 관악산 캠퍼스의 순환도로를 따라 걸으며 묵상을 즐겼다. 당시 서울대 캠퍼스는 넓었고 산 중턱이라 경치가 좋았다. 순환도로를 따라 걷는 길은 참 낭만적이었다. 대학원 시절 2년 동안 나는 인생의 본질에 대해 계속 생각하며 살았다. 한편으로는 당시의 연구를 잘 하려고 노력했다.

의욕은 많았으나 실제 연구는 잘 진척이 되지 않았다. 당시 우리 실험실은 세계적인 실험실과 밀접한 관계 속에 있었다. 나의 지도교수이신 김도연 교수님은 당시 재료공학계에서 세계적인 명성을 떨치고 있던 과학기술원의 윤덕용 교수님의 제자였다. 나는 윤덕용 교수님과 김도연 교수님의 연구가 매우 흥미로웠다. 잘해 보고 싶었다. 그러나 생각대로 잘 되지 않았다. 그때마다 나의 작전은 시간을 더 길게 잡는 것이었다. 그리고 끝을 바라보며 계속하는 것이었다. 조금씩 진보가 나타나고 보는 시야가 점점 예리해져 갔다.

    1986년 말 석사학위 졸업이 가까워졌다. 나는 서울대 박사과정에 진학하기로 결심했다. 많은 동료들이 미국 유학을 추진하고 있었지만 나는 그때까지 여전히 건강한 편이 아니었다. 회복은 되었지만 스트레스가 많은 상황을 잘 극복하지 못했다. 여전히 조심하지 않으면 깨지기 쉬운 그릇과 같은 아슬아슬한 상태였다. 졸업이 가까워지면서 갑자기 내 주위 사람들과의 관계들이 어려워지고 있음을 감지하기 시작했다. 학교에서 사람들로부터 왠지 모르는 비우호적인 태도를 느꼈다. 난생 처음으로 인간관계에서의 갈등을 경험하고 있었던 것이다. 그때까지는 나의 문제로 갈등을 겪었다면 이제부터는 사람들과의 관계로부터 오는 어려움을 경험하기 시작했다.

    인생에 대한 묵상이 깊어지면서 나는 점점 절대자가 존재한다는 생각 쪽으로 기울기 시작했다. 두 가지 요소가 나에게 큰 영향을 주었다. 하나는 물리학적 사실이었다. 나는 양자역학에서 수소원자 내에서의 전자의 운동방정식이 신기했다. 그 운동방정식은 18세기 말이나 19세기 초에 만들어진 순수수학 방정식이었다. 그런데 그 순수 수학 방정식이 100년 뒤에 수소 전자의 운동 방정식을 풀 때 아주 요긴하게 사용되어 물리학적 의미를 부여했다. 나는 이것을 보며 자연계에 어떤 질서가 있음을 깊이 인식했다. 그 질서는 사람의 힘으로 만들 수 없는 것이라고 생각했다. 자연을 다스리는 어떤 절대자가 존재한다는 결론에 도달하고 있었다. 이는 로마서 1장 20절에서 하나님께서 창조하신 자연을 통해 하나님을 알 수 있다고 하신 말씀과 부합된다.

"창세로부터 그의 보이지 아니하는 것들 곧 그의 영원하신 능력과 신성이 그가 만드신 만물에 분명히 보여 알려졌나니 그러므로 그들이 핑계하지 못할지니라"(롬 1:20).

내가 절대자를 인식한 또 한 가지는 사랑이었다. 당시 나는 왠지 모르게 여러 사람들로부터 미움과 견제를 받고 있다는 생각을 하고 있었다. 물론 그것은 내 개인적인 느낌이었다. 그런 부담감을 느끼면서 나는 사랑이 사람 사는데 매우 중요하다고 생각했다. 사랑은 아름다운 것이며, 사랑은 세상을 아름답게 하는 것이라고 생각했다. 그리고 절대자가 계신다면 반드시 사랑의 성품을 가지신 분이라고 생각했다.

자연을 주관하고 사랑을 주관하시는 분이 계시는데 그 분이 어느 분일까 하고 생각했다. 당시까지 나는 선불교, 실존철학, 유교 등을 섭렵하며 이들은 모두 서로 통한다고 느꼈다. 그리고 왠지 그런 것들이 하나님과 관계되었다고 믿어지지 않았다. 갑자기 나의 심령 속에 '기독교의 하나님일 거야' 하는 강한 외침이 있었다. 그런 마음이 나를 사로잡던 날, 나는 집에 가서 가지고 있던 성경을 찾아 혼자 읽기 시작했다. 그때 나는 천주교에서 사용하는 공동번역 성경을 가지고 있었다. 시편을 매일 읽고 잤다. 시편 속의 다윗이 하나님 앞에서 한 적나라한 표현들을 보면서 왠지 무섭다는 생각이 들었다. 그러나 매일 읽어 가면서 믿어야겠다는 생각을 하게 되었다. 박사과정에 올라가면 교회에 다녀야겠다는 마음을 갖게 되었다.

그럴 즈음 논문 발표를 하는 날이 있었다. 석사학위 졸업자들이 한 사람씩 자신의 논문을 여러 교수님 앞에서 발표하고 심사 받는 날이었다. 발표날이 가까워오자 왠지 마음이 불안해지기 시작했다. 왜냐하면 나는 평소에 누가 있건 아랑곳 하지 않고 저돌적으로 발표자들에게 질문을 해 왔기 때문에 반대로 내가 혹독한 질문을 받을 것 같은 예감이 들었다. 발표일 바로 전날이었다. 갑자기 세수를 하는데 나의 논문 중에서 한 오류가 생각났다. 복잡한 수식을 사용했는데 오류가 있었다. 그런데 잘 살펴보니 완전히 오류는 아니고 결과에 큰 지장을 주는 오류는 아니었다. 잘 설명하면 넘어갈 수 있는 문제였다. 나는 세밀하게 예상 질문에 답을 준비했다. 발표 당일이 되었다. 아니나 다를까 MIT 출신의 유 교수님이 바로 그 문제를 지적하였다. 나의 논문을 사전에 세밀하게 살펴보신 것이다. 나는 잠시 멈추었다가 준비한 답변을 했다. 그 자리에서 어려운 질문에 막힘 없이 답변을 하니 관중들 사이에 조용한 탄성이 있는 것을 느낄 수 있었다. 학위 심사를 무사히 넘기게 되었다. 다음날 내게 질문을 했던 유 교수님은 내가 이론을 하면 좋겠다고 말씀하셨다. 나의 실력이 인정받은 것 같아 기뻤다. 그러나 나의 보다 큰 관심은 발표 전날 나의 오류를 생각나게 하여 부끄러움을 면하게 하신 '어떤 분'에 대한 것이었다. 나를 돕는 어떤 존재가 계시다는 생각을 하게 되었다. 그리고 갑자기 어디선가 들었던 "구하라," "찾으라," "두드리라"는 말씀이 생각났다. 그 말씀은 내가 중학교에 다닐 때 고등학교 진학을 위한 학원의 구호였다. 내 안에 성령이 없다 보니 성령께서 학원이 인용했던, 내 안에 기억되어 있던 바로 그 말씀을 사용하신 것이다. 그리고는 나의 심령은 그때부터 기도라는 것을 하기 시작했다. "하나님 도와주세요"라는 기도를 했다. 얼마 후, 나의 영은 주기도문을 통해 계속 기도했다. 기도의 영이 내 안에 역사하기 시작했다.

예상하지 못한 일이 벌어졌다. 내가 박사과정 시험에서 탈락한 것이다. 그때까지 본교 출신으로서 박사과정 시험에서 탈락한 예가 없었다.

그런데 내가 불합격 된 것이다. 이해하기 힘들었다. 그때 나는 비록 예수님은 몰랐지만 하나님께 기도하고 있었다. 하나님의 존재를 어렴풋이 인식하고 있었다. 상황을 받아들이고 떠나는 것이 하나님 앞에 좋은 태도라는 생각을 했다. 그래서 나는 일일이 캐묻지 않았고 따지지 않았다. 나는 지도교수님을 매우 존경하고 좋아했기 때문에 지도교수님의 뜻을 존중해야 한다고 생각했다. 교수님도 매우 안타까워하는 모습이었다.

주어진 환경을 받아들이는 것이 순리라고 생각했다. 슬펐지만 누구도 원망스럽지 않았다. 하나님을 알았다는 사실이 나를 많이 위로했다. 지도교수님께서 포항에 새로운 대학교가 생겼다고 알려 주었다. 포항제철에서 학교를 세우고 많은 투자를 하고 있다고 했다. 한편 어떤 사람들은 다른 대기업이 세운 대학교와 같이 초창기만 지원하는 형태의 대학교가 될 것이라는 부정적인 이야기도 했다. 그러나 나는 포항으로 내려가기로 마음 먹었다.

비가 내리던 어느 날, 나는 무작정 포항으로 갔다. 포항 효자 단지 내에 처음 보는 대학건물이 우뚝 서 있었다. 초현내식 건물들이 있다. 거기서 인터뷰를 보았다. 나는 금방 채용이 되었다. 그러나 그것은 박사학위 과정이 아닌 아무런 보장이 없는 임시 위촉 연구원 자리였다. 교수님들을 보조하여 연구하는 역할을 담당하는 일이었다. 나는 하고 있던 연구에서 완전히 떠나 전혀 새로운 일을 하게 되었다. 하루 아침에 나의 꿈은 산산 조각 나고 말았다.

다시 서울로 와서 짐을 챙겨 가지고 포항으로 내려갔다. 포항으로 내려가는 도중에 나는 대전에 들려 이성민 원장님을 만났다. 인사를 드리기 위함이었다. 2년 만의 만남이었다. 당시 나는 마음 속에 온통 하나님에 대한 생각으로 가득했다. 이성민 원장님은 내게 이렇게 말했다. "인생은 사람과의 관계만 가지고는 행복할 수 없어요. 부족합니다. 하나님과의 관계가 좋아야 사람들과의 관계도 좋아집니다. 하나님과 관계를 맺으려면 예수님을 믿어야 합니다. 포항에 내려가면 교회에 다니고 예수님을 믿으십시오"라고 말을 했다. 나는 그렇게 하겠다고 대답했다.

차를 타고 포항으로 가는 동안 나는 마음이 착잡했다. 강원도 어느 시골로 가서 조용히 교회에 다니며 교회 마당 쓰는 일을 하는 사람이 되고 싶다는 생각을 하게 되었다. 모든 것을 포기하고 싶었다. 버스가 포항으로 접어들기 전 형산강이 굽이쳐 흐르고 있었다. 내 마음에 문득 드는 생각이 있었다. "하나님이 살아 계시다면 무언가 나에 대한 계획이 있을 것이 아닌가?"라는 생각이 불현듯 나의 뇌리를 강하게 때렸다. 이 생각이 들면서 나는 정신이 번쩍 들게 되었다. 나는 이렇게 되뇌이고 있었다. '아직은 포기하지 말자. 하나님께서 어떻게 인도하시나 보자.'

포항에 도착하자마자 나는 이 원장님의 권면을 따라 교회를 찾아 다니다 내게 맞는 교회를 찾았다. 그 중에 포항중앙교회에서 예배를 드리게 되었다. 그곳에서 나는 예수님을 인격적으로 만나는 경험을 했다. 당시 김명홍 목사님께서 말씀을 전하셨다. 복음에 관한 내용이었다. 나는 설교를 듣는 동안 내내 울었다. 흐르는 눈물을 주체할 수 없었다. 울음을 참느라 많은 노력을 했다. 그러나 소용이 없었다. 나는 울고 또 울었다. 오열을 하며 울었다. 나의 죄를 모두 고백하고 회개하는 회개의 눈물이었다. 내가 인류를 향한 선한 목표를 가지고 있었지만, 그것이 하나님과 관계가 없이 하는 선행이라면 그것도 하나님 앞에서는 죄라는 것을 깨달았다. 그날 예배에서 나는 예수님을 나의 구주로 영접했다. 내 영혼의 짐을 내려놓는 자유함을 느꼈다. 죄 용서함을 받는 자의 행복을 맛보았다.

　서울대를 떠나게 하신 것은 하나님이셨다. 예수님을 만나게 하시려고 포항으로 부르셨다. 영원한 생명을 주시기 위해 떠나게 하셨다. 하나님의 섭리가 작용한 것이다. 때는 1987년 초, 당시 내 나이 25세였다. 25년 동안 방황하다 늦게 주님께 돌아온 것이다. 본향으로 돌아온 것이다. 나의 인생은 25세 이전과 25세 이후로 나뉘어진다. 우울증에서 벗어난 것도 큰 분수령이지만 예수님을 영접한 것이 생에 있어 가장 큰 전환점이 되었다. 하나님께서 영적인 구원을 이루시기 위해 극심한 고통을 겪게 하시고 후에 심리적 구원으로 먼저 인도하셨다. 2년 동안 구도자의 길을 걷게 하신 후에 드디어 예수 그리스도의 사랑을 마음에 받아들이게 하셨다. 하나님의 자녀가 되게 하셨다. 이때부터 진정한 회복이 시작되었다.

11

영적인 힘으로 극복한 외로움

예수님을 영접한 후 나는 하나님을 향한 열망으로 뜨거워졌다. 모든 공예배마다 열심히 참석했다. 교회에 등록은 하지 않은 채 예배만 참석했다. 이성민 원장님은 작은 교회는 주님을 알고 성장하기도 전에 일부터 시키기 때문에 좋지 않으니, 큰 교회에 다니며 먼저 주님을 아는 일에 드려지라고 조언해 주었다. 나는 이 원장님의 조언을 따랐다.

주님은 좋았지만 현실을 보면 암담했다. 아무 연고도 없는 땅 포항에서의 생활은 외로웠다. 외로움보다 나를 더 어렵게 한 것은 거절감이었다. 내가 사랑하던 대학교와 사람들로부터 거절을 당했다. 당시는 내가 좋아하던 전공 공부를 그만 두어야 했다. 전혀 생각하지도 못했던 생소한 일들을 해야 했다. 마음이 전혀 가지 않았다. 나는 임시 연구원이라는 아무런 보장이 없는 신세가 되었다. 세상과 사람에 대한 불신감이 생겼다. 저녁에 퇴근하면 아무도 없는 자취방에서 둥그러니 누워 천

장만 쳐다보아야 했다. 가끔은 북부 해수욕장에 가서 밤하늘을 향해 그리고 하나님을 향해 외쳤다. "나의 인생이 왜 이렇게 기구합니까?" 우울증에서 벗어나 이제 무언가 꿈을 향해 한 걸음 내디디려 했는데 피어오르는 새싹이 다시 밟히는 느낌이었다. 주위에 친구도 없었다. 몇몇 임시 연구원들이 있었지만 나의 문제를 나눌 수 있는 상대가 없었다. 나는 외로웠다.

나의 육체는 아직 완전히 회복되지 않은 연약한 상태였다. 외로움과 거절에 의한 상처는 인생에 있어 또 하나의 도전이자 위기가 되었다. 몸에 질병이 없었을 뿐이지 여전히 연약한 상태였다. 세상의 비정함으로 나의 마음은 여전히 아파하고 있었다. 2년 동안 몸과 마음을 수련한 덕에 어느 정도 견딜 수 있었다. 그러나 나의 능력으로는 한계가 있었다. 예전 같지는 않지만 불안이 마음을 사로잡았다. 나의 훈련과 노력에 한계를 느꼈다. 그러나 이번에는 나 혼자가 아니었다. 예수님이 함께 하셨다. 예수님에 대한 믿음이 나를 붙들고 있었다. 예전과 같이 어두움 속으로 들어가지 않도록 믿음이 나를 지켜 주었다.

어느 날 나는 실험실에서 성경을 읽고 있었다. 당시 지도교수이신 제정호 교수님이 지나가면서 내가 성경 읽는 모습을 보고 예수님을 믿느냐고 물었다. 그렇다고 대답하자 교수님은 자신도 기독교인이라고 하시며 언제 시간이 있으면 이야기를 나누자고 하셨다.

얼마 후 교수님은 나를 집으로 초대를 해서 내게 복음을 전해 주셨다. 나는 매우 고마웠다. 그런데 교수님이 전해 준 복음은 내가 이미 깨닫고 있는 내용이었다. 그래서 "저는 이 복음을 위해 살고 싶습니다"라고 대답했다. 나는 '복음이 한 영혼을 영원한 지옥에서 영원한 천국으로 옮긴다면 이 복음을 전하는 일은 위대한 과학자가 되는 일보다 위대한 것이 아닌가'하고 생각하고 있었다. 복음을 위해 살고자 하는 열망이 많이 있었다. 세상 일이 덧없어 보였다. 어느 날 제 교수님은 내게 주일날 오후에 어느 장소로 오라고 알려 주셨다.

주일 오후에 교수님이 알려 주신 곳으로 가 보았다. 내가 다니던 교회의 유아실이었다. 젊은 청년들과 중년 부부들이 약 50여 명 모여 있었다. 말씀을 듣고 성경을 공부하는 모임이었다. 네비게이토라는 선교단체였다. 나는 처음부터 그 분위기가 좋았다. 그분들은 나를 환영했다. 첫 날 간사님의 메시지를 들었는데 귀에 쏙쏙 들어왔다. 매우 논리적이고 분명했다. 그리고 후에 서로 소그룹으로 나뉘어 성경공부를 했다. 그 성경공부 모임도 좋았다.

네비게이토와의 만남은 나를 새로운 삶으로 들어가게 했다. 거기에서 포항공대 내에 주중에 모임이 있음을 알게 되었다. 당시 포항지구 간사님이신 이규원 간사님이 매주 오셔서 인도하고 있었다. 나는 그 모임에 참석했다. 처음 그 모임에 참석하던 날의 기억이 아직도 눈에 선하다. 주중의 점심시간이었다. 함께 찬양을 하며 큐티를 나누는 모임이었다. 포항공대의 한 서클 룸에서 모여서 함께 복음성가를 불렀다. 그 가사 한 절 한 절이 나의 마음을 감동시켰다.

> 세상에서 방황할 때 나 주님을 몰랐네
> 내 맘대로 고집하며 온갖 죄를 저질렀네
> 예수여 이 죄인도 용서받을 수 있나요
> 벌레만도 못한 내가 용서받을 수 있나요
>
> (주여 이 죄인이, 안철호 작사)

나는 이 노래를 들으면서 마음에 눈물을 흘리고 있었다. 나는 교회보다 네비게이토 주일 성경공부 모임과 주중에 모이는 큐티 모임을 사모했다. 또 나를 맞아 주는 형제들이 있어 좋았다. 이규원 형제님, 제정호 교수님, 포항제철연구소의 이덕락 형제님, 장준상 형제님, 그리고 몇 몇 분이 더 있었다.

하나님은 거절과 버려짐을 통해 나로 하여금 예수님을 만나게 하셨고, 예수님 안에서 새로운 만남으로 인도하셨다. 주 안에서 형제와 자매들을 만나 하나님의 말씀을 배우고 말씀 안에서 교제하게 하셨다. 새로운 만남은 나로 하여금 외로움을 극복하게 한 축복의 만남이었다. 지금까지는 심리적 힘이 나를 회복시키는 원동력이었다면 이제부터는 영적인 힘이 나를 회복시키는 원동력이 되었다. 하나님이 나의 회복의 근원이 되셨다. 하나님과의 교제와 주 안에서의 형제들과의 교제가 나에게 어려움을 극복하는 힘의 원동력이 되었다.

심리적인 힘은 큰 도움이 되었지만 불완전한 힘이었다. 불완전한 회복을 가져다 주었다. 반면에 영적인 힘은 내게 보다 확실한 회복력을 제공했다. 심리적 힘은 세상의 힘이었으나 영적인 힘은 하나님으로부터 오는 힘이었다. 하나님은 나로 하여금 심리적인 구원을 거쳐 영적인 구원에 이르게 하셨다. 그러므로 약한 반응을 극복하게 했던 심리적 힘도 내게는 매우 중요하게 여겨진다. 나는 이제 더 큰 힘과 만나게 되었다. 더 큰 힘을 가지신 분과 교제하게 된 것이다. 어떠한 어려움도 극복할 수 있는 능력의 근원을 만난 것이다.

"나의 힘이신 여호와여 내가 주를 사랑하나이다. 여호와는 나의 반석이시요, 나의 요새시요, 나를 건지시는 이시요, 나의 하나님이시요, 내가 그 안에 피할 나의 바위시요, 나의 방패시요, 나의 구원의 뿔이시요, 나의 산성이시로다"(시 18:1-2).

12

분초마다
하나님을 찾음

　예수님을 믿은 후 얼마 되지 않아 나는 분초마다 하나님을 찾는 심령이 되었다. 하나님을 잠시도 놓을 수 없었다. 숨을 한 번 쉴 때마다 "주여!" "주여!"를 연발하며 살았다. "주님 도와주세요," "주님 도와주세요" 하는 기도를 계속 드렸다. 깨어 있는 동안 잠시도 쉬시 않고 기도하게 되었다. 예전에 질병의 덫에 걸려 살 때 분초마다 고통을 느끼며 살았던 것과 유사하게 분초마다 주님을 찾았다. 무시로 기도하는 삶을 살게 되었다. 나는 "항상 기도하라," "쉬지 말고 기도하라," "무시로 기도하라"는 명령들이 기도의 정신 속에서 살라는 의미도 있지만 할 수 있으면 실제로 그렇게 하라는 명령으로 생각한다.

　주님을 그토록 간절하게 찾은 것은 나의 삶에 닥쳐온 고난 때문이었다. 주님과의 만남은 내게 기쁨과 안식을 가져다 주었다. 그렇지만 나의 상황은 여전히 힘들었다. 25년간 살아온 삶의 방식을 버리고 주님과 동행하는 삶을 살고자 하니 어려움이 이만 저만이 아니었다. 아무런 보장이 없는 나의 미래도 내게는 도전이었다. 나의 의지와는 무관하게 발을 들여놓게 된 새로운 전공도 내게는 큰 부담이었다. 첨단 장비를 다루는 일은 내게 큰 부담이었다. 당시 포항공대는 설립자가 큰 포부를 가지고 엄청나게 투자하여 세운 초일류급 대학교였다. 당연히 연구의 요구가 많았다. 처음에는 천천히 많은 시간을 두고 생각하며 영감을 얻어서 하는 연구를 생각했었다. 그러나 당시에 나는 매우 급박하게 돌아가며 당장 결과를 내어야 하는 환경에 처해 있었다. 그리고 조금의 실수도 용납되기 어려운 복잡한 장비를 다루어야 했다. 내게는 아무런 아이디어가 없었다. 게다가 서울에서 나를 아는 교수님들이 포항공대 교수님들에게 내게 대하여 좋은 평을 해 주고 가능성에 대해 말해 준 것 같았다. 교수님들의 내게 대한 관심이 갑자기 많아진 것을 느낄 수 있었다. 마음의 부담은 이만 저만이 아니었다. 아직 아무것도 내세울 것이 없는데 보이지 않는 무언의 요구와 기대를 느꼈다.

그러나 이번에는 스트레스가 나를 해하지는 못했다. 하나님께서 스트레스를 극복하는 법을 가르쳐 주셨다. 나의 영혼으로 하여금 간절하게 하나님을 찾게 하신 것이다. 분초마다 하나님을 찾았다. "주여!" "주여!"하며 주님을 찾았다. 이것은 "주님 도와주세요," "주님 도와주세요" 하는 절규와 같은 것이었다. 목마른 사람이 시냇물을 찾아 헐떡거리듯, 내 영혼이 주를 찾기에 갈급하였다.

"하나님이여 사슴이 시냇물을 찾기에 갈급함 같이 내 영혼이 주를 찾기에 갈급하나이다"(시 42:1).

"하나님이여 주는 나의 하나님이시라. 내가 간절히 주를 찾되 물이 없어 마르고 황폐한 땅에서 내 영혼이 주를 갈망하며 내 육체가 주를 앙모하나이다"(시 63:1).

하나님은 고난을 통해 하나님을 찾게 하셨고 오랜 기간 하나님을 찾는 삶을 살게 하셔서 하나님을 찾는 삶이 습관이 되게 하셨다. 나의 신앙에 있어서 가장 큰 특징은 아마도 "무시로 하나님을 찾는 삶"이라고 말할 수 있다. 대학시절 분초마다 고통을 경험하게 하신 것은 훗날 분초마다 하나님을 의뢰하는 심령이 되게 하기 위함이었다. 그 이후 지금까지 25년간 내게 있어 궁지에 몰릴 때마다 내가 갖는 유일한 무기가 있다면 그것은 숨막힐 정도로 하나님을 간절히 찾고 부르짖는 것이었다. 이 무기는 항상 승리를 가져왔다. 한번도 나를 실망시키지 않는 아주 소중한 삶의 비결이었다. 엄청난 대가를 치르며 터득한 삶의 비결이었다.

어려울 때 배운 무시로 하는 기도는 습관이 되어 삶이 어렵지 않을 때도 늘 주님을 생각하며 기도하는 삶을 살았나. 하나님을 찾는 자들에게 좋은 것을 주신다고 약속하셨는데 좋은 것 중에 가장 좋은 것은 성령님이시다. 무시로 하는 기도를 통해 성령의 임재를 자주 느끼는 삶을 살아왔다. 늘 주님의 이름을 부르며 하는 기도를 통해 나는 항상 주님을 의식하며 살아왔다. 이렇게 마음에서 주님을 부르고 찾는 삶이 현재에도 가장 소중하게 생각된다. 하나님께서 내게 주신 귀한 은사로 여겨진다.

마음 속에서 주님을 부르는 삶을 통해 배운 것은 하나님은 마음의 하나님이시라는 것이었다. 내 마음 속에 역사하시는 하나님이시다. 주님을 부를 때마다 하나님께서는 나의 마음에 역사하여 주셔서 내 마음에 위로와 평강과 안식을 주셨다. 나의 마음 보좌에 성령으로 역사하시며 늘 함께 하심을 경험하며 살아간다. 프랑소와 페넬롱(Fransois Fenelon)도 하나님을 '마음의 하나님'이라고 말했다.

"나를 감동시키고 나의 마음을 녹이는 것은 주께서 내 마음의 하나님이라는 사실입니다. 주께서는 나의 마음 안에서 주께서 원하시는 모든 일들을 행하십니다. 나에게 선한 부분이 있다면 그것은 주께서 나를 그렇게 만드셨기 때문입니다. 주님은 주께서 원하시는 대로 나의 마음을 돌이키실 뿐만 아니라 주의 마음과 가까운 마음을 나에게 주시기도 하십니다. 내 안에서 주님 자신을 사랑하시는 분은 곧 주님이십니다. 나의 영혼이 나의 몸에 활력을 불어넣듯이 주께서 나의 마음에 활력을 불어 넣으십니다."[12]

마음의 하나님이시며 마음의 기도를 받으시는 하나님은 우리가 끊임없이 올려 드리는 마음의 기도를 기뻐하신다. 마음의 기도는 성령께서 하게 하시는 기도이다. 성령께서 기뻐하시는 기도이다. 그러므로 마음의 기도는 진실된 기도이다. 마음의 기도는 단순하고 끊임없는 기도이다. 나의 마음의 기도는 "주여," "주여"하고 도움을 간절히 외치는 간단하고 끊임없는 기도이다. 헨리 나우웬(Henri J. M. Nouwen)도 끊임없이 드리는 마음의 기도를 매우 강조한다. 그는 쉬지 않고 끊임없이 드리는 기도를 배우게 된 한 러시아 농부의 이야기를 한다. 그리고 그 농부에게 끊임없는 기도를 가르쳐 준 거룩한 영성가의 말을 다음과 같이 기록

한다.

> "끊임없는 내적 기도는 하나님께 대한 인간 정신의 계속적인 열망이다. 이러한 위안이 되는 실천에 성공하기 위해 우리는 좀더 자주 하나님께 우리가 끊임없이 기도할 수 있는 방법을 가르쳐 주시도록 간청하지 않으면 안 된다. 더 기도하라. 그리고 더 열렬히 기도하라. 기도가 어떻게 끊임없이 이루어질 수 있는지를 당신에게 알려 주는 것이 바로 기도이다. 그러나 그것은 다소 시간이 걸릴 것이다."[13]

마음의 기도는 마음의 중심에 무엇을 놓느냐 하는 문제이다. 사람은 마음에 중심에 있는 것을 자주 바라본다. 마음의 중심에 하나님이 계시는 영혼은 늘 마음으로 하나님을 바라본다.

> "마음의 기도는 자기 자신이 중심이 되어 있던 상태에서 자신을 하나님께로 향하게 하는 기도이다."[14]

끊임없는 마음의 기도가 나에게 휴식을 가져다 주었다. 끊임없이 병을 생각할 때는 고통과 좌절의 연속이었다. 그러나 끊임없이 하나님을 생각하고 기도할 때는 평안과 승리의 연속이었다. 이것은 하나님을 마음의 중심에 놓기 때문에 주어지는 안식이었다. 하나님을 마음의 중심에 놓는 삶이 곧 하나님을 경외하는 삶이다. 하나님을 경외하는 자에게 주어지는 안식이다. 하나님은 자신을 경외하는 자에게 안식 뿐 아니라 모든 좋은 것을 은혜로 주신다. 다윗은 하나님을 경외하는 자에게 모든 좋은 것에 부족함이 없을 것이라고 노래했다. 이때 그는 하나님을 찾는 것과 하나님을 경외하는 것을 같은 의미로 노래했다.

"너희 성도들아 여호와를 경외하라. 그를 경외하는 자에게는 부족함이 없도다. 젊은 사자는 궁핍하여 주릴지라도 여호와를 찾는 자는 모든 좋은 것에 부족함이 없으리로다"(시 34:9~10).

이 구절에서 "부족함이 없으리라"는 약속을 하면서 우리의 행하는 부분으로서 한 번은 "여호와를 경외," 다른 한 번은 "여호와을 찾는 것"으로 표현했다. 이것은 하나님을 경외하는 것이 하나님을 자주 찾아 의지하는 것으로 나타난다는 것을 의미한다. 그러므로 하나님을 찾는 자에게 주어지는 약속은 하나님을 경외하는 자에게 주어지는 약속과 같은 것이다. 좋은 것으로 부족함이 없게 하신다. 좋은 것이란 최선의 것이다. 영적으로 최선의 것이고 육적으로도 최선의 것이다. 성령님이 최선의 것이다. 약속의 성취가 최선의 것이다. 사랑이 최선의 것이다. 하나님의 지혜가 최선의 것이다. 삶에 있어 주어지는 최선의 결과들이 최선의 것이다. 마음의 기도가 우리를 최선의 삶으로 인도한다.

분초마다 고통을 느끼며 좌절하던 영혼이 이제는 분초마다 주님을 찾고 의뢰하게 되었다. 질병에 매어 있을 때는 철저하게 질병만을 생각하며 살았다. 질병의 노예가 되어 살았다. 그러나 예수님을 믿고는 철저하게 예수님을 의지하는 삶을 배웠다. 예수님의 종이 되어 산 것이다. 그 결과는 항상 승리였다. 최선의 삶이었다.

13

진로를 인도하신 하나님

하나님은 목자가 되셔서 자신의 양을 인도하신다(시 23:1-3). 예수 믿는 성도들은 성령의 인도를 받는다. "무릇 하나님의 영으로 인도함을 받는 사람은 곧 하나님의 아들이라"(롬 8:14). 하나님은 우리를 생명의 길로 인도하신다. 의의 길, 평강의 길, 기쁨의 길로 인도하신다. 하나님은 말씀의 길로 인도하시기 때문에 결코 우리를 멸망의 길로 인도하시지 않는다. 실족하지 않게 하신다. 부끄러움을 당하지 않게 하신다. 우리보다 앞서 행하셔서 평탄한 길로 인도하신다. 충만의 길로 인도하신다. 고난을 통과하여 영광에 이르는 길로 인도하신다.

예수님을 처음 믿고 나는 내가 구원받은 사실로 인해 기뻤다. 그런데 성경을 공부하다 보니 하나님이 나의 길을 인도하고 계신다는 것을 깨달았다. 당시 나는 진로에 대한 인도함이 필요했다. 당시 나의 신분은 임시 위촉연구원이었기 때문에 당장 그 다음해의 진로가 불투명했다. 예수님께서 나의 삶의 주인이 되셔서 나를 인도하신다고 하는 소식은 내게 매우 신기하게 들렸다. 하나님의 인도를 경험하고 싶은 열망이 생겼다. 나는 하나님의 인도에 관한 말씀들을 찾아 암송했다. 하나님의 인도에 관한 책을 사서 읽었다. 그리고 주위 신앙의 선배들에게 물었다. 그러나 뾰족하게 마음에 와 닿는 것이 없었다. 단지 하나님의 인도에 대한 약속을 믿고 기다리는 것이 내가 할 수 있는 일임을 알 수 있었다.

나는 매일 하나님의 인도를 위해 기도했다. 당시 내게는 매우 절박한 문제였기 때문에 간절히 기도했다. 하나님을 경험하고 싶었다. 기도하고 또 기도해도 하나님의 인도하심이라고 할 만한 아무런 증거도 얻지 못했다. 그러는 사이에 나는 네비게이토선교회에서 성경공부를 열심히 했다. 성경을 읽고 암송하는 것을 배웠고, 묵상하는 법도 배웠다.

몇 개월 후에 나는 군에 입대하게 되었다. 당시 석사 장교라는 제도가 있었다. 석사학위 소지자 중에 시험을 봐서 합격하면 6개월 훈련을 받고 소위로 제대하는 제도였다. 잠시 있다가 없어진 제도였지만, 나는 그 시험에 합격하여 예수 믿던 해의 여름에 군에 입대하였다. 포항에서 가까운 영천에 있는 육군 제3사관학교에 들어가서 훈련을 받았다. 군에 가기 전 이규원 간사님은 내게 복음 전하는 법을 가르쳐 주었다. "생명의 다리"라는 네비게이토 전도법을 배웠다. 나는 군복 윗주머니에 그것을 접어서 작은 신약성경과 함께 갖고 다녔다. 그리고 입대 전 형제들이 나를 위해 기도해 주었다. 특별히 믿음의 형제를 만나 교제하게 되도록 기도한 것이 기억난다.

군에 입대하여 첫 한 달은 훈련이 매우 고되었다. 아침 6시에 기상하여 밤 10시에 취침할 때까지 한 시간 중 10분간 휴식 외에는 계속 지시에 따라 훈련을 받아야 했다. 개인 시간이 전혀 없었다. 나는 그러다 신앙을 잊을까 하여 십 분간 휴식 시간에는 항상 나무 그늘 밑에서 성경을 읽었다. 한 달의 훈련 기간 동안 신약 성경을 다 읽을 수 있었다. 한 달의 집중 훈련이 끝나갈 즈음 어느 날, 그늘 밑에서 성경을 읽고 있는데 한 동료가 다가와서 인사를 했다. 예수님을 믿느냐고 물었다. 나는 그렇다고 말했다. 그와의 대화가 시작되었다. 알고 보니 그도 서울 네비게이토에 소속된 형제였다. 그의 이름은 김영구였다. 3년 정도 네비게이토 생활을 하다 군에 오기 직전에 주님께 헌신한 형제였다. 우리는 쉬는 시간마다 만나서 교제하였다.

먼저 우리는 아침 경건의 시간을 회복하는 것이 필요했다. 우리는 한 시간 먼저 일어나서 조용한 교실에서 큐티와 기도를 하기로 했다. 사실 나는 이미 아침 일찍 일어나서 기도와 묵상을 하고 있었다. 그래서 내가 먼저 일어나서 영구 형제를 깨웠다. 나는 일어나는 것이 어느 정도 훈련되어 있었기 때문에 도움을 줄 수 있었다. 대신 영구 형제는 내게 많은 원리들을 가르쳐 주었다. 그 중에 내게 '비전'이라는 말을 자주 했고 세계비전, 배가비전 등에 대해 늘 이야기 했다. 그리고 영혼들을 어떻게 양육하는지에 대해 말해 주었다. 잘 이해가 되지 않는 부분도 많았지만 나는 늘 그의 말을 경청했다. 나는 당시 열심히 전도를 하고 있었다. 이규원 간사님이 전해 준 방법을 가지고 항상 복음을 전했다. 중대원 전체를 상대로 개인적으로 복음을 전했다. 영구 형제도 함께 전했다.

1개월 집중훈련이 끝나는 날 운동장에서 열병식이 있었다. 나의 부모님이 참관했다. 그리고 포항에서 이규원 간사님, 제정호 교수님, 포항제철의 이덕락 형제님이 함께 오셨다. 그때 이규원 간사님은 내게 여호수아 1장 1절 말씀을 전해주셨다. "여호와의 종 모세가 죽은 후에 여호와께서 모세의 수종자 눈의 아들 여호수아에게 말씀하여 이르시되" 모세는 죽고 여호수아가 지도자가 되었는데 하나님은 모세를 여호와의 종이라고 했고 여호수아는 모세의 수종자 즉 종이라고 불렀다는 점을 말씀하셨다. 2인자로서 모세를 40년간이나 잘 따랐던 여호수아가 지도자로 세워졌다는 것을 말씀하셨다. 나는 이날 주신 말씀을 마음에 새기게 되었고 일평생 중요한 교훈으로 삼고 있다. 그러기에 25년이 지난 지금도 생생하게 기억하고 있다. 나는 이규원 간사님이 구체적으로 어떤 의미에서 그 말씀을 하셨는지 알 수 없으나 중요한 것은 먼저 배워야 한다는 것을 의미한다고 받아들였다. 제정호 교수님은 그때 내게 포항공대에 이제 박사과정이 생기고 자신이 학생을 받을 수 있다고 말씀해 주셨다. 박사과정으로 들어오라는 말씀이었다.

나는 여전히 하나님의 인도하심을 위해 계속 기도하고 있었다. 어느 날 서울대 김도연 교수님으로부터 다시 서울대 박사과정으로 오라는 연락을 받았다. 나는 두 갈래 길에서 무엇이 하나님의 뜻인지를 놓고 기도하기 시작했다. 훈련받는 내내 이것이 내게는 최대 관심사였다. 무엇이 하나님의 뜻인지 그리고 그것을 어떻게 분별하는지가 의문이었다. 서울대의 경우, 그곳에서도 주님을 배울 수 있는 환경이 있고 또 내가 좋아하던 전공을 다시 할 수 있는 기회가 있었다. 포항공대에도 주님을 배울 수 있는 환경이 있었다. 그러나 그곳에는 내가 하기 어려운 전공을 해야 하는 문제가 남아 있었다.

4개월 훈련이 거의 마쳐질 즈음의 어느 날이었다. 야외에서 훈련을 마치고 돌아오는 길이었다. 갑자기 나의 마음 속에 그 동안 암송했던 구절 중 마태복음 6장 33절과 누가복음 9장 23절 말씀이 떠올랐다. 그 말씀들은 내게 질문을 던졌다. 성령께서 그 말씀들을 사용하셔서 질문하셨던 것이다. 첫 번째 질문은 "너는 과연 하나님의 나라와 의를 먼저 구하고 있는가?"였다. 두 번째 질문은 "너는 과연 주님을 따르기 위해 너 자신을 부인하고 있는가?"라는 질문이었다. 나는 이 두 질문에 대답하기 위해 나 자신에 대해 생각해 보았다. 곰곰이 생각해 보니 내가 서울대학교에 다시 가고자 하는 것은 나의 욕심이요, 나를 부인하는 결정이 아님을 알 수 있었다. 나의 내면에는 예전의 전공으로 돌아가서 하나님을 힘입어 학문의 업적을 통하여 성공하고 싶은 마음이 여전히 남아 있었다. 이것은 하나님의 뜻을 먼저 구한 것이 아니라 나의 뜻을 먼저 구한 선택임을 알 수 있었다. 그런 의미에서 서울대로 다시 가려는 것은 나 자신의 욕심이 숨어 있음을 알 수 있었다.

바로 그때 내 마음에 다시 떠오른 생각은 바로 '비전'이라는 것이었다. 나에게는 생소한 것이었지만 영구 형제가 내 옆에서 몇 개월 동안 계속 말해 주었던 단어가 바로 비전이었다. 이 비전이 내게 새롭게 마음에 와 닿고 있었다. 그리고 창세기 12장 1~3절이 계속 나의 마음을 맴돌았다. 본토 친척 아비집을 떠나 하나님이 지시하시는 땅으로 갈 것을 말씀하셨다. 포항으로 가는 것은 환경적으로는 어려워 보이지만 그곳이 하나님이 기뻐하시는 곳이요 하나님이 지시하시는 곳임을 알 수 있었다. 그곳에는 복음을 믿고 처음 나를 양육해 준 지도자가 있는 곳이요 함께 교제하는 형제들이 있는 곳이었다. 또한 그곳은 포항공대 사역의 개척이 필요한 곳이었다. 사람이 필요로 하는 곳이었다. 서울대는 사역적으로 나를 필요로 하지 않는 곳이었다. 포항공대의 복음화를 위해 나를 그곳으로 보내셨음이 보다 확연해졌다. 그리고 영적인 개척정신이 솟아났다. 그리고 그 일을 하고 싶은 열망이 생겼다. 이제 하나님의 뜻은 분명해졌다.

포항공대에 지원서를 내려고 알아보았더니 이미 지원서 신청기간이 지나 버렸다. 서울대 역시 훨씬 일찍 원서접수가 마감된 상태였다. 그러나 그것은 내게 중요하지 않았다. 포항으로 가는 것이 하나님의 뜻이면 하나님께서 나의 생활을 책임지실 것이라는 믿음이 생겼다. 전방에서 2개월간의 생활을 마치고 나는 이듬해 겨울 소위로 임관하면서 제대를 했다. 제대할 때 나는 너무 너무 기뻤다. 그 동안 어려웠지만 하나님을 많이 경험하게 되었기 때문이었다. 또한 하나님의 인도를 확신하게 된 것이 기뻤다.

제대할 때 나는 부모님보다 먼저 포항의 형제자매들을 보고 싶었다. 나는 이규원 형제님께 먼저 인사를 드리기 위해 그분 댁을 방문했다. 그리고 형제 자매들의 모임에서 그 동안에 있었던 일을 간증했다. 간증을 마치고 내려오는데 제정호 교수님이 내게 다가오면서 아직 임시 위촉 연구원 자리가 비어 있다고 했다. 나는 그 자리에서 직업을 얻을 수 있었다. 하나님의 뜻을 좇아 갔더니 필요한 것들을 예비하시고 공급해 주셨다.

일 년 뒤 임시 위촉 연구원 자리는 없어졌고 오직 박사과정에 입학하는 길만 남았다. 나는 더 주님을 배우기 위해, 포항공대 사역을 위해 포항에 계속 머물기를 원했다. 그래서 나는 박사과정에 진학하게 되었다. 그리고 4년 반의 학위과정을 거쳤다. 신앙을 보다 견고히 하는 계기가 되었고 사역을 배우는 기회가 되었다. 그리고 고난 속에서 하나님을 간절히 찾게 되었고 살아 계신 하나님을 많이 경험하는 기회가 되었다. 하나님께서 연구를 축복하셔서 탁월한 결과를 내게 하셨다. 졸업이 확정된 후 아내와 결혼하게 되었고 함께 중국으로 선교를 가게 되었다.

포항공대에서 첨단분야를 배우고 익혔기 때문에 중국에서 선교할 때 아주 유용하게 사용할 수 있었다. 결국 하나님께서는 나의 길을 선하게 인도하셨고 나의 삶과 사역을 크게 복되게 하셨다. 하나님은 나를 생명의 길로 인도하셨다. 풍성한 길로 인도하셨다.

하나님은 장래를 인도해 달라는 나의 기도에 신실하게 응답하셨다. 기다리게 하셨고 말씀 안에서 성장하게 하셨다. 새로운 만남으로 인도하셨고 멘토로 하여금 조언하게 하셨다. 때가 되었을 때 성령께서 도와주셔서 말씀으로 분별하게 하셨다. 그리고 결단하도록 도우셨다. 하나님의 뜻은 분명 내게 최선이었고 온전한 것이었다. 하나님은 분명 나의 길을 인도하시는 분이셨다.

"너는 마음을 다하여 여호와를 신뢰하고 네 명철을 의지하지 말라. 너는 범사에 그를 인정하라. 그리하면 네 길을 지도하시리라"(잠 3:5-6).

이 후로도 삶의 여정 속에서 여러 번 하나님의 인도를 구했다. 그때마다 선하게 인도하셨다. 하나님의 인도를 경험하면서 몇 가지 원리를 배우게 되었다.

첫째, 하나님의 뜻을 행하고자 하는 동기를 가져야 한다. "사람이 하나님의 뜻을 행하려 하면 이 교훈이 하나님께로서 왔는지 내가 스스로 말함인 줄 알리라"(요 7:17). 하나님께서 우리의 길을 인도하신다는 것을 믿고 그 길을 가고자 하는 의도를 갖는 것이 가장 중요하다. 하나님의 뜻을 따르려는 마음이 있으면 비록 분별력이 부족하여 잠시 실수를 한다고 해도 결국 깨닫게 되고 인도함을 받게 된다. 나는 경험적으로

이 부분이 가장 중요하게 여겨진다.

둘째, 인도를 위해 지속적으로 기도해야 한다. 하나님의 인도를 받는 것도 하나님의 은혜에 속한 것이다. 하나님께서 보여 주셔야 분별하게 된다. 하나님께서 인도를 약속하셨다. "내가 너희 갈 길을 가르쳐 보이고 주목하여 훈계하리로다"(시 32:8). 인도의 약속을 믿고 그 약속을 붙들고 기도하면 반드시 인도해 주신다. 인도를 위해 기도할 뿐 아니라 평상시 하나님과의 생명력 있는 교제 속에서 기도해야 한다. 그때 하나님의 인도하심을 보다 빨리 감지할 수 있다.

셋째, 하나님은 말씀을 통해 인도하신다. 항상 말씀을 사용하여 인도하시는 것은 아니지만 성령께서는 주로 말씀을 사용하신다. "주의 말씀은 내 발에 등이요 내 길의 빛이니이다"(시 119:105). 하나님의 말씀의 영향 아래 사는 것이 중요하다. 말씀을 듣고, 읽고, 공부하고, 암송하고, 묵상하는 삶을 살 때 성령께서 우리가 가지고 있는 말씀을 통해 진리 가운데로 인도하신다.

넷째, 경건한 상담을 통해 인도하실 때가 많이 있다. 직접 말씀하시기도 하지만 많은 경우에 사람을 통해서 말씀하실 때가 많이 있다. 영적 지도자나 동료의 조언을 통해 역사하실 때가 많이 있다. "의논이 없으면 경영이 무너지고 지략이 많으면 경영이 성립하느니라"(잠15:22). 영적인 지도자나 선배들의 지혜의 조언이 하나님의 뜻을 분별하는 데 큰 도움이 된다. 당시 영구 형제와의 교제가 내게 매우 유익했다. 그와의 교제 속에서 배운 원리들이 나중에 결정을 하는데 큰 도움이 되었다.

다섯째, 환경을 통해서 인도하시는 때도 있다. 환경의 문이 열린 것만 가지고 하나님의 뜻이라고 말할 수는 없다. 그러나 하나님의 인도에는 하나님께서 문을 여셔야 가능하기 때문에 환경의 문을 잘 관찰할 필요가 있다. 하나님은 우리보다 앞서 가셔서 닫혀진 문들을 열면서 인도하신다. "내가 너보다 앞서 가서 험한 곳을 평탄하게 하며 놋문을 쳐서 부수며 쇠빗장을 꺾고 네게 흑암 중의 보화와 은밀한 곳에 숨은 재물을 주어 네 이름을 부르는 자가 나 여호와 이스라엘의 하나님인 줄을 네가 알게 하리라"(사 45:2-3).

여섯째, 하나님은 평강을 통해서 하나님의 뜻을 알리실 때도 많이 있다. 우리가 옳은 길을 갈 때 성령께서 역사하셔서 우리 안에 평강을 창조하신다. 하나님의 평강을 우리에게 주신다. 그때엔 하나님의 길을 확인할 수 있다. 만일 평강이 깨어지면 하나님께서 기뻐하시지 않는 것일 수 있다. "공의의 열매는 화평이요 공의의 결과는 영원한 평안과 안전이라"(사 32:17). 하나님의 공의가 나타난 결과가 평강이라고 말한다. 하나님의 뜻을 좇은 결과가 평강이라는 뜻이다. 하나님 나라 안에서 행하고 있다는 증거이다. 하나님 나라는 의와 평강과 희락이 있는 나라이다(롬 14:17). 하나님의 인도하시는 길은 생명의 길이다. 생명의 특징 중의 하나가 평강이다.

하나님의 인도를 따르고자 할 때에 위의 원리들이 매우 중요함을 배웠다. 하나님의 인도의 길은 생명의 길이요 회복의 길이다. 비록 좁은 길처럼 보이지만 인내하고 나아가면 부활의 영광의 길을 경험하게 된다. 회복을 경험하게 된다.

내 인생의 주인

오영례

피조물은
자신을 만든
주인을 만나기 전까지,
창조자의 손에
붙잡히기 전까지는,

이리 저리 뒹구는
돌멩이처럼,
여기서 차이고,
저기서 차이는
무의미한 존재일 수밖에 없네.

자신의
인생여정에서
자신을 만드신
그 주인을
만난다는 것은,

자신이

이 땅에 존재하는 목적과
이유를 발견하는 것이요,
앞으로 살아가야 할
삶의 목표를 알게 되는 것이네.

◆◆◆◆
4장
훈련과 회복

14

전능자의 기운을 공급하는 기도

기도는 전능자의 기운을 불러 일으킨다(욥 33:4). 전능자의 기운은 생명의 기운이다. 전능자의 기운은 영혼을 살린다. 기도는 흔히 영혼의 호흡에 비유된다. 기도하지 않는 것은 영적인 호흡이 끊긴 것을 의미한다. 기도하는 만큼 생명이 있는 삶을 사는 것이다. 기도하지 않는 신앙은 죽은 삶으로 이끈다.

기도는 전능자의 손을 붙드는 것이다. 전능하신 하나님은 의로운 오른 손으로 나를 붙들고 계신다. 내가 기도할 때 하나님의 붙드시는 손을 경험하게 된다. 자신의 연약함을 인정하는 사람만이 기도한다. 기도는 하나님을 의지하는 행위이다. 기도를 중요시한다는 것은 자신의 연약함을 인정하고 하나님의 강하심을 인정하는 것이다.

나는 예수님을 만날 때 매우 연약한 상태에 있었다. 벼랑 끝에 몰린 상황이었다. 하나님을 간절히 붙들 수밖에 없는 상황이었다. 그때 하나님은 기도의 영을 내게 부어 주셨다. 나는 무시로 마음으로 간절히 기도했다. 특별히 새벽에 기도했다. 하나님은 항상 나의 부르짖음에 응답하시고 나를 건져 주셨다. 기도를 통해 생명의 기운을 경험할 수 있었고 계속적인 기도는 점점 나를 생명의 충만으로 이끌었다. 하나님께서 내게 선물로 주신 가장 뚜렷한 은혜의 수단은 기도이다.

예수님을 믿기 전부터 내게는 기도의 영이 먼저 역사하기 시작했다. 석사학위를 마치고 포항으로 내려가기 전에 나는 기도하고 싶은 마음이 일어났다. 나는 생각나는 대로 기도했다. "주여," "주여" 하기도 하고 "하나님," "하나님" 하기도 하고 때로는 주기도문을 외우기도 하였다. 간절히 기도했다.

그러는 과정에서 복음을 듣고 예수님을 믿게 되었다. 믿은 후 선교단체에서 말씀을 배우는 가운데 하나님께서 나와 교제하기를 원하신다는 것을 배웠다. 그리고 구원의 목적은 하나님과의 교제의 회복이라는 것을 배웠다. 나는 천지를 지으신 하나님께서 나와 교제하기를 원하신다는 말에 마음이 설레었다. 그리고 그 교제를 배우기를 갈망했다. 그러나 아직 구체적으로 기도하는 습관을 갖지는 못했다.

군에 있을 때 마음이 더욱 간절해졌다. 한 달간 집중 훈련하는 동안에 아침에 일찍 일어나는 것을 시도하다가 결국 아침에 한 시간 일찍 일어날 수 있게 되었다. 동료들보다 한 시간 일찍 일어나 내부반에서 기도하는 생활을 시작했다. 후에 김영우 형제와 함께 아침 시간을 가졌다. 군에 있을 동안 가장 큰 소원은 자유롭게 기도하며 하나님과 교제하는 것이었다.

군을 제대하고 나는 이규원 간사님 댁에서 1년간 생활했다. 아주 작은 아파트였다. 작은 방 하나를 형제들 훈련시키는 방으로 사용하였다.

나는 거기에서 포항제철의 한 형제와 함께 잠을 잤다. 낮에는 학교에서 연구원으로 지냈고 밤에는 캠퍼스에서 복음을 전하고 형제들을 돌보았다. 그리고 돌아와서는 '홈트레이닝'으로 불리는 훈련적인 삶을 살았다. 찾아 오는 손님들을 섬기는 일을 했다. 설거지를 하고 방을 청소하였다. 그리고 자기 전에는 함께 하루를 돌아보며 삶을 점검하고 함께 기도했다. 문제는 나의 개인적인 시간이 하나도 없었다. 생활이 너무 분주하여 점점 지치게 되었다. 나는 돌파구로서 아침 기도시간을 확보해야겠다고 생각했다. 기도 외에는 나의 영적인 답답함을 해결해 줄 방법이 없다고 여겼다. 그런데 나의 일정 속에서 기도를 위해 따로 투자할 시간이 없었다.

이때 나는 불면증으로 수년을 고생했던 지난날을 생각해 보았다. 잠을 자지 않고도 수년을 버틸 수 있었던 것을 생각하니 잠을 줄이면 기도할 수 있다는 생각이 들었다. 나는 평소보다 두 시간을 당겨 새벽 네 시에 일어나기로 결심했다. 첫날 새벽 네 시에 일어났다. 매우 졸렸다. 기도를 하려고 하니 갑자기 내게 어떤 음성이 들려왔다. '시편 127편' 하고 내 마음에 크게 외치는 음성이 있었다. 당시 나는 성경지식이 부족하여 시편 127편이 무엇인지도 몰랐다. 부랴 부랴 시편 127편을 찾아 읽어 보았다. 거기에는 "여호와께서 사랑하시는 자에게는 잠을 주시는도다"(시 127:2)라는 말씀이 있었다. 나는 처음에는 내가 하나님의 역사를 무시하고 너무 나의 노력과 행위로 하나님 앞에 나아가려 하기 때문에 하나님께서 말씀하신 것으로 생각했다. 나는 이규원 간사님께 말씀을 드렸더니 그것은 사단의 음성이라며 계속 기도하라고 격려해 주셨다. 나는 힘을 얻어 그 다음날부터 새벽에 일어나 간사님 댁 아파트 응접실에서 기도했다.

기도를 마치고 나는 새벽 다섯 시쯤 자전거를 타고 30분 가량 걸려 학교 캠퍼스로 향하여 갔다. 기숙사에서 형제들을 깨워 함께 큐티를 하기 위해서였다.

어느 날 나는 자전거를 타고 가면서 마음의 어려움을 하나님께 큰 소리로 토했다. 고래 고래 고함을 치면서 하나님께 불만을 토했다. "이렇게 어렵게 하시려고 나를 포항에 부르셨습니까?"라고 울부짖었다. 캠퍼스로 막 들어서면서 이전에 경험하지 못했던 큰 평강이 나의 마음에 쏟아지는 것을 경험하게 되었다. 모든 지각에 뛰어난 하나님의 평강이 나의 마음을 주장한 것이다. "내가 너와 함께 한다"는 음성이 내 마음에 들렸다. 나는 감격했다. 감사했다. 하나님이 임재를 경험하고는 마음을 놓을 수 있었다.

이규원 간사님 댁에서 1년간 생활훈련을 받은 후, 나는 박사과정에 입학했고 학교에서 제공하는 기숙사에 들어가게 되었다. 이제 자유롭게 아침시간을 가질 수 있는 것이 가장 기뻤다. 또한 여전히 천지를 지으신 하나님께서 나와 교제하기를 원하신다는 사실이 내게 큰 기쁨이었다. 나는 다시 한 시간을 더 하나님과의 교제에 드리기로 결심했다. 밤 열한 시에 취침하고 새벽 세 시에 일어나기로 했다. 졸음을 이기기 위해 세 시에 일어나자마자 방석을 들고 기숙사 베란다로 갔다. 베란다에는 창이 없었고, 바깥 공기와 그대로 연결되어 있었다. 당시 나는 수년 동안 어김없이 세 시 십 분 안에 베란다 자리에 앉아 기도를 시작할 수 있었다. 주님을 찬양하고 감사하고 자백하고 간구하는 기도를 그곳에서 두 시간 가량 드렸다. 그리고 일어나서 형제들을 깨워 다시 학교 야산에 들어가 자리를 펴고 한 시간 가량 수풀 속에서 기도했다. 그리고 내려와서 서클 룸에서 말씀을 묵상했다. 기도에 많은 시간과 에너지를 드렸다. 힘이 들었지만 그것이 좋았다.

그렇게 기도하던 중 때로는 하나님의 약속을 받기도 하고 하나님의 위로를 받기도 했다. 때로는 연구의 지혜도 얻었다. 그리고 이후의 삶이 매우 형통했다. 하나님의 인도를 따라 살게 되었다. 점점 충만한 삶을 살게 되었다. 당시 나의 기도생활에는 신비로운 것은 없었다. 단지 그날 그날 살아갈 영적인 힘을 얻을 수 있었다. 그러나 매일매일 드려지는 기도가 점점 쌓여 결국 나의 삶은 축복된 삶으로 바뀌었다. 꾸준히 드려지는 기도의 삶이 우리 인생을 어떻게 변화시키는가에 대해 성경과 실제의 경험은 증거 한다. 나는 지속적인 기도를 통해 심령, 건강, 학업, 직장에서의 삶, 사역에 있어 풍성한 열매를 경험했다.

꾸준한 기도의 삶이 생명을 공급하고 결국에는 충만으로 이끌며 열매가 풍성한 삶으로 인도한다는 것은 이사야 말씀을 통해 알 수 있다.

"네가 부를 때에는 나 여호와가 응답하겠고 네가 부르짖을 때에는 내가 여기 있다 하리라. 만일 네가 너희 중에서 멍에와 손가락질과 허망한 말을 제하여 버리고 주린 사에에 네 심정이 동하며 괴로워하는 자의 심정을 만족하게 하면 네 빛이 흑암 중에서 떠올라 네 어둠이 낮과 같이 될 것이며 여호와가 너를 항상 인도하여 메마른 곳에서도 네 영혼을 만족하게 하며 네 **뼈**를 견고하게 하리니 너는 물 댄 동산 같겠고 물이 끊어지지 아니하는 샘 같을 것이라. 네게서 날 자들이 오래 황폐된 곳들을 다시 세울 것이며 너는 역대의 파괴된 기초를 쌓으리니 너를 일컬어 무너진 데를 보수하는 자라 할 것이며 길을 수축하여 거할 곳이 되게 하는 자라 하리라"(사 58:9-12).

4장 훈련과 회복

이사야 선지자는 이스라엘 사람들의 회복에 대해 말씀한다. 먼저 기도하는 삶이 중요함을 일깨워 준다. 기도와 사랑의 말을 통해 내면이 치유된다고 말하고 있다. 또한 육신의 회복을 약속한다. 그리고 영의 충만을 약속한다. 차고 넘치는 심령 속에서 사람의 열매들이 풍성하게 맺힐 것을 약속한다. 이 말씀은 정서적, 육신적, 영적인 회복을 약속함에 있어 기도가 가장 핵심적인 요소임을 가르쳐 준다. 그리고 지속적인 기도의 삶을 강조하고 있다. 기도는 댐에 물을 대듯이 충만의 정도가 점점 더해짐을 나타낸다. 기도가 축복을 가져다 줌을 말해 주고 있다.

더치 쉬츠(Dutch Sheets)는 『하나님의 얼굴로 들어가라』는 책에서 하나님께서 손을 대시는 것처럼 보이는 성취 이면에는 항상 충분한 기도가 있음을 주장한다.

"어떤 일을 이루기 위해서는 이 능력이 어떤 양만큼 영의 영역에서 나와야 합니다. 그것은 손전등을 켜는데 필요한 능력의 양과 도시의 한 건물의 불을 밝히는데 필요한 양과의 차이와 같습니다. 영에 있어서도 그와 똑같습니다. 어떤 일을 이루기 위해서 필요로 하는 하나님의 능력의 양은 각기 다릅니다. 이런 이유 때문에 대부분의 기도가 응답되는 데는 보통 잠시 시간이 걸린다고 나는 확신합니다. 우리가 즉각 보는 경우는 어쩌다 있는 일입니다. 그러나 대표적으로 보면 그것은 단순히 아버지께 무엇을 해 달라고 요구하는 문제가 아니라 오히려 일이 성취되도록 영으로 충분한 능력을 나오게 하는 문제인 것입니다. 그런데 슬프게도 대부분의 그리스도인들은 이 점을 알지 못합니다. 구하고 난 다음에 우리는 뒤로 나 앉아 하나님을 기다리는 편인데 사실은 우리를 기다리고 있는 분은 하나님이십니다. 단순히 하나님께 무엇을 구하는 것 그 이상을 하는 기도가 있다는 점을 우리가 이해하지 못하는 것이 우리의 문제입니다. 때대로 하나님께서 마침내 그것에 손을 대신 것처럼 보일 때나 어떤 일이 방금 갑자기 일어났다는 생각이 들 때 사실은 그것을 성취하기 위해 마침내 충분한 능력이 기도를 통해서 나오게 된 것입니다."[15]

기도의 사람 조지 뮬러(George Muller)도 축복을 받을 때까지 지속하여 기도할 것을 강조한다.

"그는 '기도를 시작한다는 것' 그 자체로 만족하는 일이 없었다. 또한 '바르게 기도한다는 것' 그 자체에도 만족하지 않았다. 그는 이러한 고백과 충고를 하였다. '올바르게 기도한다'는 것도 얼마 동안 기도를 계속한다는 것도 충분치 않다. 우리는 응답을 받을 때까지 믿음을 가지고 꾸준히 기도해야 한다. 더 나아가서는 끝까지 기도를 계속할 뿐만 아니라 하나님께서 우리의 기도를 들으시고 응답해 주시리라는 것을 분명히 믿어야 한다. 대부분의 경우 우리는 축복을 받을 때까지 기도를 지속하지 못하고 축복을 꾸준히 기대하지도 못하고 있다."[16]

하나님은 내게 기도의 영을 부어 주셨다. 그에 따라 나는 기도하고 또 기도했다. 당시는 잘 알 수 없었지만 10년이 지나고 20년이 지나면서 나는 기도가 헛되지 않는다는 것을 분명히 깨달았다. 기도는 나의 삶 속에 전능자의 기운을 계속해서 불어 넣어 주심으로 심령의 회복을 가져왔고 육체적인 삶, 환경적인 삶 그리고 사역 속에도 회복을 가져왔다.

그러나 무엇보다 기도를 통해 얻은 것은 주님을 닮는 면에서의 변화였다. 나의 존재의 변화를 경험한 것이다. 주님을 더 깊이 알게 되고 또 나 자신을 알게 된 것이다. 유진 피터슨(Eugene Peterson)은 기도가 인간 존재 변화에 있어 가장 핵심적인 도구라고 말한다.

> "기도야말로 인간이 되어 가는 모든 과정에서 핵심 기술이다. 기도는 하나님이 자신의 뜻을 이루시기 위해서 우리의 몸과 영혼에 사용하시는 도구다. 기도는 우리가 하나님의 일에 동참하기 위해서 사용되는 도구다."[17]

25년의 기도생활을 통해 배운 것은 "하나님은 기도에 응답하시는 분이시다"라는 것이다.

15

약속을 바라보는 믿음

　예수님을 믿은 후 선교단체에서 신앙생활을 하면서 '약속,' '약속을 주장함,' '약속을 이루시는 하나님'이라는 말을 많이 들었다. 아울러 '비전'이라는 말도 많이 들었다. 많은 간증을 통해서, 설교나 세미나를 통해 많이 들었다. 처음에는 얼마간 내게는 생소한 단어들이었다. 이런 단어들이 구체적으로 나의 삶과 무슨 관계가 있는가에 대해 잘 알지 못했다. 그러나 이 단어들이 내게 큰 의미로 다가온 순간이 있었다.

　이규원 간사님 댁에서 기숙사로 돌아온 후 나는 매우 바쁜 나날을 보내고 있었다. 한편으로는 연구원으로서 결과를 내어야 했고, 다른 한편으로는 전도하고 양육 등 사역에 많은 시간을 내고 있었다. 해가 뜨는지 달이 뜨는지 잘 알지 못한 채 동분서주하였다. 어느 날 달이 뜨는 것을 보면서 스스로 놀랐다. 당시 달이 뜨는 것을 마지막으로 본 것이 수 년 전이었던 것이다. 여러 해 동안 밤하늘의 달을 본 적이 없이 분주

하게 살아온 자신을 돌아보게 되었다.

바쁘게 사는 것에 비해 나의 삶에는 열매가 없었다. 연구와 사역에 있어 열매가 보이지 않았다. 특별히 연구분야에 있어서는 열매가 더욱 미미했다. 복음을 전하고 영혼들을 양육한다며 정작 해야 할 세상 일에 있어서 빛이 되지 못하는 것은 내게 큰 부담이었다. 주님의 일을 하면서 늘 마음에 짐이 되었다. 또한 지도교수님 앞에 제 역할을 다하지 못하는 것 때문에 늘 송구스러웠다. 사역을 그만 두고 연구 하나만 하면 얼마든지 연구에서 빛을 내고 하나님의 영광을 드러낼 수 있을 것만 같았다. 사역을 포기하는 것에 대해 좀 더 심각하게 생각하기 시작했다.

마음에 무거운 짐을 느끼던 어느 날 아침에 큐티를 하기 위해 성경을 폈다. 말씀을 읽어 가면서 부딪치는 말씀이 있었다. 창세기 35장 11절 말씀이었다. 갑자기 그 말씀이 살아 있는 음성처럼 내 마음에 들리기 시작했다. 깨달음을 통한 음성이 아닌 생생하게 들리는 하나님의 음성을 처음 듣는 순간이었다. 말씀이 지성이 아닌 심령에 직접적으로 들리는 신비로운 순간이었다.

> "하나님이 그에게 이르시되 나는 전능한 하나님이라 생육하며 번성하라 한 백성과 백성들의 총회가 네게서 나오고 왕들이 네 허리에서 나오리라. 내가 아브라함과 이삭에게 준 땅을 네게 주고 내가 네 후손에게도 그 땅을 주리라 하시고"(창 35:11-12).

여기에서 하나님은 자신을 전능한 하나님이라고 말씀하셨다. 이 말씀을 통해 하나님은 내게 나의 사역과 연구를 인도하시고 이루실 분은 하나님이시라는 것을 깨닫게 하셨다. 그 일의 주체는 내가 아니라 전능하신 하나님이시라고 말씀하셨다. "생육하고 번성하라"는 말씀을 통해서는 지금하고 있는 전도와 양육의 일을 우선순위 가운데 계속하라는 말씀으로 들렸다. 믿음을 가지고 전도와 양육을 통해 생육하고 번성해 나가라는 말씀이셨다. "한 백성과 백성들의 총회가 네게서 나오고 왕들이 네 허리에서 나오리라"는 말씀은 한글 개역에서는 "국민과 많은 국민이 네게서 나고 왕들이 네 허리에서 나오리라"고 되어 있다. 많은 하나님의 백성들이 나를 통해 나오고 왕과 같은 인물들이 나를 통해 나올 것이라고 말씀하셨다. 그리고 하나님께서 야곱에게 약속하신 것처럼 아브라함과 이삭에게 준 기업을 내게 주고 나의 후손에게도 동일한 기업을 주시겠다고 말씀하셨다. 그 기업은 사역을 의미했고 사람을 의미했다. 나의 영적 후손을 통해 계속적으로 하나님 나라의 확장에 힘쓰는 일이 대를 이어 날 것을 약속했다. 당시는 영적인 후손만을 생각했지만 지금에 와서는 그 안에는 나의 육적인 후손을 통한 역사도 포함됨을 깨닫게 된다.

나는 나의 연구도 하나님께서 이루실 것이고 사역도 하나님께서 이루실 것이라는 약속에 크게 은혜를 받았다. 나의 짐을 하나님께 내려놓자 평강이 찾아왔다. 실제적으로 이 약속을 받은 후 굳은 믿음이 생기게 되었다. 그 결과 나의 부족함에 대해 교수님께 미안해 하는 마음을 내려놓을 수 있게 되었다.

나는 비로소 그 동안 많이 들었던 '약속'과 '비전'이라는 말이 깨달아졌다. 하나님께서 야곱에게 주신 약속을 그대로 내게 주고 계심을 깨달았다. 그리고 이 약속을 일평생 나의 비전으로 알고 기도해야겠다는 마음이 강하게 들었다. 그 날 이후부터 오늘날까지 나는 23년간 이 약속을 매일 주장하며 기도하고 있다. 나는 일평생 이 약속을 붙들고 기도

할 것이며 이 약속의 성취를 적어도 일부는 생전에 경험하리라 믿으며 살고 있다. 그리고 반드시 하나님의 뜻이 성취될 것을 믿는다.

23여 년에 걸쳐 이 약속을 주장하며 약속에 따라 순종하며 사는 동안 약속의 성취를 이미 많이 경험했다. 먼저 연구에 관한 약속이 성취되는 것을 경험했다. 연구도 하나님께서 하시는 일이라고 말씀하셨는데 이 약속이 주어지고 약 2년 후에 매우 좋은 열매를 주셨다. 약속이 주어진 후에도 환경은 특별히 변화된 것이 없었다. 여전히 뚜렷한 결과는 없었다. 그 사이에 동료들은 모두 졸업했다. 나만 남게 되었고 다른 사람들의 손가락질을 받게 되었다. 이제 한 달 후까지 결과가 없으면 나는 더 이상 연구의 지원을 받을 수 없는 상황에까지 가게 되었다. 절박한 환경 가운데 있던 어느 날 아침, 하나님께 기도하던 중 지혜가 임했다. 그 지혜를 따라 실험을 실행했는데 매우 좋은 결과를 얻게 되었다. "나는 전능한 하나님이라"고 말씀하시고 "연구도 내가 하는 것이다"라고 말씀하신 대로 하나님의 전능하심을 나타내 보여 주신 결과였다. 하나님은 약속하신 대로 이루셨다. 그 결과로 나는 당당하게 졸업을 할 수 있게 되었다.

약속에 있어 두 번째 부분인 사역에 있어서의 약속의 성취는 계속 진행 중이다. 이 약속을 받은 이후 나는 어디에서든지 어떤 환경에서든지 영혼들에게 전도하고 양육하는 삶을 살아 왔다. 그 과정 속에서 나와 아내의 도움을 받은 형제자매들이 그리스도의 제자와 일꾼으로, 지도자로 서는 결과가 있었다. 중국에서 도왔던 한 형제는 지금 국제 선교단체의 중국 대표가 되어 있다. 그리고 제자훈련을 받았던 형제자매들 중에 여러 명의 선교사가 나왔다. 목회자도 배출되었다. 그러나 나는 아직 이 약속은 진행 중이라고 생각한다. 앞으로 더 분명한 열매가 맺힐 것을 바라본다. 많은 구원의 열매와 제자 일꾼 그리고 지도자의 열매들이 맺힐 것을 바라본다. 그리고 대를 이어 이러한 일이 일어날 것을 바라본다. 더구나 약속을 따라 우리의 육신적인 자녀들을 통해서도 일어나기를 기대하고 바라본다. 매일 이 약속을 위해 기도하면서 하나님께서 이루실 것을 바라보는 것은 내게 큰 소망을 준다.

약속을 바라보고 주장하는 삶은 그리스도 안에서 매우 성경적이며 역사적으로도 증명된 것이다. 네비게이토선교회에서는 하나님의 약속을 찾고 주장하는 것을 매우 강조하였다. 이는 네비게이토의 창시자 도슨 트로트만(Dawson Trotman)의 영향이었다. 그는 하나님의 약속의 성취를 굳게 믿으며 살았다. 직접적으로 주신 약속뿐 아니라 지성적으로 찾고 주장할 수 있다고 믿었다. 그는 성경을 공부하여 자신의 상황과 맞을 때에는 그것을 하나님께서 주신 약속으로 믿고 주장하였다. 그는 약속을 주장하는 삶에 대해 다음과 같이 말했다.

"성경을 암송하는 것과 말씀을 매일의 삶 가운데 적용하려는 노력을 통해서 하나님의 말씀이 자신의 삶 속에 깊이 침투되어 있었기 때문에 도슨은 성경의 무수한 약속들을 자신의 것으로 삼을 수 있었습니다. 도슨은 자신의 약함에도 불구하고 하나님께서 아브라함에게 주신 약속을 자기의 것으로 주장할 수 있다고 굳게 믿었습니다. 물론 그 약속이 도슨 자신에게 직접 주어진 것은 아니었지만 자신을 위해 기록된 것으로 확신했습니다. 도슨은 장기간에 걸친 성경연구를 통해 '모든 약속들은 나의 것이다. 나는 믿음으로 가능한 모든 약속들 위에 나의 삶을 투자하겠다'는 확신을 다지게 되었습니다. 그는 하나님의 약속들을 자신의 삶 뿐만 아니라 세계 복음화를 위해서도 주장했습니다. 그는 인간의 약점과 불가능한 환경에 관계없이 하나님께서는 그분이 하신 약속을 반드시 성취하시고야 만다는 사실을 절대적으로 믿었습니다. 그는 '믿음은 불가능한 환경 속에서 발걸음을 내딛는 연습을 통해서만 성장합니다'라고 즐겨 말했습니다."[18]

스펄전(Charles Spurgeon) 목사님도 하나님의 약속을 소중히 여기라고 권면하였다.

"오 인간이여, 하나님의 약속들을 마치 박물관의 골동품처럼 취급하지 말라. 약속들을 믿고 그것들을 사용하라." (찰스 스펄전)

리더십의 전문가인 풀러신학교의 로버트 클린턴(Robert Clinton) 교수는 끝까지 쓰임 받는 사람들의 특징 중의 하나로서 하나님의 약속이 실제화되는 것을 들었다.

"그들의 삶 속에서 진리가 성취되며 하나님의 확신과 약속이 현실이 되는 것을 경험하게 된다."[19]

하나님의 약속을 믿는 믿음은 믿음의 삶에 있어 열쇠와 같은 것이다. 기도의 황금열쇠와도 같은 것이다. 아브라함과 사라는 약속을 바라보며 25년을 살아간 후에 닫혔던 태의 문이 열리고 생산의 능력이 회복되는 놀라운 경험을 하게 되었다. 약속이란 깜깜한 터널 속에서 붙들고 갈 수 있는 등불과 같은 것이다. 약속을 믿는 믿음은 놀라운 회복을 가져다준다.

> "아브라함이 바랄 수 없는 중에 바라고 믿었으니 이는 네 후손이 이 같으리라 하신 말씀대로 많은 민족의 조상이 되게 하려 하심이라. 그가 백 세나 되어 자기 몸이 죽은 것 같고 사라의 태가 죽은 것 같음을 알고도 믿음이 약하여지지 아니하고 믿음이 없어 하나님의 약속을 의심하지 않고 믿음으로 견고하여져서 하나님께 영광을 돌리며 약속하신 그것을 또한 능히 이루실 줄을 확신하였으니"(롬 4:18~21).

약속을 붙들고 기도할 때 전능자의 기운은 우리를 점점 약속으로 인도한다. 그 약속이 현실이 되도록 이끌어 주신다. 전능자의 기운은 우리의 삶이 약속을 받기에 합당한 삶으로 준비하도록 한다. 약속주장을 아는 신앙은 영적인 세계의 보고를 아는 신앙이다.

16

거룩한 습관을
형성시켜 주는 훈련

인생에는 계절이 있다. 유아기, 유년기, 소년기, 청년기, 중년기, 장년기, 노년기가 있다. 영적인 삶에도 육체적인 계절과는 다르지만 나름대로 계절이 있다. 로버트 클린턴은 영적 지도자들의 시간선이 4~6개 단계로 나누어진다고 했다.[20] 아직 오지는 않았지만 마무리 단계가 있을 것이다. 나의 영적 계절에 대한 시간선을 만들면 네 가지 단계로 나누는 것이 가장 적절한 것처럼 보인다.

첫 번째는 예수 믿기 전 시기이다. 이때는 주권적으로 기초가 형성되는 시간이다. 대학시절의 고난과 대학원시절의 회복 그리고 믿음으로의 전환 과정 등은 하나님께서 내 삶 가운데 나를 사용하시기 위해 주권적으로 기초를 만드신 기간이라고 말할 수 있다. 두 번째는 예수님을 믿은 후 선교단체에서 훈련 받고 사역을 하던 시기이다. 세 번째는 교회에서 사역을 하던 시기이다. 나는 현재 이 세 번째 단계를 지나고 있다고 생각한다. 네 번째 단계는 내게 아직 오지 않았지만 마무리 단계이다.

두 번째 단계의 선교단체 시기는 둘로 나뉘어진다. 포항에서 영적인 훈련을 받던 시기와 중국에서 선교를 경험하며 직접 사역하던 시기다. 나는 스스로 이 시기를 각각 제자로서의 시기와 일꾼으로서의 시기로 분류하고 싶다. 내가 포항에 있던 시기는 그리스도의 제자로서 훈련되어지는 시기였다. 영적인 인생의 여름 중 초반부에 해당하는 시기라고 하겠다. 1987년 초에서 1993년 말까지 약 6~7년간의 기간으로 예수 믿고 결혼을 하기 전까지의 시기이다.

하나님은 이 기간 동안 내게 거룩한 습관들을 많이 훈련시키셨다. 나는 이 시기에 기도, 말씀, 교제, 지도자에 대한 순종, 그리스도의 주 되심(Lordship), 비전, 헌신, 전도와 양육, 세상 일에 있어서의 성실 등을 많이 훈련하게 되었다. 이 훈련은 나로 하여금 그리스도인의 기본기가 매우 튼튼한 사람으로 만들어 주었다.

훈련의 또 다른 이름은 절제이다. 먼저 나는 잠을 절제했다. 나는 기도하기 위해 잠을 자는 시간과 일어나는 시간을 매우 규칙적으로 살았다. 규칙적으로 취침하고 기상하는 삶과 규칙적으로 새벽에 기도하는 삶은 내게 참으로 많은 유익을 가져다 주었다. 25년이 지난 지금에 와서 나의 절제의 삶을 평가해 보면 사도 바울의 말씀처럼 경건은 범사에 약속이 있는 것이 분명하다.

"망령되고 허탄한 신화를 버리고 경건에 이르도록 네 자신을 연단하라. 육체의 연단은 약간의 유익이 있으나 경건은 범사에 유익하니 금생과 내생에 약속이 있느니라"(딤전 4:7-8).

여기에서 금생과 내생이란 각각 현재와 미래를 의미한다. 경건의 연습을 하는 삶은 그러한 삶을 사는 그 당시에 유익하다. 다른 불필요한 데 에너지를 쓰지 않고 선하고 유익한 데 쓰기 때문이다. 또한 경건은 장래의 삶에 매우 유익하며 미래를 위한 좋은 투자가 된다. 삶과 인격이 변화되고 예수 그리스도를 닮으며 또한 효과적인 사역을 하는 일꾼이 되는 데 매우 유익하다. 포항에서 훈련 받던 시절에 배우고 익힌 절제의 삶을 훗날에도 지속적으로 실천함으로 말미암아 몸과 마음이 매우 건강해졌다. 50세가 된 지금의 몸이 나의 20대 시절보다 훨씬 낫다. 처음 예수님 믿을 때에 비해 비교할 수 없을 정도로 건강하다. 나의 마음도 그때보다 더욱 넉넉해지고 훨씬 충만해졌다.

훈련으로 은혜가 결정되는 것은 아니다. 그러나 훈련은 은혜 받는 통로가 되며 은혜의 문 앞에 우리를 데려다 놓는 역할을 한다.

> "영적 훈련은 하나님의 은혜의 통로이다. 우리가 추구하는 내적 의는 우리의 머리 위에 부어지는 것이 아니다. 하나님께서 영적 삶의 훈련을 통로로 정하셨는데 우리는 그 통로로 말미암아 우리를 축복하실 수 있는 곳에 놓이게 된다."[21]

나는 감사하게도 말씀의 훈련을 받는 소중한 은혜가 있었다. 네비게이토선교회는 말씀 훈련을 매우 체계적으로 시키는 단체이다. 말씀을 듣고, 읽고, 공부하고, 암송하고, 묵상하는 삶을 매우 철저하게 배웠다. 매년 1회에서 2회 정도 성경을 통독했다. 이 시기에 약 500여 구절을 암송하게 되었다. 성경을 주제별로 체계적으로 여러 번 배우고 또 수없이 가르치는 훈련을 하게 되었다. 여러 성경을 장별로 공부하는 훈련도

했다. 처음 예수님을 믿은 후부터 말씀을 묵상하는 것을 하루도 거르지 않고 계속적으로 하게 되었다. 성경 전체를 여러 번 묵상하였다. 그것이 내게 지금 설교를 하거나 가르치거나 양육을 할 때 매우 유용하다. 또한 기도할 때 아주 유용하다. 이 시기에 말씀에 대한 기초를 든든히 한 것에 대해 늘 감사하게 생각한다. 나의 변화에 있어 내 안에 있는 말씀들이 큰 역할을 했음이 분명하다고 생각한다.

교제하는 삶도 훈련이 필요했다. 나는 포항에 있는 동안 매일 형제들과 함께 생활했다. 아침에도 함께 일어나서 함께 산에 가서 기도하고, 학교 서클 룸에서 함께 묵상하며 아침, 점심, 저녁을 늘 함께 모여서 식사하고 교제했다. 일주일에 한 번은 나의 영적인 멘토와 교제하고 또한 돕는 여러 형제들과 매주 한 번씩 만나 개인교제를 했다. 이 모든 것이 훈련이었다. 이러한 훈련적인 삶이 때로는 나를 답답하게 만들었다. 그러나 이러한 눈코 뜰 새 없는 훈련이 나의 젊은 시절이 다른 것으로 인해 유혹 받거나 방황하는 시간이 없이 지낼 수 있었다. 또 이런 집중적인 교제를 통해 거룩한 삶의 훈련을 받게 되었다.

나는 믿음의 초창기부터 전도하는 일에 매우 열심이었다. 학기 초에 학생들에게 집중적으로 전도하는 일과 매주 형제들과 정기적으로 전도하는 일 이외에 개인적으로 하루 한 명 이상씩 꼭 전도하는 습관이 있었다. 4~5년간 이러한 전도의 삶을 꾸준히 살았다. 잠자기 위해 침대에 누웠다가 그날 전도하지 않았으면 다시 일어나서 밖에 나가 한 명 이상에게 복음을 전하고 다시 잠자리에 들기도 했다. 그렇게 하다가 극적인 영혼구원의 역사도 있었다. 한 석사학위 학생이 지도교수와 관계가 좋지 않아 학업을 포기하려는 마음으로 기숙사에 돌아오고 있었다. 우연히 나에게 간단한 복음과 전도용지를 전해 받고 자기 기숙사에 들어가 전도용지를 읽고 영접하게 되었다. 다음 날 다시 그 학생을 만났을 때 그 학생은 내게 자신이 전날 예수님을 영접했고 또 지도교수님과 관계도 회복되었다고 간증을 나누었다. 나는 중국에 선교를 가기 전까지 오랫동안 그 형제를 영적으로 돕는 특권을 누렸다.

나는 지금 목회를 하면서도 매주 정기적으로 개인적으로 전도를 한다. 전도는 나의 약속의 말씀인 창세기 35장 11절 안에 있는 주요 명령 중 하나이다. 나는 "생육하고 번성하라"는 명령을 전도와 양육하는 삶을 의미하는 것으로 해석하고 실천하며 살고 있다. 따라서 나는 하나님 앞에 언약에 충실하기 위해 늘 복음을 전하는 삶을 사는 것이다.

포항에 있는 동안 나는 여러 형제를 주 안에서 양육하며 제자 삼는 삶을 살았다. 개인적인 교제와 소그룹 성경공부를 꾸준히 하였다. 이것을 통해 나는 사역을 배웠다. 또한 사람에 대해 알아갔다. 10년이나 어린 형제들과 함께 생활했다. 당시 나는 박사과정 학생이었고 형제들은 1~2학년 학생들이었다. 경험도 없는 내가 그들을 영적으로 돕기 시작했는데 생각보다 어려웠다. 나를 인정하지 않고 말을 듣지 않았다. 나는 항상 외로웠다. 어찌 하나같이 나의 말을 듣지 않고 나를 어렵게 하는지 참 괴로웠다. 나중에 안 사실이지만 나는 그들의 필요를 채우는데 민첩하지 못했다. 나는 오랫동안 사람들과 동떨어져서 살았다. 고등학교 3학년 이후 대학교 5년간을 혼자만의 세계에 갇혀서 우울증과 싸우며 세상과 동떨어져 살았다. 그렇기에 사람 다루는 법을 잘 몰랐다. 사람들의 감정을 알지 못했다. 나는 윗사람에게 충성스러웠다. 그러나 어린 형제들의 필요를 채우는 일에 매우 서툴렀다. 그렇기 때문에 형제들도 고통스러워했던 것 같다. 나는 그들의 이해할 수 없는 반항과 어리광에 고통스러워했다. 가끔은 형제들을 과도하게 책망하여 형제들과의 관계가 끊어지기도 했다. 많은 형제를 교제에서 떠나게 했다. 이러한 시행착오를 거치면서 나는 점차 사람을 이해해 갔고 점점 민첩해졌다. 그러나 여전히 사람을 이해하는 면에서는 배워야 할 것들이 많았다.

하나님께서 나를 훈련시킨 또 다른 영역은 세상 일의 성실이다. 나는 사역을 열심히 하면서 박사과정의 일도 나름대로 성실하게 하였다. 지도교수님을 존중했다. 물론 영적인 일과 연구의 일이 서로 겹쳐서 우선순위의 문제가 생길 때 나는 항상 영적인 일을 우선하여 선택했다. 그러나 그렇지 않은 경우에는 연구 일도 주님께 의뢰하면서 성실하게 했다. 연구의 결과가 그때 그때 나오지는 않았지만 최선을 다하는 자세는 항상 유지했다.

이 훈련기간에 가장 많이 연단된 부분은 지도자를 따르는 면이었다. 나는 예수님을 믿은 처음부터 지도자에 대해 경외하는 마음이 있었다. 지도자를 어려워했다. 그리고 지도자를 귀히 여겼고 좋은 태도로 순종했다. 당시 지도자는 이규원 간사님이었다. 그분은 나를 진심으로 사랑해 주셨다. 우리는 약 6년을 매일 만났다. 포항공대 사역에 관심이 많으셨다. 또 내게도 관심이 많으셨다. 시간이 지남에 따라 나는 의무적이고 기계적으로 따르고 있다는 것을 깨달았다. 사람들을 다루시는 방식이 나의 생각과는 너무 달랐다. 나의 성격 기질은 점액질이다. 매우 관계 중심적인 사람이었고 부드러운 사람이다. 사람들을 강하게 이끌지 못했다. 또한 필요에 민감하지 못했다. 단지 순수한 마음과 열정이 있었고 충성스러움이 있었다. 그런데 이 간사님은 우울 담즙질이셨던 것 같다. 매우 일 중심적이고 주도적이시고 꼼꼼하셨다. 빈틈이 없으셨다. 그러면서도 민감하셨고 사랑이 많으셨다. 당시 네비게이토선교회의 지도자들은 대부분 담즙질의 지도자형이었고 목표지향적이었다.

대학교를 졸업할 때까지 나는 한 번도 누구에게 간섭을 받으며 살지 않았다. 스스로 공부하고 스스로 일을 결정하며 살았다. 어려서도 부모님이 내게 어떠한 간섭도 하지 않으셨다. 공부를 잘 했기 때문에 대견스러워서 그랬는지 집안에서 어떻게 해야 하는지 사람을 어떻게 대해야 하는 지 들어보지 못했다. 가정 교육이 전혀 없었다. 자유롭게 생활했고 대학시절에 우울증으로 심하게 고생했지만 그것도 스스로 해결해 나갔다. 나는 사람에 의해 다루어지는 훈련을 받아본 적이 없었다. 그러나 이 간사님은 많은 부분에 있어서 엄격하게 나를 훈련시켰다. 또한 매사에 탁월한 수준을 기대했다. 나는 늘 긴장했다. 윗사람을 어려워하여 자유롭게 의사표현을 하지 못했다. 처음으로 사람을 통해 훈련되어지는 경험을 했다. 자유롭게만 살던 내가 이러한 훈련을 통해 규모 있는 삶을 배우게 되었다.

내게 있어 훈련의 삶이 나중에 잠시 율법적이 되어 메마른 삶을 살게 되기는 했지만 훈련은 매우 필요한 영역이었다. 나는 처음으로 절제를 배웠고 팀워크를 배우게 되었다. 사람에 대한 순종을 배우게 되었다. 훈련이 되면서 나의 영적인 육체적인 질서와 규모가 생기게 되었다. 신앙의 기본기를 든든히 하는 계기가 되었다. 신앙생활이 나의 몸에 배는 기회가 되었다. 영적 훈련은 우리를 견고하고 깊이 있는 사람으로 만들어 준다.

"'하나님의 임재를 연습하는 것' 이것이 거룩한 광야에서 우리를 지탱하고 우리를 깊이 있게 만든다. 그렇다면 연습 그 자체를 지탱하고 깊게 만드는 것은 무엇일까? 만일 하나님이 우리의 모든 평범한 순간과 사건과 사람들에 임재하신다면 우리가 어떻게 해야 든든한 토대 위에서 우리의 아둔한 귀와 흐릿한 시야를 변화시켜 보고 들을 수 있을까? 무엇이 하나님을 향한 우리의 주의력을 더욱 예리하게 할까? 무엇이 하나님의 임재를 갈망하는 우리의 결단을 더욱 강하게 할까? 무엇이 우리를 경계 지역 밖으로 데려갈까? 정답은 바로 거룩한 습관, 다시 말하면 영적 훈련이다."[22]

영적 훈련을 통해 내 안에 거룩한 습관이 형성되었다. 내게 있어 제자훈련의 가장 중요한 요소는 거룩한 습관을 만드는 것이다. 이 습관을 통해 육신이 다스려진다. 본능대로 살려는 본성을 극복하게 한다. 또한 민첩한 사람으로 만든다. 아브라함은 원래 더디고 느린 심령의 소유자였다. 그러나 그는 25년간 하나님과 동행한 후에 매우 민첩한 사람이 되었다. 창세기 19장에서 부지중에 천사를 접대하는 모습을 보면 그가 얼마나 민첩한 사람이 되어 있는가를 알 수 있다. 나이 99세가 된 사람이 손님을 잘 알아보고 최선을 다해 섬기는 모습 속에서 훈련이 우리의 심령을 얼마나 민첩하게 만드는가를 알게 해 준다. 훈련은 더딘 심령을 민첩하고 열렬한 심령으로 바꾸어 놓는다.

"거룩한 습관은 … '더딘 심령'이라는 본능적인 습관을 축출하고 스스로 그 후임을 자처하게 될 것이기 때문이다. 아무튼 우리는 습관적으로 경계지역으로 달려간다. 경계 지역에 익숙해졌기 때문이다. 거룩한 습관은 다른 어떤 것보다 더 중요한 어떤 것 즉 거룩한 광야에서의 삶에 익숙해지도록 우리를 훈련시킨다."[23]

영적인 훈련을 통해 나의 더딘 심령이 많이 민첩해졌다. 수없는 반복을 통한 거룩한 습관의 형성은 고통과 아픔을 통해 깨어짐을 경험하게 했다. 그리고 더디고 무딘 심령이 점차 민첩한 심령으로 변해 갔다. 다른 사람의 필요를 보는데 문외한이던 내가 점차 다른 사람의 필요를 보고 민첩하게 섬길 줄도 아는 삶을 살게 되었다. 이것이 하나님께서 영적인 훈련을 통해 내 안에 형성시키고 싶으셨던 영역이었다.

거룩한 습관 중에 가장 중요한 습관은 우리 마음이 늘 하나님을 향하는 습관이다. 포항에서의 7년 동안의 훈련은 나로 하여금 늘 마음이 주님께 매여 있는 사람으로 만들어 주었다. 영적 훈련이 나의 마음이 항상 하나님을 향하는 습관을 갖도록 도와주었다. 하나님을 찾는 습관의 사람을 만들어 주었다. 끊임없이 자신의 영혼을 돌보는 사람이 되도록 하였다. 이 거룩한 습관으로 말미암아 항상 하나님의 임재를 의식하며 살아가는 삶의 기초를 형성할 수 있었다.

거룩한 습관은 기쁨을 가져다 준다. 지속적인 훈련은 우리로 하여금 기쁨을 가져다 준다. 훈련은 당시에는 즐거워 보이지 않고 슬퍼 보인다. 그러나 연단한 자에게는 의의 평강한 열매, 기쁨의 열매를 맺는다.

> "무릇 징계가 당시에는 즐거워 보이지 않고 슬퍼 보이나 후에
> 그로 말미암아 연단 받은 자들은 의와 평강의 열매를 맺느니라"
> (히 12:11).

나는 이때의 훈련의 열매를 이후에 일평생을 누리면서 살고 있다. 몸에 밴 훈련은 나로 하여금 어느 순간부터 자유한 사람이 되도록 했다. 늘 기쁨과 평강과 감사 가운데 사는 밑거름을 형성시켜 준 것이다.

보다 민첩한 사람이 되었다. 다른 사람의 필요를 보고 섬길 줄 아는 사람이 되었다. 순간 순간 하나님을 찾는 사람이 되었다. 늘 기쁨과 감사와 평강 속에 살아가는 사람이 되었다.

하나님은 나로 하여금 영적 훈련을 통해 거룩한 습관을 형성시켜 주셨다. 그리고 늘 하나님의 임재 속에 살아가는 사람으로 만드셨다. 이 훈련은 주님과 동행하는 가운데 계속적으로 회복되어 가는 매우 중요한 기초를 만들어 주었다. 이 훈련은 인생에 있어 하나의 돌파를 이루는 영적 에너지를 축적하도록 하였다. 훈련의 끝은 축복이었다. 훈련은 새로운 미래를 여는 관문이 되었다. 새로운 회복으로 들어가는 문이 된 것이다. 오스왈드 샌더스(Oswald Sanders)는 이렇게 말했다.

"우리의 미래는 현재 하고 있는 훈련에 의해 결정된다."[24]

 17

참 기쁨을 사모함

　허드슨 테일러(James Hudson Taylor)의 전기는 나의 생애에 있어 영적인 충만함과 기쁨을 사모하는 일에 눈을 뜨게 했다. 또한 중국 선교에 대한 열망을 갖게 했다. 허드슨 테일러의 전기를 읽으면서 나는 마치 구름에 두둥실 떠가는 느낌이었다. 나는 나름대로 그 원인에 대해 두 가지로 생각했다. 첫째는 허드슨 테일러의 삶이 감동적이고 그가 성령 충만한 상태에서 살았기 때문에 그 충만이 독자에게 전달되는 것이라고 생각했다. 둘째는 전기 작가가 글을 쓸 때 매우 충만한 상태에서 썼기 때문에 그것이 독자에게 전달되는 것이라 생각했다. 허드슨 테일러의 전기는 여러 사람이 썼지만 나는 로저 스티어(Roger Steer)가 지은 책에서 큰 감동을 경험한다. 이후로 나는 허드슨 테일러가 경험한 그 '참 기쁨'을 얻기를 무척이나 사모했다.
　나를 가장 감동시킨 부분은 허드슨 테일러가 오랫동안의 영적 갈등을 극복하고 큰 깨달음과 함께 충만으로 들어가는 장면이었다. 이 장면은 "32장 참 기쁨과 능력의 길"에서 다루어지고 있다. 허드슨 테일러가 37세 되던 해의 일이었다. 이때는 그가 영적인 고립(isolation)을 겪고 있었던 시기였다. 그는 당시 중국내지선교회의 대표로 있었지만 왠지 모르게 영적인 침체를 경험하고 있었다. 쉽게 짜증을 내고 화를 냈다. 쉽게 짜증을 냄으로써 거룩함에 있어 매일 매시간 실패의 연속을 경험하고 있었다. 그는 기도하고, 고민하고 금식하고 노력했으며, 수없이 다짐을 했지만 화를 절제하기가 힘들었다. 그는 자신이 점점 영적으로 나약해짐을 느꼈고 자주 죄에 넘어짐을 경험했다. 그는 어떻게 이 문제를 해결할까를 많이 연구하고 기도했다.

그의 나이로 보아 그는 중년의 위기를 경험하고 있었고 또한 영적 인도자들이 일반적으로 겪는 '고립'의 시기를 지나고 있었던 것으로 생각된다. 고립의 시기는 정체성이 흔들리고 믿음이 흔들리는 시기이다. 이는 일을 추구하던 삶에서 존재를 추구하는 삶으로의 중간과정에서 겪는 과정이다. 자신의 힘과 노력에 의지하여 사역을 하다가 성령님을 온전히 의지하며 사역을 하는 삶으로 변화해 가는 과정이다. 허드슨 테일러도 그러한 시기를 겪은 것이 분명하다.

어느 순간부터 그는 터널을 벗어나기 시작했다. 믿음이라는 것을 많이 생각하기 시작했다. 그러다가 멕카시라는 친구의 편지를 통해 믿음의 비밀을 깨닫게 된다. 그 편지에는 이렇게 적혀 있었다.

"사랑하는 형제님…. 당신이 여기에 두고 간 『모든 것 되시는 그리스도(Christ is all)』라는 제목의 책을 읽다가 마음에 와 닿는 구절이 있어 여기 적어 봅니다. "주 예수님을 영접하는 것은 거룩함의 시작이고 주 예수님을 귀히 여기는 것은 거룩함의 성장이며 주 예수님을 늘 곁에 계신 분으로 의뢰하는 것은 거룩함의 원천이다. 이것(믿음의 은혜)이 우리의 영혼을 그리스도와 연합시켜 주는 고리이며, 죄인과 구주를 하나 되게 하는 것이다. … 이제 풍성하게 흘러 내려오는 그리스도의 충만으로 말미암아 둘 사이의 연결 통로가 형성이 된다. 그리하여 열매 없던 가지가 열매 맺는 줄기의 한 분깃이 되고…. 온 나무 전체를 한 생명이 다스리게 된다. … 우리의 발을 움직일 수 없게 만들고 넘어지게 만드는 것은 바로 온전치 못한 믿음이다." 특히 이 마지막 문장은 저에게 맞는 말 같습니다. 내가 사랑하는 구주께서 내 안에서 그분의 뜻을 이루시도록 하기 위해서 이제 나는 그분의 은혜로 말미암는 성화를 나의 목표로 삼아 살아야 합니다. 노심초사나 억지 춘향이 아닌 그분 안에 거하는 삶, 다른 모든 것에서 시선을 떼 그분만을 바라보는 일, 그분이 지금 내게 능력을 주실 것이라는 믿음, 그분이 나의 내부의 모든 지성을 정복하실 것임을 믿고 의탁하는 자세, '모든 죄'로부터의 완벽한 구원에 대한 분명한 기쁨 속에서 전능하신 구주의 사랑 가운데 그분의 뜻을 참으로 우선으로 여기고자 하는 마음 – 이 모든 것은 사실 새로운 것들이 아님에도 불구하고 제게는 새로운 것으로 다가오고 있습니다. … 그러면 우리의 믿음은 어떻게 성장하는 것일까요? 저는 오직 예수님의 모든 것과 예수님께서 우리를 위해서 해 주신 모든 것 즉 그분의 삶, 그분의 죽음, 그분이 행하신 일들을, 말씀을 통해 우리에게 계시해 주신 그분 자신의 모습 등을 우리의 생각의 주제로 삼아 끊임없이 그것들을 생각하는 것을 통해 가능하다고 생각합니다. 믿음을 얻거나 믿음을 키우고자 우리가 노심초사 하는 것이 아니라 이제부터 영원까지 그 신실하신 분만을 바라보며 전적으로 그 사랑하는 분 안에서 쉼을 누리는 것이야말로 우리가 해야 할 모든 것이라고 생각합니다."[25]

멕카시의 편지를 읽은 후 허드슨 테일러는 다음과 같은 깨달음을 얻는다.

"그 편지를 읽으면서 나는 모든 것을 알게 되었다. '우리는 믿음이 없어도 그분은 일향 미쁘시다. '나의 눈을 들어 예수님을 바라보았고 그분이 '내가 결코 너를 떠나지 아니하리라'고 말씀하시는 것을 보았다. (그걸 보았을 때 얼마나 큰 기쁨이 흘러 넘쳤던가!) 아, 여기 쉼이 있구나! 그 동안 그분 안에서 쉼을 얻어보려고 내 노력으로 경주했던 것들이 얼마나 헛된 것이었던가! 그분께서는 나와 함께 거하시며 나를 결코 떠나지 아니하시고 버리지 아니하시겠다고 약속하지 않으셨던가?"[26]

허드슨 테일러는 영혼의 눈을 들어 예수님을 바라보게 되었다. 그분의 미쁘심을 깨달았다. 그분은 결코 자신을 떠나지 않고 버리지 않으실 것을 알게 된 것이다. 그는 예수님 안에서 쉼을 얻었다. 그는 예수님을 바라봄으로 흘러 넘치는 큰 기쁨을 맛보게 되었다. 그는 또한 자신이 이미 모든 것 되신 예수님과 연합되었음을 깨닫고 기뻐하게 되었다.

"포도나무와 가지의 비유에 대해 생각하고 있을 때 거룩하신 성령께서 내 영혼에 엄청난 빛을 쏟아 부어 주셨다. 나는 그간 주님으로부터 수액과 충만을 받아내려고 한 것이 얼마나 큰 잘못이었는가를 깨달았다. 그분이 나를 떠나지 아니하실뿐만 아니라 내가 그분의 몸의 지체이며 그분의 살과 뼈의 일부임을 깨달았던 것이다. 이제 내게 포도나무는 단지 뿌리만이 아니라 뿌리, 줄기, 가지, 잔가지, 잎사귀, 꽃, 열매 등 그야말로 모든 것이었다. 더욱이 예수님은 그것뿐만이 아니시다. 그분은 양분이시고 햇빛이시며 공기이시고 비이시다. 그분은 우리가 그토록 꿈꿔 왔고 바래 왔고 필요로 해 왔던 것들보다 수천 수만 배도 더 되시는 분이시다. 아 이 진리를 깨달은 이 기쁨!"[27]

허드슨 테일러는 그리스도와 자신이 온전히 하나 되어 있음을 깨닫고 안식을 누리게 되었다. 그분이 자신의 뜻을 온전히 이루실 것을 믿음으로 바라보게 되었다. 이때부터 그를 감싸고 있던 자욱한 안개가 말끔히 가시고 기쁨에 차고 행복한 그리스도인이 되었다. 충만한 사람이 되었다. 그 이전과 그 이후가 전혀 다른 사람이었다.

나는 그의 변화에 대한 간증을 읽으면서 왠지 모를 벅찬 기쁨이 내게도 있었다. 나도 허드슨 테일러가 경험한 기쁨을 경험하고 싶은 열망이 생겼다. 그러한 기쁨을 맛보게 해 달라고 기도했다. 그리고 당시 허드슨 테일러가 붙잡은 말씀 중의 하나인 "그가 친히 말씀하시기를 내가 결코 너희를 버리지 아니하고 너희를 떠나지 아니하리라 하셨느니라" (히 13:5하)는 말씀을 마음 속에 깊이 간직하게 되었다. 예수님의 미쁘심을 깨닫게 되었다. 그리고 허드슨 테일러와 같은 선교의 삶을 살고자 하는 마음을 갖게 되었다. 중국 선교를 해야겠다는 마음도 갖게 되었다.

허스든 테일러의 전기를 읽은 후 나는 지금까지 이 전기를 내 곁에 두고 수시로 읽고 묵상하며 살아왔다. 그러던 중 결혼 후에 나도 중국 선교를 하게 되었다. 허드슨 테일러와 동일하게 중년기의 위기를 겪고 또한 고립의 시기를 경험하게 되었다. 그 시기를 벗어나면서 허드슨 테일러가 경험한 것과 비슷한 경험을 하게 되었다. 기쁨과 평강이 흘러 넘치고 큰 안식 가운데 보낸 적이 있었다. 그 이후에 나도 그 이전과 다른 삶을 살게 되었다. 보다 성령님을 의지하며 살게 되었다. 허드슨 테일러의 삶은 내게 일평생 영향을 미쳐 오고 있다. 허드슨 테일러는 내게 있어서 현존하지 않는 역사상의 멘토가 되어 왔다. 그가 그의 영혼으로 바라보았던 예수님을 나도 나의 영혼으로 바라보고 있다.

기도
(살전 5:17)

오영례

흐르는 삶의
자연스런 리듬을 따라
숨 쉬듯 나의 영혼을
하나님 앞에 가져가네

나의 삶에
주어진 모든 것들,
고통과 슬픔까지도
감사함으로 받고

삶의 의문과
고난과 문제들을
순간 순간
하나님께 맡기네

기도는
모든 짐들로부터
내 마음과 영혼을
자유롭게 하고,

상황을 초월하여
현재를 기뻐하게 하며,
주어진 만남을 사랑하고
하나님을 사랑하게 하네

기도를 통해
모든 고통과 고난은
하나님의 몫이 되고,
나에게는 기적과 기회가 되네.

 18

기도의 양이 찬 후
이루어진 도약

영적인 훈련이 은혜의 통로가 되어 우리를 은혜 받는 곳까지 데려다 준다. 영적인 훈련은 은혜의 수단을 사용하는 것이다. 부단히 은혜의 수단을 사용하다 보면 은혜를 경험하게 된다. 나는 신앙생활을 통해 이것을 항상 경험해 오고 있다. 포항에서 있었던 7년간의 훈련의 삶은 부단한 훈련 후에 어떤 도약을 경험하게 되었다.

포항에 있는 동안 나는 박사과정 공부를 하면서 사역을 하고 있었다. 벅찬 일의 중압감 속에 있었지만 나의 영혼은 부단히 주님을 찾았다. 기도로 찾았다. 마음으로 찾았다. 말씀으로 찾았다. 순종함으로 찾았다. 아무리 열심히 찾는다 해도 문이 열리지 않았다. 연구의 성취가 없었다. 계속 안개 속을 헤매야 했다. 사역에서도 뚜렷한 진보가 없었다. 그저 하루 하루 넘기는 은혜만이 주어졌다. 결국 막다른 골목과 같은 상황을 맞게 되었다. 연구의 결과가 없어 학위과정을 포기해야 하는 시점에 도달되었다.

비록 낙심이 되었지만 그때도 주님을 찾았다. 주님을 붙들었다. 어느 날 아침 한 순간에 은혜가 주어졌다. 불현듯 새로운 아이디어가 생겨 문제가 술술 풀리기 시작했다. 하나님께서 손을 대시고 개입하시기 시작하신 것이다. 이 연구는 국제적으로 인정받는 놀라운 결과가 주어졌다. 한 분야에서 현저하게 국제적 기여를 하게 되었다. 하나님을 찾는 사람에게 결국 좋은 것을 주신다는 것을 경험하게 되었다.

나는 당당하게 졸업할 수 있게 되었다. 많은 사람들의 비난과 조롱이 한 순간에 사라지고 신앙의 놀라움을 고백하게 되었다. 하나님께 영광이 되었다. 지도교수님께도 큰 격려가 되었다. 그리고 순식간에 결혼과 선교의 문이 열렸다. 문이 열리기 시작하니 갑작스럽게 열렸다. 은혜를 쌓아 두셨다가 한꺼번에 몰아 주시는 것 같았다.

"주를 두려워하는 자를 위하여 쌓아 두신 은혜 곧 주께 피하는 자를 위하여 인생 앞에 베푸신 은혜가 어찌 그리 큰지요"(시 31:19).

오랜 시간의 인내가 결실을 맺은 것이다. 훈련은 헛되지 않았다. 훈련이 당시에는 즐거워 보이지 않고 슬퍼 보이지만 연단된 후에는 분명 반드시 의의 열매를 거둔다는 히브리서 말씀이 진리임을 경험하게 되었다(히 12:11). 훈련이 돌파구를 만들어 낸 것이다.

이와 같은 현상은 매우 성경적이 아닐 수 없다. 성경 속의 인물들은 일정기간 심한 고난을 경험한 후에 새로운 영적인 단계로 접어들어가는 것을 보여 준다. 아브라함, 요셉, 모세, 여호수아, 다윗, 예수님의 제자들 등의 삶 속에서 항상 나타난다. 훈련은 고난의 한 형태이다. 고난의 기간은 대부분 영적인 훈련의 기간이며 은혜의 수단을 더 부지런히 사용하는 기간이다.

은혜의 수단을 부지런히 사용하는 훈련을 할 수 있다는 자체가 은혜이다. 전적인 타락을 주장하는 칼빈주의적 신학에 의하면 인간 스스로는 선한 행위를 할 수 없기 때문에 영적인 훈련 자체가 은혜에 속한 것이다. 이 은혜 안에서 인간이 해야 할 책임은 은혜를 추구하는 것이다. 은혜의 수단을 통해 은혜를 추구하는 것은 인간의 편에서 할 수 있는 최선인 것이다. 철저하게 칼빈주의 신학을 옹호했던 조나단 에드워즈(Jonathan Edwards)도 은혜를 얻기 위해 은혜의 수단을 열정적으로 사용할 것을 가르쳤다.

> "(조나단 에드워즈는) 구원을 얻기 위해서는 인간 편에서 해야 할 일을 할 책임 즉 은혜의 수단을 진지하고도 열성적으로 사용해야 할 책임이 있음을 가르친다."[28]

조나단 에드워즈는 또한 "몸부림 치고 상당한 노력을 하지 않고서야 거듭나는 것 같은 위대한 변화가 일어날 가능성이 얼마나 적겠는가"[29]라고 외쳤다.

은혜의 수단을 부지런히 사용하는 것은 영적인 훈련을 의미한다. 훈련의 중요한 요소는 반복이다. 은혜의 수단을 부지런히 반복할 때 어느 단계에서 새로운 단계로의 전환이 일어난다. 이것은 하나의 돌파다. 어미 닭이 품은 달걀은 어느 정도의 시간이 지난 후에 껍질을 깨고 병아리가 되어 세상에 나오는 것이 돌파의 좋은 예다. 누에가 누에고치 속에 있다가 때가 되면 껍질을 벗고 나방이 되어 세상으로 나오는 것이 또 다른 예다.

반복이 어떤 돌파를 만들어 낸다는 것은 자연의 원리이다. 좋은 습관의 반복은 마치 댐에 물을 쌓는 것과 같다. 댐에 물이 차면 물이 흘러 넘치게 된다. 흘러 넘치는 물은 수력발전을 만들어 많은 에너지를 창출해 낸다. 물이 댐 근처까지 쌓였을 때 비로소 의미 있는 수력발전이 가능해진다. 쌓인 다음 돌파가 일어나는 것이다. 쌓여서 높아진 물은 그 자체로 에너지가 된다. 그 높아진 에너지가 땅으로 떨어질 때 놀라운 속도를 내는 운동에너지로 바뀐다. 그 운동에너지가 터빈을 돌리게 되고 그 터빈은 전기 에너지를 만들어 낸다.

습관의 반복은 우리 안에 좋은 에너지를 쌓는 것이다. 좋은 습관을 반복적으로 행하는 것은 우리 안에 에너지를 쌓는 것과 같은 효과를 갖는다. 그 반복이 어느 정도 쌓이게 되면 놀라운 힘과 에너지로서 분출되게 된다. 그 에너지는 무언가 의미 있는 일을 할 수 있는 능력을 만들어 준다. 도스토예프스키도 "습관은 그 어떤 일도 할 수 있게 만들어 준다"고 말했다. 집중과 반복은 우리 안에 놀라운 생산적 에너지를 만들어 낸다. 많은 천재적 능력도 많은 경우 좋은 습관의 집중과 반복의 결과다.

세상에서 성취를 이룬 사람들은 누구나 자기 분야에 많은 반복과 훈련을 거친 후에 높은 경지에 이른 사람들이다. 심리학에서는 10년의 법칙이라는 것이 있다.

"인지심리학 분야에는 '10년 법칙'이라는 규칙이 존재한다. 우리가 천재라고 알고 있는 사람들 중 상당수는 타고난 천재성이 아니라 우리의 상상을 뛰어넘는 집중과 반복의 산물임을 기억하라. 프레임을 바꾸기 위한 리프레임 작업이 바로 이와 같다. 한번의 결심으로 프레임은 쉽게 바뀌지 않는다. 그것이 습관으로 자리 잡을 때까지 리프레임 과정을 끊임없이 반복해야 한다. 프레임은 단순한 마음먹기가 아니다. 규칙적인 운동을 통해 근육을 늘리듯이, 규칙적이고 반복적인 연습을 통해 새로운 프레임을 습득해야 한다."[30]

말콤 글래드웰(Malcolm Gladwell)은 10년의 법칙 대신 1만 시간의 법칙을 말한다. 세계적으로 뛰어난 성취의 사람들은 대부분 그 분야에 1만 시간을 투자한 사람이라는 것이다. 또한 그는 그 1만 시간을 투자하는데 약 10년이 걸린다는 점을 주장한다.

"성취 공식은 '재능 더하기 연습'이다. 문제는 심리학자들이 재능 있는 이들의 경력을 관찰하면 할수록 타고난 재능의 역할은 줄어들고 연습이 하는 역할은 커진다는 데 있다. 엘리트 학생은 모두 1만 시간을 연습하게 된다. 반면 그냥 잘하는 학생은 모두 8,000시간, 미래의 음악교사는 4,000시간을 연습한다. 이들의 연구결과는 어느 연주자가 최고 수준의 음악학교에 들어갈 만큼 재능이 있다면, 실력 차이는 그가 얼마나 열심히 노력하느냐에 달려 있다는 것을 보여 준다. 그게 전부다. 덧붙이자면 최고 중의 최고는 그냥 열심히 하는 게 아니라 훨씬, 훨씬 더 열심히 한다. 복잡한 업무를 수행하는 데 필요한 탁월성을 얻으려면, 최소한의 연습량을 확보하는 것이 결정적이라는 사실은 수많은 연구를 통해 거듭 확인되고 있다. 사실 연구자들은 진정한 전문가가 되기 위해 필요한 '매직넘버'에 수긍하고 있다. 그것은 바로 1만 시간이다. 어느 분야에서든 이보다 적은 시간을 연습해 세계 수준의 전문가가 탄생한 경우를 발견하지는 못했다. 어쩌면 두뇌는 진정한 숙련자의 경지에 접어들기까지 그 정도의 시간을 요구하는지도 모른다. 심리학자 마이클 호위(Micheal Howe)는 『천재를 말하다』에서 이렇게 서술하고 있다. '숙달된 작곡가의 기준에서 볼 때 모차르트(Wolfgang Amadeus Mozart)의 초기 작품은 놀라운 것이 아니다. 가장 초기에 나온 것은 대개 모차르트의 아버지가 작성했을 것으로 보이며 이후 점차 발전해 왔다. 모차르트가 어린 시절에 작곡한 협주곡, 특히 처음 일곱 편의 피아노 협주곡은 다른 작곡가들의 작품을 재배열한 것에 지나지 않는다. 현재 걸작으로 평가 받는 진정한 모차르트의 협주곡(협주곡 9번, 작품번호271)은 스물한 살 때부터 만들어졌다. 이는 모차르트가 협주곡을 만들기 시작한 지 10년이 흐른 시점이었다.' 음악평론가 헤롤드 쉰베르그(Harold Schonberg)는 여기서 한 걸음 더 나아간다. 그는 모차르트의 위대한 작품들이 작곡을 시작한 지 20년이 지나서야 나오기 시작한 것을 볼 때, 모차르트의 재능은 '늦게 개발되었다'고 평가한다. 마찬가지로 위대한 체스 그랜드마스터가 되려면 약 10년이 필요하다. 1만 시간의 법칙에서 무엇보다 흥미로운 것은 1만 시간이 엄청난 시간이라는 점이다. 성인이 아닌 경우, 스스로의 힘만으로 그 정도의 연습을 해낼 수는 없다."[31]

2007년 8월 3일 과학저널 「사이언스」는 "아이들의 어휘폭발의 원인 연구(Defusing the Childhood Vocabulary Explosion)"라는 제목의 연구 논문을 발표했다. 이 연구는 어린이들의 언어 습득에 있어서 18개월째 갑자기 말문이 트이는 현상, 즉 언어 폭발의 현상을 연구한 것이다. 그 동안의 학설은 어린이들이 느린 언어 학습모드에서 갑자기 극단적으로 효율적인 학습모드로 전환한다는 것이었다. 그 동안 사람들은 이러한 전환을 가능하게 하는 특별한 학습 매카니즘이나 급진적인 전환 매카니즘이 있다고 주장해 왔다. 그러나 이 논문에서는 언어폭발의 원인은 특별한 매카니즘이 작동한 것이 아니라 근본적이고 수학적인 원리의 결과라고 말한다. 습득되는 단어의 수와 시간(나이)은 서로 지수함수적 관계에 있음이 발견되었다.

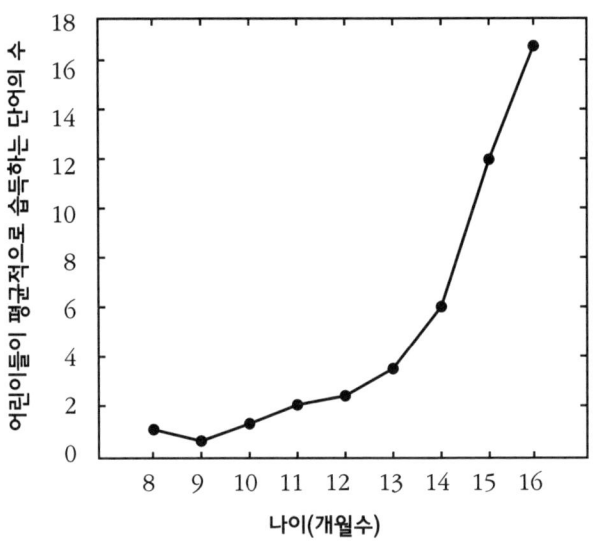

18개월 때 갑자기 언어가 폭발하는 것은 일반적인 자연현상과 사회

현상과 같은 현상이다. 화학에서 물질이 반응해서 다른 물질을 만들 때 이 과정은 대부분 지수함수를 따른다. 처음에는 반응의 정도가 미미하지만 어느 정도의 시간이 지나면서 급진적으로 반응하게 된다. 많은 사회현상도 지수함수를 따른다. 어떤 일이 처음에는 진행이 미미하다. 그러나 꾸준히 지속하여 일을 하면 어느 임계점을 지난 후 매우 폭발적으로 일이 진행될 때가 많다.

언어폭발은 특별한 것이 아니라 매우 흔한 자연현상 중의 하나로 해석된다. 이러한 지수함수적 증가는 초창기는 변화가 미미하다. 그러나 인내하면서 지속하고 반복하면 어느 임계점을 지난 후에 폭발적으로 변화가 나타난다. 이런 폭발을 만드는 것은 역시 인내와 반복임을 배우게 된다. 어린아이가 쉬운 단어를 수없이 반복하여 말하다가 그 회수를 채우는 시간이 바로 18개월인 것이다. 쉬운 단어는 18개월은 되어야 익숙하게 되고 그때부터 언어능력이 급속하게 발달하게 된다. 더 복잡한 단어는 18개월 이상 걸릴 수 있다. 아무튼 언어는 18개월부터 폭발하기 시작한다. 이는 반복의 결과이다.

하나님께서도 반복의 원리를 사용하셔서 일하신다. 부모에게 자녀를 가르칠 때도 끊임없이 반복하여 가르치라고 하신다.

> "오늘 내가 네게 명하는 이 말씀을 너는 마음에 새기고 네 자녀에게 부지런히 가르치며 집에 앉았을 때에든지 길을 갈 때에든지 누워 있을 때에든지 일어날 때에든지 이 말씀을 강론할 것이며 너는 또 그것을 네 손목에 매어 기호를 삼으며 네 미간에 붙여 표로 삼고 또 네 집 문설주와 바깥 문에 기록할지니라"(신 6:6-9).

여러 영적 훈련 중에 기도는 특별히 강조된다. 영적 거장들은 기도하는 일을 양을 채우는 어떤 것에 비유한다. 마치 댐에 물을 대는 것과 같은 비유를 들어 기도의 습관을 말한다. 기도의 양이 찼을 때 놀라운 일이 일어남을 강조한다. 기도의 축적은 놀라운 돌파를 이루어 낸다. 일상적인 시간 즉 크로노스 때에 쌓아 놓은 기도는 하나님께서 정하신 특별한 때인 카이로스 때에 놀라운 하나님의 역사를 경험하게 한다.

"산악 등반가들은 처음에 낮은 산등성이를 걷는 데서 시작하여 차츰 벼랑과 절벽을 기어오른다. 그리고 마침내 에베레스트 산에 도전한다. 바이올린 연주자들 역시 처음에는 줄 맞추는 법에서 시작하여 음계 보는 법, 기초적인 곡 연습을 거쳐 마침내 바하의 작품에 도전하는 것이다. 그렇다면 하나님을 추적하는 그리스도인들은 어떨까? 귀신을 내쫓기 전에 충분히 기도해야 한다. 처음부터 새벽 네 시에 일어날 수는 없다. 처음에는 감당할 수 있는 일, 우리가 직접 노력해서 수행할 수 있는 일부터 해야 한다. 평소보다 20분 정도 일찍 일어나서 기도하는 것으로 충분하다. 이런 습관이 반복되면 직접 노력해서 수행할 수 없는 것들까지 수행할 수 있게 되는 것이다. 이런 유는 오직 기도로만 나온다. 연습이 차이를 만드는 것이다."[32]

하나님의 은혜에도 크고 작음이 있다. 큰 은혜는 작은 은혜에 비해 보다 충분한 영적 능력을 통해 얻어진다. 더 많은 기도와 더 오랜 인내를 요구한다.

"은혜가 있고, 큰 은혜가 있고, 모든 은혜가 있는 것입니다(고후 9:8을 보라). 헬라어 성경에는 '그가 하지 않기로 선택하셨다'라거나 또는 '그가 하지 않았다'라고 되어 있지 않습니다. 문자적으로 말하면 그들의 믿음의 수준 곧 불신앙이 하나님의 능력이 흘러나오지 못하도록 방해하였기 때문에 '그가 행하실 수 없었다'라는 말이 됩니다. 일이 성취되도록 영으로 충분한 능력을 나오게 하는 문제인 것입니다. 그런데 슬프게도 대부분의 그리스도인들은 이 점을 알지 못합니다. 때때로, 하나님께서 마침내 그것에 손을 대신 것처럼 보일 때, 또는 어떤 일이 방금 갑자기 일어났다는 생각이 들 때 사실은 그것을 성취하기 위해 마침내 충분한 능력이 기도를 통하여 나오게 된 것입니다."[33]

보다 충분한 영적인 능력은 보다 많은 기도로부터 온다. 기도하는 습관은 기도의 양을 채우는 의미가 있다. 충분한 기도가 쌓였을 때 비로소 하나님의 역사가 분명하게 일어난다. 끈질긴 기도는 영적 능력을 저축하는 것이다. 하늘에 영적인 능력을 쌓는 것이다. 일정한 분량이 차면 댐이 넘치듯 넘친다. 하늘 문이 열린다. 하나님의 손의 역사가 나타난다. 그리고 새로운 단계로 도약한다. 새로운 돌파가 일어난다.

서두에서 이야기한 대로 나는 7년간 하나님을 간절히 찾은 결과 갑자기 문이 열리는 경험을 했다. 하나님의 선한 손의 역사를 경험했다. 졸업, 결혼, 중국 선교가 그것들이었다. 놀라운 결과를 주셨고 전혀 예상할 수 없는 방법으로 인도하셨다. 그러나 기도의 응답의 결과로 인도하셨다. 기도의 충분한 양이 찼을 때 새로운 도약이 일어남을 경험하게 되었다.

19

영적 도약과
이미지 변화

영적인 도약이 일어날 때 하나님은 먼저 우리의 잘못된 자아상을 바꾸신다. 하나님의 관점에서 보는 우리의 자아상으로 바꾸신다. 야곱은 얍복 강가에서 간절한 기도를 통해 하나님과 만났다. 성경에는 하나님과 씨름하여 이겼다고 표현되어 있다. 그때 하나님은 야곱에게 "네 이름이 무엇이냐"라고 물으셨다. 야곱은 자신의 이름이 '야곱'이라고 대답하였다. 야곱은 히브리말로 '발뒤꿈치를 잡은 자' 혹은 '남을 제치고 지위를 차지하는 자'라는 의미를 가지고 있다. 야곱은 태어날 때 형 에서의 발뒤꿈치를 잡고 나왔다. 그리고 그는 장성하여 형과 아버지를 속여 장자권과 축복권을 빼앗은 자였다. 그는 자신에 대해 늘 남을 속여 빼앗는 자라는 이미지를 갖고 있었다. 그는 그 이미지를 따라 살았다. 항상 좋은 것을 취하는 삶을 살았고 남의 것도 빼앗는 삶을 살았다. 자신의 능력과 꾀를 믿고 살았다.

그러나 야곱이 얍복 강가에서 하나님을 만난 이후 하나님은 먼저 그의 이미지를 바꾸어 주고자 하셨다. 먼저 이름을 바꾸셨다. 이스라엘 즉 '하나님과 겨루어 이긴 자'라는 이름으로 바꾸셨다. 더 이상 속이는 자가 아니라 당당히 하나님을 의지하여 승리하는 자라는 이미지를 갖게 되었다. 남을 속이는 자가 아니라 하나님과 동행하는 경건한 자의 이미지를 갖게 되었다. 그리고 그 이미지에 따라 야곱은 이제 더 이상 남을 속이는 치졸한 자, 열등한 자가 아니라 당당한 자가 되었다. 자신을 긍정적으로 생각하게 되었다. 축복을 빼앗는 자가 아니라 축복하는 넉넉한 자가 되었다. 하나님은 우리를 새롭게 하실 때 우리의 이미지를 바꾸어 주신다.

내게도 오랜 훈련 후에 영적인 도약을 경험하게 하셨는데 그때 하나님은 먼저 내 자신에 대한 이미지를 바꾸셨다. 어느 날 아침 경건의 시간에 이사야 37장 1~8절을 묵상했다. 거기에서 놀라운 것을 발견했다. 이사야 선지자가 히스기야 왕을 찾아 하나님의 말씀을 전하면서 곧 죽을 것이니 유언을 남기라고 하였다. 이에 히스기야 왕의 반응은 의외였다. 얼굴을 벽으로 대고 심히 통곡하며 기도했다. 자신이 행한 신흰 일들을 기억해 달라고 했다. 더 살게 해달라고 간청한 것이다. 하나님은 그의 눈물과 기도를 들으셔서 십오 년을 더 살게 하셨다. 그리고 그 증거로서 해 그림자를 십 도나 물러가게 하셨다. 자연을 움직이면서까지 응답의 증거로 삼으신 것은 성경 다른 곳에 찾아볼 수 없는 장면이었다.

히스기야의 반응과 하나님의 응답은 나로서는 참으로 의외였다. 먼저 이사야 선지자의 전한 말씀에 단순하게 순종하지 않고 자신의 심정을 토로했던 것이 놀라웠다. 더 살고 싶다는 의사를 표현하고 소원을 아뢰는 것이 의외였다. 나는 그 동안 권위에 대한 순종을 주로 배웠기 때문에 윗사람의 말에 전적으로 순종해야 한다는 개념이 강했다. 더구나 하나님께는 더욱 그러해야 한다고 생각하며 살고 있었다. 어떻게 감히 하나님의 말씀에 얼굴을 돌리고 울며 하소연하고 자신의 의향을 설명한다는 말인가? 그런데 더 이상한 것은 하나님은 그의 하소연을 기쁘게 들으셨다는 점이었다. 그의 눈물을 보셨고 기도에 응답하셔서 십오 년의 수명을 연장하셨을 뿐만 아니라 해를 뒤로 십 도나 물리는 도저히 있을 수 없는 기적을 베푸셨다.

나는 여기에서 큰 깨달음을 얻었다. 히스기야는 하나님을 아버지로 여기고 있음을 알게 된 것이다. 단지 주인이요 절대자요 전능자로만 생각하는 것이 아니라 자비로우신 아버지로 여기고 있음이 분명하였다. 히스기야의 하나님에 대한 주요 이미지는 두려우신 하나님 혹은 벌하시는 하나님이 아닌 자비로우신 아버지였다. 소원을 들으시는 아버지셨다. 이때 나는 나의 하나님에 대한 이미지를 생각해 보았다. 그때까지 내게 있어 하나님은 나를 훈련시키시는 하나님, 내게 엄하신 하나님, 순종만을 요구하시는 하나님이셨다. 그 날 이후 내게 있어 하나님에 대한 이미지에 변화가 일어났다. 내게 있어 하나님은 자비로우신 아버지이시요, 나의 소원도 들으시는 아버지가 되셨다.

그날 나는 하나님께 나의 마음을 솔직히 아뢰는 기도를 했다. 나의 소원을 아뢰었다. 그때까지 나는 북한에 가서 선교하고 순교한다는 생각을 많이 해 왔다. 그리고 결혼도 하지 않겠다는 생각을 해 왔었다. 그런데 그것은 당시의 나로서는 너무도 감당하기 어려운 일임을 깨닫게 되었다. 조심스럽게 하나님께 기도했다. 북한에 가서 선교하고 순교한다는 것은 내가 감당하기 너무도 어려운 일이니 나로 하여금 중국에 보내시면 어떻겠느냐고 기도했다. "북한에 간다는 것은 솔직히 너무 무섭습니다"라고 솔직한 심정을 아뢰었다. 어느 면으로 북한에 간다는 것이 나의 의일 수도 있다는 생각을 하면서 중국은 나와 성격이 잘 맞을 것 같으니 중국으로 보내 달라고 기도했다. 그리고 마음이 매우 외로우니 결혼도 할 수 있게 해 달라고 기도했다. 아울러서 포항에 너무 오랫동안 있었으니 이제 졸업하고 떠나고 싶다고 소원을 아뢰었다.

당시 기도할 때 시편 37장 4~5절을 의지해서 기도했다.

> "또 여호와를 기뻐하라. 그가 네 마음의 소원을 네게 이루어 주시리로다. 네 길을 여호와께 맡기라 그를 의지하면 그가 이루시고"(시 37:4-5).

하나님을 기뻐하고 순종하고자 하는 마음 속에서 소원도 아뢸 수 있다는 확신이 들었다. 나의 욕심에 따라 소원을 아뢰서는 안 되지만 주님의 뜻 안에서 소원도 말씀드릴 수 있다는 확신을 갖게 된 것이다. 또한 하나님은 어떤 일을 하실 때 우리에게 소원을 불러 일으키셔서 일하신다는 것을 깨달았다.

> "너희 안에서 행하시는 이는 하나님이시니 자기의 기쁘신 뜻을 위하여 너희에게 소원을 두고 행하게 하시나니"(빌 2:13).

하나님께 소원을 아뢴 후 1주일 쯤 되었을 때 지도교수님께서 나를 불렀다. 6개월 후에 졸업하는 것을 생각해 보라고 했다. 너무 놀라운 일이었다. 졸업을 위해 넘어야 할 산들이 많았기 때문에 그렇게 빨리 응답된 것은 놀라운 일이었다. 결국 하나님은 나로 하여금 6개월 만에 졸업하게 하셨다. 또한 북한 대신 중국으로 가는 문을 여셨다. 아울러 결혼도 속히 할 수 있도록 인도하셨다.

　이때부터 내게 있어 하나님은 아버지셨으며 나는 그분의 아들이었다. 나 자신에 대해 자비로우신 아버지를 둔 사랑 받는 아들로서의 이미지를 갖게 되었다. 물론 하나님은 우리의 소원만을 들으시는 분은 아니시다. 그러나 내게는 그러한 이미지가 필요했다. 하나님을 주인으로 인정하는 것이 어느 정도 준비되고 훈련된 나에게는 아버지로서의 하나님이 필요했다고 생각된다. 의로우신 하나님보다는 사랑이신 하나님의 이미지가 내게 필요했다. 하나님에 대한 이미지가 변화하면서 나 자신에 대한 이미지도 변화가 생겨났다. 자신을 종으로서만 여기는 것이 아니라 자녀로서의 이미지를 갖게 되었다. 나는 보다 당당한 사람이 되었다. 자신에 대해 보다 긍정적인 이미지를 갖게 되었다. 하나님과 자신에 대한 이미지가 변화하면서 하나님과의 관계도 변화하였다. 하나님과 율법적인 관계가 아니라 사랑의 관계가 시작된 것이다. 하나님은 이제 나를 용납하시는 분이시며, 나를 늘 돌보시는 분이셨다. 나의 소원도 들으시는 분이셨다.

　하나님에 대한 이미지의 변화와 나 자신에 대한 이미지의 변화는 하루 아침에 이루어진 것이 아니다. 어느 날 이사야서 말씀을 묵상하던 중 깨달은 것에서 비롯된 것이지만 5~6년간 계속 하나님과 동행한 결과라고 생각된다. 수십 년 동안 세상으로부터 온 영향을 받은 자신에 대한 이미지의 변화는 시간이 걸리는 일이다. 주님의 영광을 계속 바라보고 영적인 훈련을 함으로 말미암아 조금씩 조금씩 변화된다. 그러다가 어느 날 도약하게 되는 것이다. 내게 있어 하나님에 대한 이미지의 변화는 하나님의 은혜에 힘입은 결과였다. 아울러 영적 훈련의 결과였다.

 20

최선의 졸업 작품을 주신 하나님

하나님은 자신을 지속하여 찾는 사람에게 좋은 것을 주신다고 약속하셨다(시 34:10). 하나님께서 주시는 것은 최선의 것이다. 하나님께서 주시는 것은 영적인 것뿐만 아니라 우리들의 삶에 필요한 육신적인 것도 포함된다. 나는 이것을 박사학위 연구를 통해 경험했다. 하나님께서 나로 하여금 오랜 훈련기간을 거치게 하시고 참으로 좋은 작품을 주셨다. 나는 이것을 생각할 때마다 신이 난다. 그리고 감사가 된다. 나는 기회 있는 대로 이때 경험한 하나님을 간증한다. 간증할 때마다 내 얼굴은 상기가 되고 내 가슴은 뛴다. 너무도 극적인 일이었기 때문이다. 벼랑 끝에서 경험한 하나님이었기 때문이다. 어려울 때마다 나는 이때의 일을 생각하고 위로를 받는다. 하나님의 신실하심을 경험한 사건이었다.

나는 앞에서 학업과 사역을 동시에 감당하기 어려운 시기에 하나님께 엎드렸을 때에 하나님께서 약속을 보여 주신 이야기를 한 적이 있다. 창세기 35장 11절 말씀에서 "나는 전능하신 하나님이라"는 말씀을 통해 나의 학업을 하나님의 전능하심으로 이루실 것을 말씀하셨다. 그리고 우선 순위 가운데 계속 훈련 받고 사역하는 일에 동참할 것을 말씀하셨다. 그 후로부터 약 3년이 지난 후 그 약속을 이루셨다.

석사학위를 마치고 갑작스러운 인도하심으로 포항으로 가게 된 나는 전혀 예상하지 못한 전공을 하게 되었다. 그것은 반도체 공정에 유용하게 쓰이는 첨단 분야의 일이었다. 비싸고 정밀한 장비를 다루는 일이었다. 전통적인 재료공학을 공부했고 또한 복잡한 장비를 다루는 일에 매우 서툰 나로서는 큰 도전이었다. 나는 포항공대에 간 후 2년은 임시 연구원으로 일해야 했다. 그 후 포항에서 계속 남아 주님을 배우기 위해서는 박사과정으로 들어가는 것이 최선이었다. 그때가 1989년 초였다. 예전에 갖고 있던 연구에 대한 열정이 사라진 상태였다. 내가 재미있게 하던 연구분야를 갑자기 떠나게 되고 또 예수님을 믿게 되면서 오로지 주님과 교제하는 일과 전도하는 일에 열심을 갖게 되었다. 그러나 주님을 더 배우기 위해 그리고 포항공대의 사역을 위해 더 머물러야 했기에 박사과정에 입학한 것이었다.

당시 포항공대는 포항제철에서 후원을 해 주었고 많은 돈을 들여 초현대식 건물과 연구장비를 갖추고 있었다. 게다가 지도교수이신 제정호 교수님은 자상하면서도 탁월한 분이었다. 그만큼 학교가 요구하는 학업과 연구의 수준은 높았다. 한편 선교단체의 사역도 만만치 않았다. 매일 저녁 전도하고 학생들을 양육하는 한편 나 또한 양육 받는 삶을 살아야 했다. 매일 오후 6시 이후 시간은 항상 사역에 드려지는 삶을 살았다. 당시 네비게이토선교회의 선교 훈련은 엄격하기로 유명했고 나의 리더였던 이규원 간사님은 사랑도 많았지만 아울러 원칙에도 철저한 분이었다. 나는 학업과 사역 두 곳에서 오는 압력으로 늘 긴장된 마음으로 살았다. 항상 기도하며 살 수밖에 없는 상황이었다. 나의 힘으로 도저히 할 수 없음을 깨닫고 하나님을 의지하는 삶을 살 수밖에 없었다. 새벽 세 시에 일어나서 여러 시간 기도하고 큐티하는 삶을 살았다. 낮 시간에도 무시로 기도하는 삶을 살았다. 그래야 겨우 평강을 유지할 수 있었다.

사역과 연구 두 가지를 항상 하며 살았지만 우선 순위는 주님과의 교제와 사역에 두려고 애를 쓰며 살았다. 그러나 항상 연구의 성취가 부족한 것이 나의 마음에 큰 부담이었다. 지도교수님께 늘 미안한 마음이었다. 주어진 상황에서 최선을 다했지만 의미 있는 결과가 없었다. 사실 나는 연구에 자신이 없었다. 석사학위 때 겨우 연구의 맛을 약간 보았을 따름이었고 그다지 큰 열매를 맺지는 못했다. 실력면에서 부족한 상태였다. 단지 지속하면 좋은 작품을 만들 수 있다는 자신감이 있었을 따름이었다. 그러나 포항에 와서는 연구의 흥미를 잃었고 더욱이 내가 알지 못하는 분야를 해야 하기 때문에 연구에 열정을 갖기가 어려운 상황이었다.

이러한 상황에서 나는 어느 날 하나님께 약속을 받게 되었다. 창세기 35장을 묵상하던 중 창세기 35장 11절 말씀이 나의 마음에 깊이 와 닿았고 그 말씀이 내게 큰 위로가 되었다. "나는 전능한 하나님이라 생육하고 번성하라"는 말씀 속에서 전능하신 하나님이 나의 학업을 이루실 것에 대해 확신을 주셨다. 마음에 평강이 있었다.

입학하자마자 학위 논문 제안서를 써야 했다. 어떤 분야를 연구해야 할지 막막했다. 조언해 줄 선배도 없었다. 지도교수님도 학위 연구의 방향에 대해 내게 맡겼다. 나는 기도했다. 기도할 수밖에 없었다. 그 동안 2년간 임시 연구원으로 있으면서 했던 약간의 결과 중에서 내게 의문으로 생각된 것이 있어 그것을 연구테마로 하여 제안서를 제출했다. 불행하게도 참고 문헌이 많지 않은 분야였다. 연구에 대한 제안은 했지만 어떻게 연구를 전개할지, 어떻게 분석을 해야 할지 잘 알지 못했다.

제안서를 내고 1년 후에 박사자격시험을 치렀다. 심사위원을 선정하고 연구계획을 발표하였다. 나는 나도 이해하지 못하는 불가능한 분석방법을 도입함으로 말미암아 불합격하고 말았다. 6개월 후에 다시 시험을 치러야 했다. 1주일 전까지 진전된 것이 없었다. 연구결과도 없었고 연구 방법론도 구체적으로 세우지 못했다. 나는 한 실험실에서 혼자 앉아 간절히 부르짖으며 기도했다. 기도하다 잠이 들었다. 잠에서 깨어나는데 한 논문이 뇌리를 스치고 지나갔다. 당장 실험실로 올라가 그 논문을 찾아 읽었다. 이스라엘 사람의 연구였는데 나의 아이디어와 매우 일치하는 내용이었다. 그는 이론은 세웠지만 실험으로 증명해 내지 못해 그다지 주목 받고 있지 못한 논문이었다. 그러나 그 이론은 내가 생각했던 것과 동일한 것이었다. 나의 할 일은 그 이론을 실험으로 증명하는 것이었다. 주제를 어떻게 접근하고 어떤 장비를 사용해야 할지를 궁리했다. 만약 불합격하면 학교를 나가야 했다. 하나님의 은혜로 합격했다. 이번 자격시험에서는 심사위원 모두가 흡족해했고 합격 통과가 되었다.

나는 실험을 계속했다. 그러나 여전히 결과를 낼 수 없었다. 다시 2년 동안 결과가 없었다. 박사학위과정에 들어온 후 3년 반이나 되었는데 아무런 결과가 없었다. 매년 나는 학교로부터 비싼 학비를 장학금으로 받고 있었다. 마음이 괴로웠다. 나의 연구테마로 1,500만 원을 연구

비로 받아 그 해에 모두 사용한 상태였다. 그럼에도 불구하고 전혀 결과가 없었고 이제 한 달 정도 지나면 아무런 결과 없는 보고서를 써야 했다. 그렇게 되면 자연스럽게 나는 학교를 떠나야 할 것이라 스스로 생각하고 있었다.

어느 날 아침 잠에서 깨었을 때 매우 막막한 생각이 들었다. 실험실에 올라가서 실험을 하고 싶은 마음이 있었다. 그러나 올라가서 실험을 한들 특별한 결과가 있을 것 같지 않았다. 나는 그 자리에서 평소처럼 무릎을 꿇고 찬양기도를 시작했다. 기도를 시작하는데 갑자기 예사롭지 않은 음성이 들렸다. 서울대에 있는 한 후배가 내게 했던 말이 불현듯 생각났다. "형, 실험이 안 되면 내게 연락해요. 도와드릴게요"하는 음성이었다. 사실 내가 고전하고 있었던 것은 전자현미경 사진을 찍기 위한 샘플을 만드는 일이었다. 그 샘플을 만드는 것은 매우 정교하고 어려운 일이었다. 나는 6개월간 그 일에 실패를 하고 있었다. 언젠가 후배를 만났을 때 나의 문제를 이야기했더니 그는 자기에게 가져오라고 한 적이 있었다. 그 말을 듣고 나는 까맣게 잊고 있었다. 그러나 그날 아침 기도 중에 그의 말이 큰 음성으로 들렸다. 기도가 끝난 후 나는 예사롭게 생각되지 않아 후배인 서울대의 황 박사에게 전화를 했다. 그는 지금 서울대 교수로 있다. 그는 당장 가져오라고 했다. 나는 우편으로 샘플을 부쳤다. 곧바로 그로부터 연락이 왔다. 그는 샘플을 만드는데 자신만의 노하우를 갖고 있어 15분 만에 샘플을 만들었다. 전자현미경까지 찍어 놓았다고 했다. 나는 잔뜩 기대감을 가지고 서울로 갔다.

황 박사는 샘플과 분석 결과를 건네 주면서 "아무 것도 없네요"라고 했다. 의미 있는 결과가 없다는 뜻이었다. 나는 결과를 받아 들고 낙심하여 열차를 타고 포항으로 내려왔다. 열차 안에서 한숨이 절로 났다. 낙심이 되었다. 그리고 불평 어린 목소리로 하나님께 이야기했다. "하나님, 제가 우선순위 가운데 나름대로 열심히 하고 최선을 다한 것 아시잖아요? 그런데 결과가 이것이 무엇입니까? 이렇게 되면 하나님께 영광이 되지 않는 것 아닙니까?" 하고 마음 속으로 어려움을 토로하고 있었다.

바로 그때 나의 마음 속에 열왕기하 6장의 한 장면이 떠올랐다. 엘리사와 엘리사 사환이 아람군대에 포위당했을 때의 장면이었다. 엘리사의 사환은 자신들을 포위하고 있는 아람군대를 보고 절망하고 있었다. 그런데 그때 엘리사는 기도하였고 사환의 눈이 열렸다. 사환은 아람군대를 둘러 싸고 있는 하나님 군대의 불말과 불병거를 보게 되었다.

> "기도하여 이르되 여호와여 원하건대 그의 눈을 열어서 보게 하옵소서 하니 여호와께서 그 청년의 눈을 여시매 그가 보니 불말과 불병거가 산에 가득하여 엘리사를 둘렀더라"(왕하 6:17).

갑자기 나에게 이런 생각이 들었다. "그렇다. 황 박사가 '아무것도 없네요'라고 한 말은 옳은 것일 수 없다. 그는 나의 시스템을 상세히 잘 알지 못한다. 무엇을 보고 그 말을 했는지 모르지만 그것은 사실이 아닐 수 있다. 그 동안 그렇게 기도하고 열심히 해 온 연구인데 이렇게 허망할 결과로 끝날 수는 없다. 분명히 이 속에 좋은 결과가 숨어 있을 것이다." 이런 생각에 도달되자 갑자기 내 마음에 큰 평안과 확신이 생겼다.

포항에 도착하여 포항공대 전자현미경 전문가 동료들을 모아 놓고 연구배경과 결과에 대해 설명을 했다. 그리고 다시 분석해 달라고 부탁을 했다. 얼마 후 연락이 왔다. "촬영을 할 때 몇 도 각도에서 했는지 물어보세요. 만약 30도 각도로 촬영한 것이라면 형이 예상하는 대로 결과가 나온 것입니다."라고 말했다. 나는 황 박사에게 전화해서 물었다. 그는 30도 각도로 촬영했다고 했다. 할렐루야. 놀라운 일이었다. 그 동안 수년 동안 찾아 헤매던 결과가 나온 것이다. 이스라엘 학자의 이론이 정확하게 증명되는 순간이었다. 지도교수님도 놀랐고 주위 사람들도 놀랐다. 너무 기뻤다. 하나님께 큰 감사가 되었다.

기쁨은 오래가지 않았다. 나는 결과를 검증하는 재현실험에 들어갔으나 재현실험에서 계속 실패를 거듭했다. 나는 이제 복잡한 전자 현미경으로 분석하지 않고 보다 간단한 X-ray를 통해 분석하는 방법을 고안해 냈다. 그런데 결과는 똑같이 재현되지 않았다. 다시 6개월이 지났다. 나는 다시 초조해졌다. 포기하고 싶었다. 지도교수님께 포기하고 다른 실험으로 졸업하고 싶다고 했다. 지도교수님은 계속해 보라고 격려해 주었다. 그리고 교수님은 6개월 후 졸업하는 것을 생각해 보라는 말씀까지 해 주었다.

나는 다시 고민 속으로 빠져 들어갔다. 그러나 계속 실험했다. 어느 날 실험 장비가 고장 나서 평소와는 전혀 다른 조건으로 실험을 하게 되었는데 거기에서 결과가 나왔다. 나는 그날을 잊을 수가 없다. 실험일지에 'Thank God!'이라고 썼다. 실험 결과는 재현되었을 뿐 아니라 조건을 바꾸면서 마음대로 결과를 만들어 낼 수 있었다. 모든 것이 파악되었다. 모든 결과들은 이론과 가정을 잘 설명해 주고 있었고 또한 원하는 대로 결과를 만들어 낼 수 있었다. 졸업이 확정되는 순간이었다. 지도교수님은 나의 논문을 재료과학 학술지가 아닌 미국 응용물리학회

지에 제출하도록 했다. 논문을 보낸 후 단지 약 40여일 만에 심사위원 전원 "수정 없이 수락한다"는 편지가 왔다. 신속한 연락에 놀랐다. 도서관에 가서 이렇게 빨리 승낙을 받은 논문이 있나 아무리 뒤져도 찾을 수가 없었다. 이면에서도 하나님의 도우심을 느낄 수 있었다. 나는 당당하게 졸업할 수 있게 되었다.

놀라운 것은 논문의 영향력이었다. 교수님과 함께 연구하고 함께 쓴 논문이 발표된 이후 수없이 많은 연구가들이 이 논문을 기초로 하여 실험을 하게 되었다. 나도 모르는 사이에 하나의 뿌리가 되는 논문이 되었다. 그 논문은 발표된 지 약 20년이 지난 지금까지 전 세계에서 수없이 많이 인용되는 논문이 되었다. 나는 우연히 인터넷을 검색하다가 우리 논문의 누적 인용회수가 올해로 250회가 넘었다는 것을 알았다. 이것은 우리 논문이 어느 한 분야에서 세계 정상급 논문임을 입증하는 결과이다.

전능하신 하나님이라고 말씀하신 대로 이루셨다. 한편 이 논문을 통해 나는 신명기 28장 12절에서 말씀에 순종하는 자를 세계 모든 민족 위에 뛰어나게 하시겠다는 약속의 성취도 경험한 것이다. 너무 감사한 일이었다. 벼랑 끝까지 몰고 가셔서는 다시 일으켜 세워 주셨다. 약속하신 대로 이루셨다. 하나님의 전능하심을 나타내 주셨다. 하나님께서 영광을 받으셨다. 지금도 나는 이때를 생각하면 가슴이 뿌듯하다. 위로가 된다. 감사가 된다. 살아 계신 하나님을 경험하는 순간이었다. 하나님은 자신을 찾는 자들에게 좋은 것을 주시는 분이심을 경험했다. 내게 잊을 수 없는 좋은 작품을 선물로 주셨다. "기다리면 길이 열린다."[34]는 기다림의 원리를 배우는 소중한 기회였다.

 21

최고의 배우자를 주신 하나님

하나님께서 내 생애 동안 주신 가장 아름다운 선물은 예수 그리스도와의 만남이었다. 삼위일체 되신 하나님과의 만남이었다. 내게 믿음을 주셔서 죄 사함을 받게 하시고 하나님과의 교제를 회복시켜 주셨다. 그 다음 내게 주신 귀한 선물은 아내다. 아내와의 결혼이다. 결혼은 어려움 중에 얻은 학위 논문보다 훨씬 더 좋은 선물이었다.

원래 나는 결혼에 대해 하나님께 맡기고 관심이 없었다. 처음 예수님을 믿고 포항에서 연구원으로 일할 때 잠깐 이성에 대한 관심을 가진 적이 있었다. 그러나 하나님의 뜻이 아님을 확인하고 곧바로 생각을 접었다. 그 이후 사역과 학업에 전념하느라 결혼에 대해서는 전혀 생각하지 않았다.

그런데 지내면서 점점 마음에 외로움이 들고 나의 중심이 반려자를 요구하고 있음을 느끼기 시작했다. 그리고 히스기야의 기도를 통해 나의 소원을 아뢰는 기도를 배웠다. 당시 나는 시편 37장 4~5절을 주장하며, 졸업, 결혼, 중국으로 선교 가는 것을 구하게 되었다. 기도제목에는 결혼상대를 위해서 구체적인 조건들을 놓고 기도했다. 아마 허드슨 테일러의 전기를 읽고 감동하여 허드슨 테일러의 첫째 아내였던 마리아를 모델로 여러 가지 기도제목을 만들어 기도했다. 졸업이 확정된 직후 어느 날, 이규원 간사님께서 결혼이야기를 꺼냈다. 부산 네비게이토에 한 자매가 있다고 소개해 주셨다. 아내에 대해 소개를 받을 때 나는 마음에 직감을 했다. 자매에 대한 이야기를 들으며 바로 '이 자매다'라는 확신이 들었다. 그리고 갑자기 깊은 평안이 왔다. 나는 그날 저녁 방석을 가지고 학교 내에서 조용한 강의실을 찾았다. 감사기도를 올려 드렸다. 그날 밤중부터 새벽까지 강의실에서 기도했던 기억이 난다.

이규원 간사님은 자매에 대한 이야기를 하신 후 2~3개월이 지난 후에 비로소 내게 한 번 만나야 되지 않겠느냐고 했다. 나는 속으로는 좋으면서 안 그런 척 했다. 서로 처음 만나는 날이 정해졌다. 부산에서 만나기로 했다. 그런데 당일 비가 왔다. 갑자기 이규원 간사님으로부터 전화가 왔다. 비가 오니 다음에 만나라고 조언했다. 처음 만나는데 비가 오면 좋지 않다고 했다. 나는 이해가 되지 않았지만 순종했다. 2주 후에 다시 날짜가 잡혔다. 우리는 변희관 목사님 댁에서 만나기로 했다. 변 목사님은 부산 네비게이토 책임자이자 영남지방 책임자였고 네비게이토 선교책임자였다. 변 목사님은 평소에 마음 속으로 늘 존경하던 분이라 그분 댁을 방문한다는 것은 나의 가슴을 떨리게 했다.

나중에 안 일이지만 변희관 목사님과 이규원 간사님이 서로 상의하고 기도한 끝에 우리 둘을 중매하기로 한 것이었다. 당시 네비게이토선교회는 선교회 모임 안에서 지도자들의 소개로 서로 만나 결혼을 했다.

나는 포항에 대상되는 자매가 없어서 생각지도 못하고 있었다. 부산의 자매와 만난다는 것을 생각도 하지 못했다. 부산에서는 이규원 간사님이 자매를 내게 소개하기 수개월 전에 이미 자매에게 나에 대해 소개하고 기도하도록 했다고 한다. 내가 공부 중이었기 때문에 내게는 알리지 않았던 것이다. 변 목사님은 자매에게 포항에 한 형제가 있는데 키도 작고 얼굴도 못생긴 형제이고 박사학위 과정에 있는 형제라고 소개하며 기도하라고 하셨다고 한다. 자매가 외모에 대해 포기하도록 준비를 시킨 것이다.

나는 부산으로 내려가 변희관 목사님 댁에서 처음 자매를 만났다. 우리는 처음 서로를 보고 매우 기뻐했다. 각자가 생각했던 것보다 상대의 외모가 훨씬 좋았기 때문이었다. 변 목사님과 사모님이 나를 반갑게 맞아 주었고 자매에 대해 칭찬을 해 주었다. 그리고 변 목사님은 나를 조용히 불러 데이트 비용을 주면서 해운대 해변에 있는 글로리아호텔 라운지에서 식사하도록 배려해 주었다.

나로서는 처음으로 이성과 데이트 하는 날이었다. 서로에 대한 간증을 나누고 비전을 나누었다. 아내는 매우 훈련된 모습이었다. 자주 암송한 말씀으로 약속에 대해 나누었다. 나는 당시 포항공대에서 팀 리더로 있었지만 팀원이 항상 다섯 명 정도였다. 그러나 아내는 당시 약 30여 명의 팀원을 돕고 있었고 사역을 매우 능력 있게 하고 있었다. 사역에 대해 나보다 경험과 지식이 많았다. 우리는 서로 오랫동안 기도하고 만나서 그런지 처음 만날 때 이미 서로를 결혼 상대로 받아들이고 있었다. 당시 지도자들을 신뢰했고 하나님은 지도자들을 통해 역사하신다고 믿었다. 또한 각자의 기도와 말씀을 통해 확신을 갖고 있었다.

내게는 자매를 만나기 전부터 마음에 큰 평강과 기쁨이 있었다. 우리는 일주일에 한 번씩 만나기로 하였다. 처음 만나 그날부터 우리는 서로를 결혼 상대로 확신했다. 결혼을 전제로 데이트하며 결혼을 준비하기로 하였다. 매주 한 번씩 만나서 결혼을 위한 책을 읽으며 준비했다. 준비하는 동안 하루는 부산에서 포항으로 올라오는 동안 하나님께 기도를 드렸다. "하나님 저 자매가 하나님께서 주신 자매인지 어떻게 알 수 있나요?"라고 하나님께 질문을 했다. 그때 마음에 이사야 32장 18절 말씀이 떠오르면서 내게 주신 평강이 바로 나의 뜻을 의미한다고 말씀하시는 것 같았다. "공의의 열매는 화평이요 공의의 결과는 영원한 평안과 안전이라"(사 32:18).

양가의 부모님께 알리고 인사를 드렸다. 양가 부모님 모두 반대가 없으셨다. 둘 다 나이가 30이 넘었으므로 결혼하는 것만으로도 기뻐하셨다. 그러나 우리 어머니는 나름대로 어느 정도 아들의 며느리에 대해 조건을 생각하신 것이 있었지만 자매를 보는 순간 마음에 동의가 되었다고 한다.

대전에서 나의 부모님을 뵙고 오면서 나는 왠지 자매에게 청혼을 해야 한다고 생각했다. 함께 기차를 타고 내려오는데 옆에 한 남자가 깊은 잠에 빠져 있었다. 나는 아내에게 귓속말로 사랑한다고 고백했다. 결혼해 달라고 말했던 것 같다. 정말 멋없는 청혼이었다. 그러나 당시 아내는 너무 기뻐했고 행복해했다.

우리는 여덟 번 만나고 결혼식을 올리게 되었다. 부산에서 변 목사님의 주례로 결혼을 했다. 포항 형제자매들이 많이 참석했고 부산에서 형제자매들이 또한 많이 참석했다. 양가 친척들이 참석했고 나의 외가쪽 친척들이 대거 참석했다. 결혼식은 성대했고 은혜가 있었다.

나는 결혼 직전부터 몸이 좋지 않았다. 졸업이 확정된 후 나는 4시간씩 자던 잠을 한 시간 더 줄였다. 주님과의 교제 시간을 늘리고 싶어서 였다. 이것이 화근이 되었다. 몸이 말을 듣지 않았다. 마음은 평강과 기쁨이 있었는데 몸은 계속 한계 상황을 맞고 있었다. 결혼 당일 나는 서 있기 조차 힘든 상태였다. 신혼 여행은 제주도로 갔다.

기뻐해야 할 신혼여행인데 나는 몸의 상태가 너무 좋지 않아 거의 탈진 상태였다. 기력이 쇠진한 상태에서 신혼여행이었는데 아내는 나를 있는 그대로 받아 주었다. 첫날 밤을 지내고 나서 아내는 내가 젊어서 일찍 죽을 수도 있다는 생각을 갖게 되었다고 한다. 그리고 아내는 마음에 준비를 해야겠다는 생각까지 했다고 한다. 아내는 나의 연약함을 잘 받아들였다. 결코 당황하지 않았다. 나의 말을 잘 들어 주고 이해했고 나를 배려했다.

아내는 나와 전혀 다른 기질이었다. 나는 점액질인 반면 아내는 우울 담즙질이었다. 나에 비해 꼼꼼했고 보다 일에 있어 적극적이고 주도적이었다. 또 분별력과 지혜가 있었다. 간호사였기 때문에 나의 건강을 세심하게 돌보았다. 성격이 서로 달랐지만 주님 안에서 성숙해 가고 있었고 훈련을 받았기 때문에 문제들을 잘 해결해 나갔다.

또한 아내는 탁월한 정신이 있었다. 사역의 열매도 매우 풍성했고 당시의 팀 리더들 가운데서도 매우 열매 있는 사역을 하는 자매들 중의 하나였다. 결혼 직전 부산 네비게이토에서 바디워십 및 찬양 경연대회가 있었고 30여 개의 팀이 참가했다. 그때 아내가 이끄는 팀이 전체에서 1위를 했다. 손수 전 팀원의 옷을 만들어 입히고 연습시켜 최고의 성적을 이루어 낸 것이다. 아내는 일에 있어 매우 탁월성을 갖춘 여인이었다. 나는 일이 탁월하지 않고 꼼꼼하지 않았다. 항상 실수가 많았다. 또 미리 계획하고 추진하는 것이 약했다. 이러한 나의 약한 면을 아내가 보완해 줄 수 있어 내게 큰 힘이 되었다.

올해로 결혼 20주년이 된다. 돌이켜 보면 우리들의 행복은 점점 증진되었다. 나는 결혼 이후 사랑이라는 것을 배우기 시작했다. 결혼 이후 나의 건강은 점점 좋아지기 시작했다. 물론 건강의 회복은 오랜 시간을 필요로 했다. 나의 정서적인 안정감 또한 점점 증가했다. 우리는 부부간에 많은 대화를 하며 생활했다. 부부간의 대화를 통해 서로를 알아갔고 서로 배우고 서로 성장했다. 그리고 그 안에서 사랑이 더욱 깊어갔다. 우리들의 결혼생활 속에 항상 행복이 있었다. 결혼은 내게 있어 주님께서 주신 이 땅의 것 중 최고의 선물임에 틀림이 없다. 하나님은 열심히 하나님을 찾는 삶 속에 내게 최고의 배우자를 허락하셨다. 슬기로운 아내를 얻은 것은 하나님이 주신 축복이다.

"집과 재물은 조상에게서 상속하거니와 슬기로운 아내는 여호와께로서 말미암느니라"(잠 19:14).

 22

중국 선교의 문을 여신 하나님

하나님께서 길을 열고 문을 여실 때는 하나님께서 행하셨음을 고백할 수밖에 없도록 놀라운 방법으로 행하신다. 이스라엘 백성들이 바벨론 포로로 가 있었다. 70년의 기한이 찼을 때 전혀 예상하지 못한 방법으로 문을 여시고 포로에서 귀환하게 하셨다. 페르샤의 왕 고레스를 움직여 그들을 돌려 보내게 했다.

"여호와께서 그의 기름 부음을 받은 고레스에게 이같이 말씀하시되 내가 그의 오른손을 붙들고 그 앞에 열국을 항복하게 하며 내가 왕들의 허리를 풀어 그 앞에 문들을 열고 성문들이 닫히지 못하게 하리라 내가 너보다 앞서 가서 험한 곳을 평탄하게 하며 놋문을 쳐서 부수며 쇠 빗장을 꺾고 네게 흑암 중의 보화와 은밀한 곳에 숨은 재물을 주어 네 이름을 부르는 자가 나 여호와

이스라엘의 하나님인 줄을 네가 알게 하리라"(사 45:1~3).

아무도 생각하지 못한 방법이었다. 하나님께서 이방왕 고레스 왕을 사용하셔서 일을 행하실 줄 아무도 몰랐다. 아마 고레스 왕을 사용하지 않았더라면 그들은 돌아가기 어려웠을 것이다. 고레스가 명을 내리니 모든 주위 열왕과 열국이 이스라엘의 귀환을 도왔다. 닫혀진 문들을 열었다. 또한 하나님께서는 그들로 하여금 돌아가서 정착하는데 필요한 보화와 재물을 얻게 했다. 하나님만이 이 일을 하실 수 있음을 철저히 깨닫게 하시고 하나님께 영광을 올려드리게 하셨다.

포항에서 나는 연구원생활 2년, 박사학위과정 4년반, 그리고 반년의 정리기간을 포함하여 모두 7년을 보냈다. 하나님께서 갑자기 중국 선교의 문을 열어 주셨다. 당시 중국은 선교의 문이 열려 있지 않은 상태였다. 그러나 하나님께서 놀라운 방법으로 문을 열어 주셔서 결혼한지 2개월 반 만에 추운 겨울 영하 30도의 땅 중국 길림성 연변자치주 중심 도시인 연길에 가게 되었다.

나는 오랫동안 북한선교를 위해 남몰래 기도했었다. 내가 마땅히 가야 할 곳이라 생각되어 기도하고 가려 했던 곳이다. 아버지가 북한 출신이고 그곳은 복음을 모르는 곳이니 내가 가야 한다는 의무감과 부담감이 있었다. 그러나 내 개인적으로는 중국에 대한 소원이 있었다. 히스기야의 기도를 배운 후 나는 담대히 나의 소원을 아뢰고 싶은 마음이 생겼다. 그래서 중국에 가고 싶고 중국으로 보내달라는 기도를 했다. 그 후 6개월 안에 졸업과 결혼이 모두 이루어졌다.

결혼을 앞두고 부산 네비게이토 형제들의 생활훈련관에 들린 적이 있었다. 거기에서 우연히 연변과학기술대학교에 대한 소식을 신문을 통해 접하게 되었다. 그 신문을 보는 순간, 이곳이 내가 갈 곳이라는 생각을 하게 되었다. 얼마 후 연변과학기술대학교에 부산 네비게이토 출신 한 형제가 교수로 가 있다는 소식을 들었다. 그는 영국에서 물리학으로 학위를 받고 곧바로 연변과기대에 교수로 들어가게 된 이임식 형제였다. 나는 변 목사님을 통해 이임식 형제에게 연변과기대에 가고 싶다는 의사를 전달했다. 곧바로 연변과기대 총장이신 김진경 총장님으로부터 서울에서 인터뷰를 하자는 연락이 왔다.

아직 결혼 전이었다. 아내와 함께 서울 사무실에서 김진경 총장님을 만났다. 그분은 우리 부부를 매우 기뻐하셨다. 나는 교수요원으로 아내는 양호실 간호사로 가게 되었다. 모든 교직원 교수들이 선교에 헌신된 사람들이었기 때문에 선교비를 스스로 모금해야 했다. 우리는 포항 네비게이토에서 지원받기로 하고 가기로 하였다. 순식간에 모든 일이 이루어졌다.

박사를 졸업하고 다른 진로를 찾지 않아도 되었다. 원하던 평신도 선교사로서의 길을 가게 된 것이다. 졸업, 결혼, 중국 선교의 길이 1년 안에 순식간에 이루어졌다. 약 7년간의 훈련을 거쳐서 이제 새로운 길로 인도되는 순간이었다. 모든 것이 예비된 것을 느낄 수 있었다. 훈련의 고통 이후에 오는 평강과 기쁨이 있었고 생명의 길로 인도되는 것을 느낄 수 있었다.

"무릇 징계가 당시에는 즐거워 보이지 않고 슬퍼 보이나 후에 그로 말미암아 연단 받은 자들은 의와 평강의 열매를 맺느니라" (히 21:11).

하나님께서 포항에 있는 동안 여러 가지를 훈련시키셨다. 신앙의 기본을 철저히 훈련시키셨다. 특히 기도와 말씀의 훈련을 시키셨다. 순종을 훈련시키셨다. 권위에 순종하는 것을 훈련시키셨다. 지도자를 귀히 여기고 그 뜻을 따르는 훈련을 많이 했다. 사역 훈련을 받았다. 전도와 양육하는 훈련을 오래 받았다. 제자 삼는 사역에 대한 훈련도 받았다. 또한 세상 일도 성실하게 하는 훈련을 받았다. 또한 어려움 중에 인내하는 훈련을 했다. 인내는 생명의 면류관을 얻게 했다.

"시험을 참는 자는 복이 있나니 이는 시련을 견디어 낸 자가 주께서 자기를 사랑하는 자들에게 약속하신 생명의 면류관을 얻을 것이기 때문이라"(약 1:12).

"모든 덕목들 가운데 단지 인내만이 면류관을 차지할 수 있다." (성 안토니우스의 말)[35]

하나님은 마침내 새로운 단계로 들어가게 하셨다. 선교사로서 일하게 하셨다. 훈련이 새로운 길을 예비하는 길이 되었다. 성령은 훈련의 영이시다. 그리고 새로운 길로 인도하시는 영이시다. 훈련은 은혜의 문까지 우리를 데려다 준다. 한 기간의 훈련이 끝나면 은혜를 경험하게 하시고 새로운 단계로 들어가게 하신다.

부부

오영례

나이가 들어갈수록
부부는
함께 마음을 나누는
동무가 되어간다.

서로의 매력에
홀리듯, 끌린다기보다
서로의 연약함을
덮어 주고, 감싸 주며,

서로에게
손이 되어 주고
발이 되어 주며
방패가 되어 준다.

쉽게 나눌 수 없는
비밀과 사소한 감정까지
서로에게 나눔으로

마음이 가벼워지고,

위로를 얻고
격려를 받으며
새 힘을 얻고
용기와 확신을 갖는다.

시간이 흐를수록
부부는
가장 가까이에서
항상 함께 해 주는
절친한 친구가 되어 간다.

5장
사명에 대한 헌신과 회복

23

의사소통의 능력

　하나님은 우리의 기도에 응답하신다. 우리의 구하는 것을 들어 주신다. 성령을 구하는 자에게는 성령을 주신다(눅 11:13). 그러나 하나님을 구하는 자에게는 모든 좋은 것을 선물로 주신다. 그 안에는 영적인 축복과 물질적인 축복이 함께 포함된다. 우리의 삶에 필요한 모든 것을 주시는 것이다. 하나님께서 주시는 선물을 구하는 것도 귀한 일이다. 그러나 하나님 그분을 구하는 것은 보다 위대한 일이다. 하나님 안에 모든 좋은 것이 있기 때문이다.
　내가 하나님께 받은 선물 중의 하나는 의사소통하는 능력이다. 특별히 부부간에 원만히 의사소통하는 삶을 선물로 받았다. 의사소통은 경험을 함께 나눈다는 의미다. 경험 나눔을 통해 공감을 얻게 된다. 김주환 교수는 『회복 탄력성』에서 공감이 소통의 핵심임을 말한다.

"원래 소통 즉 '커뮤니케이션(communication)'이라는 말의 어원은 라틴어 'communicate'다. 이 말은 '공유한다' 또는 '함께 나눈다'는 뜻이다. 명사형은 'communis'고 '함께 나눔' 혹은 '함께 나누는 사람들'이라는 뜻이다. 여기서 경험을 함께 나누는 사람들의 모임이라는 뜻인 '공동체(community)' 혹은 '코뮨(commune)'이라는 말이 나왔으며, '재산을 함께 나눈다'는 뜻의 '공산주의(communism)'나 '여러 사람이 공유하는 생각'이라는 뜻의 '상식(common sense)'도 모두 다 같은 어원에서 유래한 말이다. 기독교에서 예수님의 몸을 상징하는 빵과 피를 상징하는 포도주를 나눠 먹는 '성찬식(communion)' 역시 같은 어원에서 유래했다. 이처럼 커뮤니케이션의 원래 의미는 메시지를 상대방에게 전달하기보다는 '어떠한 경험을 함께 한다'는 뜻이다. 공통의 경험을 함께 나누는 것이 곧 소통이다. 공유된 경험은 내가 지금 경험하는 것을 상대방도 마찬가지로 경험하리라는 '공감'의 원천이다. 대표적인 예가 음식을 함께 나눠 먹는 일이다. 즉 내가 지금 느끼는 이 음식의 맛을 상대방도 마찬가지로 느끼리라는 믿음이 소통의 원형이다."[36]

영하 30도 가까이 되는 어느 날 새벽, 아내와 나는 20여 명 남짓 타는 쌍발기를 타고 연길에 도착했다. 그때가 1994년 1월 중순이었다. 결혼 두 달 반 만에 선교지에 도착한 것이다. 도착하는 날, 우리는 교직원 J선생님 부부가 한국에 가면서 제공해 준 집에서 머물렀다. 연변과기대 학생인 S자매가 우리를 맞았다. 다음날에도 S자매가 집에 왔다. 아내는 S자매와 이야기를 해 보고는 그 자매를 제자를 삼고자 하는 강

렬한 열망을 갖게 되었다. 아내는 곧 바로 자매와 성경공부를 시작했다. 아내는 감각적으로 그 자매를 리쿠르팅했다. 나는 그 동안 현지에 가서 먼저 적응을 하고 문화를 익혀야 한다는 일반적인 원리를 생각하고 아내를 만류하였다. 그러나 아내는 매우 분명했다. 이미 추수가 무르익었기 때문에 거두어야 한다는 주장을 했다.

아내는 생각보다 자기 주장이 매우 강하였다. 그리고 매사에 적극적이었다. 집을 구하는 일부터 시작하여 정착하는 데 있어서 매우 적극적인 자세였다. 모든 기회들을 잘 활용했고 사람들과 관계도 잘맺었다. 나는 아내의 속도를 따라갈 수가 없었다. 아내가 하는 일이 모두 옳은 일이었고 단지 내가 힘이 부쳐 보조를 맞추기 힘든 것이었기 때문에 아내를 설득하기도 힘들었다. 아내는 나의 몸 상태와 내면에 대해 잘 알지 못했고 이해하지 못하는 것 같았다.

나는 몸과 마음이 심하게 쇠약해 있었다. 결혼식 당일부터 나의 몸의 기력은 바닥을 헤맸다. 아내가 나의 몸을 돌보아 주고 친구로서 함께 대화하는 즐거움이 있었지만 나의 마음 속에는 건강 문제로 인해 늘 위축감이 있었다. 자신감이 없었다. 결혼 전에 가장 긱정스러웠던 것은 부부간의 육체관계가 잘 안 될 수도 있다는 생각을 늘 했었다. 우울증에서 벗어난 상태에서 7년간 영적 훈련을 해 왔지만 나의 몸은 여전히 늘 허약한 상태에 있었다. 아침에 기도하고 나면 거의 모든 기력이 쇠진하여 하루를 겨우 겨우 지내곤 했다. 그러나 정신력으로 버티었던 것이다. 늘 하나님을 찾는 가운데 공급하시는 힘으로 겨우 겨우 생활했다.

결혼을 하고 보니 나의 생각대로 부부간의 육체적인 관계가 문제였다. 그것이 내게는 위축감을 주고 자신감을 상실하게 했다. 몸이 허약

할 뿐 아니라 정신적으로 자신감이 결여되어 매사에 소극적이 되었다. 상대적으로 아내는 건강했고 또한 아주 적극적이고 추진력이 있었다. 상대적 위축감은 나로 하여금 더욱 좌절하게 만들었다. 이러한 고통을 나는 아내에게 말하기 힘들었다.

　결혼생활뿐 아니라 연변과기대에서 교수로서의 생활도 부담이 많이 되었다. 학생들을 가르치는 것은 내게 매우 즐거움이었으나 다른 프로젝트를 해 나가는 것은 내게 큰 부담이었다. 연변과기대는 선교 목적을 위해 온 선교사들로 이루어졌기 때문에 여러 가지 프로젝트를 해 나가야 했다. 교수와 직원들은 매우 적극적이고 진취적인 사람들이었다. 더구나 미국이나 유럽에서 공부한 사람들은 더욱 생각이 자유롭고 창의적이고 거침이 없었다. 그 가운데에서 나는 항상 자기 몸 하나 가누기 힘든 상태에서 생활해야 했기 때문에 늘 일을 두려워했다. 그리고 그들의 적극성을 늘 부러워했다. 나 자신이 그렇게 초라해 보일 수가 없었다. 영적으로 많은 훈련도 받았는데 그런 것들이 아무런 소용이 없는 것처럼 보였다. 결단력, 추진력, 창의력 등이 부족했고, 자유함도 없었다.

　나는 다시 한 번 인생의 위기를 맞고 있었다. 다시금 우울하지 않을 수 없었다. 점심시간이면 홀로 연변과기대 뒤의 언덕을 거닐며 절망하며 기도했다. "주님, 어떻게 하면 좋아요? 어떻게 하면 좋아요?" 하며 매일 탄식하고 기도하며 하나님을 간절히 찾았다. 그것이 내가 할 수 있는 전부였다. 나는 남에게 나의 어려움을 말할 줄 몰랐다. 그것이 나의 성향이었다. 서울에서 포항으로 가면서 받은 많은 상처들을 다른 사람들과 나누지 않고 스스로 마음 속에 삭였었다. 지난 7년간 포항에서 여러 가지 어려운 부분들이 있었지만 다른 사람들과 나누지 않았다. 지도자에게도 나누지 않았다. 단지 나의 어려움을 가끔 일기에 적는 습관이 있었다. 나는 내가 아내와 적응하면서 겪는 어려움과 나의 몸과 마음의 허약함에 대해 일기에 적었다. 좌절감을 표현했다.

어느 날 아내는 내게 대화를 청했다. 우연히 나의 일기를 보고 아내는 깜짝 놀랐다. 내가 자신에 대해 어렵게 생각한다는 사실이 의외였던 것이다. 자신은 내가 잘 받아 주는 줄 알고 자유롭게 말하고 행동한 것인데 마음에서 그것을 받지 못하고 어려워하고 있다는 사실이 아내를 힘들게 했다.

그날 우리는 각자에 대해 많은 것을 나누었다. 각자의 어린 시절부터 그때에 이르기까지 모든 것을 서로 이야기하며 나누었다. 나는 나의 성장과정을 자세히 이야기했다. 내가 어떤 연약한 상태에 있는지에 대해 말하자 아내도 자신의 이야기를 했다. 육신적인 성장과정이 달랐을 뿐 아니라 영적인 성장과정이 달랐다. 서로 이야기를 하는 과정 속에서 서로를 이해하게 되었다.

나는 아내가 나를 무시하고 자기 주장대로만 하고 멋대로 행동하는 훈련되지 않은 사람이라 생각했다. 그러나 아내는 내가 자신을 받아 준다고 믿고 자유롭게 행동했던 것임을 알게 되었다. 또한 내가 너무 소극적이고 자주 바깥에서 다른 사람에게 속아 넘어가기 때문에 자신이라도 적극적으로 대처해서 나를 보호하고자 하는 동기가 있었음을 알 수 있었다. 또한 자신이 볼 때 나의 리더십이 약해 자신이 도와주어야 한다고 생각하고 있었음을 알았다.

대화를 통해 의사소통이 일어났다. 서로의 경험을 나눔으로 서로에 대해 공감하게 되었다. 의사소통을 통해 나는 아내에 대한 경계심을 내려놓게 되었다. 아내는 결코 나를 무시하려는 마음이 없음을 알게 되었다. 나의 연약함을 충분히 이해하고 도울 수 있는 사람임을 알게 되었다. 이것은 내게 큰 안도감이었다. 우리는 대화를 통해 서로를 있는 그대로의 모습으로 보게 되었다.

이때부터 아내의 장점이 내게 부담이 되는 것이 아니라 나를 보완하는 선물로 여겨졌다. 또한 그것을 나의 것으로 여기기 시작했다. 나의 장점은 온유함과 융통성이었는데 이것은 아내의 강한 면을 보완하는 것이 되었다. 중국에서는 오히려 나와 같은 성향이 도움이 될 때가 많았다. 우리는 서로를 보완관계로 여겼을 뿐만 아니라 서로를 닮아가기 시작했다. 나는 의사소통을 통해 문제를 해결하는 능력이 점점 커져 갔다. 일에 있어 보다 진취적으로 되어 갔다. 아내는 연약함을 이해하는 면에서 진보했고 또한 문제를 정면 돌파하지 않고 기다리며 다른 방향으로 해결해 가는 면에서 자라갔다. 실제로 아내는 얼마 후 첫 아이를 출산하면서 잠시나마 산후 우울증과 불면증을 경험하면서 인간의 연약함에 대해 깊이 경험해 갔다.

아내와 의사소통이 이루어지면서 내게는 점점 자신감이 생겼다. 아내의 적극적인 지지와 격려가 내게는 큰 힘이 되었다. 우리 부부생활의 갈등은 이렇게 결혼 초기에 해결되었다고 볼 수 있다. 서로에 대한 깊은 신뢰를 얻게 되었다. 그리고 그것을 유지 발전하기 위해 많은 노력을 했다. 새벽기도가 없는 상황에서 우리는 서로를 격려하며 아침에 일찍 일어나서 함께 서로 대화식으로 기도했다. 그리고 매주 하루 저녁시간을 정해 함께 데이트를 하기로 했다. 성경공부를 하기도 하고 책을 읽고 나누기도 하고 서로 식사하며 의사소통하기도 하는 시간을 갖기로 했다. 사역에 대해 함께 나누며 함께 계획을 세워 나갔다. 이후로 우리는 그 데이트 시간을 10여 년간 꾸준히 지켰다. 이 의사소통이 우리 부부의 친밀함과 행복한 부부생활에 대한 중요한 기초가 되었다.

우리 부부의 친밀한 의사소통은 부부가 서로 하나님을 향해 간다는 것을 전제로 한다. 함께 하나님께로 나아가는 가운데 서로간의 의사소통에 힘쓸 때 부부간의 친밀함은 더해 간다는 것을 배우게 되었다. 이 둘이 모두 필요함을 깨닫게 되었다. 이후부터는 마음의 짐을 하나님께만 가져가던 신앙의 패턴이 바뀌기 시작했다. 하나님과의 교제가 있다 해도 부부간에 서로 나누어야 할 짐이 있다는 것을 배우게 되었다. 의사소통을 통해 우리는 서로의 짐을 나누어 지는 것을 배웠다. 이것은 힘난한 인생 길을 가는 데 큰 힘이 되었다. 하나님은 하나님을 찾는 가운데 좋은 부부관계를 선물로 주셨다. 나아가 의사소통을 통해 문제를 해결해 나아가는 비결을 배웠다. 아울러 우리의 협력은 그리스도 안에서 주신 사명을 이루는 데 큰 힘이 되었다. 두 사람이 한 사람 보다 낫다는 성경말씀이 진리임을 우리는 서로 경험해 갔다.

> "두 사람이 한 사람보다 나음은 그들이 수고함으로 좋은 상을 얻을 것임이라. 혹시 그들이 넘어지면 하나가 그 동무를 붙들어 일으키려니와 홀로 있어 넘어지고 붙들어 일으킬 자가 없는 자에게는 화가 있으리라. 또 두 사람이 함께 누우면 따뜻하거니와 한 사람이면 어찌 따뜻하랴. 한 사람이면 패하겠거니와 두 사람이면 맞설 수 있나니 세 겹 줄은 쉽게 끊어지지 아니하느니라" (전 4:9-12).

24

생각의 회복

믿음은 두 가지 모습이 있다. 하나는 인내하는 믿음이다. 다른 하나는 성취하는 믿음이다. 인내하는 믿음은 고난의 시기에 보다 필요하다. 성취하는 믿음은 추수하는 시기에 보다 필요하다. 인내하는 믿음은 보다 수동적이고 방어적이 되기 쉽다. 반면에 성취하는 믿음은 보다 적극적이고 공격적이 되기 쉽다. 그리스도인으로서 또는 그리스도의 일꾼으로서 둘 다 필요한 믿음이다. 기질과 성향에 따라 한쪽으로 치우치는 경향이 있다. 나는 인내하는 믿음이 강했고 아내는 목표를 성취하는 믿음이 강했다. 결혼한 후 우리는 서로의 다름을 인정할 뿐 아니라 서로의 장점을 배울 필요가 있었다.

나는 인내하는 데 장점이 있었다. 지난 7년간 심한 훈련의 환경 속에서 필요했던 것은 인내하며 기다리는 것이었다. 그것을 통해서 하나님은 큰 일을 이루셨다. 하나님과 교제하는 것과 순종하는 것을 많이 배왔다. 지도자를 따라 배우고 순종하는 것이 해야 할 중요한 일이었다. 나는 열심히 배우고 따랐다. 훈련을 감당하고 하나님과 지도자에 순종하기 위해 자기 부인을 많이 배워야 했다. 스스로 생각하고 결정하기보다는 지도자의 의견과 의향을 따라 그대로 실천하는 형태의 사역을 주로 했다.

연길에서는 이제 상황이 달라졌다. 지도자가 따로 없었다. 스스로 생각하고 스스로 결정해야 했다. 사역에 있어서도 스스로 결정해야 했고 직장 일도 스스로 결정해야 했다. 가장 큰 문제는 무엇을 선택해야 할지 무엇을 어떻게 결정해야 할지에 대한 자신의 의견이 없는 것이었다. 나는 무언가 정신이 자유롭지 않은 것을 느꼈다. 상대적으로 다른 선교사들이 자유롭고 즐겁게 일하는 것을 보며 부러워했다. 아내도 스스로 계획하고 스스로 결정하는 데 익숙했다. 주위 사람들과 함께 관계를 맺으며 살아가는 데 문제가 없었다. 주위에서 나만 소극적이고 우유부단했다. 그 원인을 생각해 보면, 나의 기질, 나의 건강, 받은 훈련의 분위기와 관계 있음을 알 수 있었다.

나의 장점은 배우는 자세에 있었다. 좋은 것은 어떻게든 배우고자 했다. 아내에게 좋은 것이 있다면 그것도 배우기를 주저하지 않았다. 동료에게서 좋은 것이 있다면 열심히 배우고자 했다. 우선 내가 배워야 할 것은 스스로 결정하고 적극적으로 생각하고 행동했다. 이렇게 일을 성취해 내는 방법을 배워야 했다.

먼저 그 동안에 내가 배운 것들을 하나 하나 나의 확신으로 갖아야 할 필요가 있었다. 배우고 확신한 일에 거하라는 말씀처럼 나 스스로의 확신이 필요했다. 내가 가지고 있는 것들이 모두 나의 확신에 의한 것이 아니고 다른 사람의 확신에 따라 습득된 것임을 알게 되었다. 삶과 사역의 원리와 방법들을 다시 나의 것으로 만드는 작업이 필요했다.

적극적인 자세와 긍정적인 자세를 배우는 데 있어 가장 도움이 되었던 것은 아내였다. 당시에 아내는 선교 첫 해에 임신한 상태에서 여러 명의 중국 동포 자매들을 모아 성경공부를 하고 있었다. 또한 연변대학교에 다니며 중국어 공부를 했다. 그뿐 아니라 중국어 개인 교습을 받았다. 중국어를 가르치던 자매에게 복음을 전해 그 자매를 성경공부반으로 인도해서 가르쳤다. 아내는 여러 가지 환경에 적응하는 일을 해야 했다. 아울러 아내로서 남편인 나를 돌보며 나의 형제 사역을 도왔다. 그들에게 식사를 대접하며 섬겼다. 때로는 교수 직원을 수십 명씩 초청해서 식사 대접을 하기도 했다. 여러 가지 일을 동시에 즐겁게 거침없이 하는 것을 보며 많은 것을 생각했다. 일에 있어서의 효율성은 나와 매우 달랐다. 무엇이 차이인지를 알기 위해 끊임없이 질문하며 대화하며 또 기도했다.

아내와의 많은 대화를 통해 아내와 나는 생각에 있어 차이가 난다는 것을 알 수 있었다. 아내는 기도하는 것은 반드시 이루어진다는 확신을 가지고 있었고 하나님의 말씀과 약속은 반드시 성취된다는 믿음을 갖고 있었다. 그러나 나는 기도하면서 그것을 믿지 않고 있었다. 또한 나의 말속에 부정적인 것들이 많았다. 자신에 대해서나 일에 대해 늘 확신 없는 말을 하고 있었다. 어느 날 내가 성경공부를 인도하는 것을 보며 아내는 내게 조언을 해 주었다. 성경말씀을 가르치면서 "이런 말도 있으니 한 번 해 보라"는 식으로 말한다고 지적했다. 그렇게 하면 사람들은 따라 하지 않는다는 것이었다. 확신을 가지고 말을 했을 때 사람들이 따르는 것임을 말해 주었다. 지도자에게 필요한 것이 역시 확신이라는 것을 알 수 있었다. 나의 문제는 믿음에 의한 생각의 부재와 확신의 부재에 있었다.

나는 부정적이고 소극적인 생각 대신 긍정적이고 적극적인 생각이 목표를 이루어 내고 문제를 해결해 나가고 진취적인 삶을 살게 한다는 것을 깨달았다. 그러던 중 나는 우연히 노만 빈센트 필(Norman Vincent Peale) 박사의 『적극적인 사고방식』이라는 책을 읽게 되었다. 그 책이 내게 많은 도움을 주었다. "생각이 바뀌면 운명이 바뀐다"는 문장이 내게 많은 동기를 주었다. 적극적이고 긍정적인 생각을 스스로 훈련했다.

나는 새로운 영역을 배우고 있었다. 기도한 것을 믿는 것, 기도한 대로 이루어질 것을 말하는 것, 믿음으로 선포하는 것, 확신 있게 말하는 것, 긍정적으로 생각하고 말하는 것 등을 배워야 했다. 나는 스스로 서기 위해 부단히 노력했다. 기도하고 또 실천했다.

1994년 말 가을이었다. 아내는 첫아이를 낳기 위해 한국에 갔다. 중국에서 낳으려 했는데 당시 네비게이토선교본부의 변희관 목사님은 강권적으로 한국에 나와 아이를 낳도록 하였다. 외국 선교사들의 조언을 듣고 강권한 것이었다. 우리는 순종했다. 아내만 한국으로 나갔다. 11월 12일에 부산에서 아들 영찬이를 출산했다. 아내는 남편과 떨어져서 장모님 댁에 있었다. 장모님 댁은 아직 신앙을 받아들이지 않고 있었다. 아내는 신체적으로 허약한 상태에서 영적으로도 매우 약한 상태에 있었다. 밤마다 가위눌림을 당했고 계속되는 불면을 경험했다. 우울증도 겪었다. 다행히 변 목사님 부부께서 댁으로 오도록 하였다. 기도와 찬송, 따뜻한 보살핌의 분위기 가운데 있게 되면서 극적으로 회복될 수 있었다. 아내는 몸조리가 끝나기 전에 연길로 빨리 돌아오려고 했다.

적극적인 생각을 실천할 기회가 왔다. 나는 아내를 어떻게 도울까를 기도하며 생각했다. 추운 겨울 연길로 오는 것은 무리였다. 그때 나는 주위에서 홍콩에 선교사들을 무료로 묶을 수 있는 선교관이 있음을 알게 되었다. 중국으로 들어올 때 홍콩을 거쳐 들어오는 것을 생각해 보았다. 그리고 2주간 홍콩에 머물며 휴식을 취하고 연길로 올라오는 계획을 세웠다. 나는 내가 스스로 아이디어를 내고 실천을 하는 첫 프로젝트였기에 혼자 매우 신나 있었다. 약간 경비가 들지만 그다지 큰 경비가 드는 것은 아니었다. 아내도 좋아했다. 1월 초 아내는 영찬이를 안고 홍콩으로 들어왔고 그곳에서 2주간 좋은 휴식의 시간을 즐겼다. 우리는 홍콩의 교회에서 운영하는 선교관에서 묶었고 그곳에서 따뜻한 대접을 받았다. 지금도 그때를 생각하면 마음이 흐뭇하고 좋은 추억으로 가슴 속에 남아 있다. 약간 사치스러운 것 같아 마음에 짐이 있었지만 무엇보다도 스스로 생각하고 계획하여 아내와 가족을 섬긴 것에 나는 내심 마음 뿌듯해 했다. 그리고 보다 적극적으로 일을 추진하는 것을 한 걸음 한 걸음 배우게 되었다.

사역에 있어서 보다 적극적인 자세로 임했다. 교수로서 시골에 가서 학생들을 모집해야 했다. 흑룡강성 해림시라는 곳까지 가서 학생들을 인터뷰하고 모집했다. 그 중에 다섯 명을 뽑아 오게 되었는데 다섯 명 전체를 집으로 불러 사귀고 또 복음을 전했다. 적극적으로 시도하니 사람들을 많이 모을 수 있었다.

나는 점점 더 적극적이 되었다. 이제 중국 본토로 들어가 사역하고 싶다는 생각을 하게 되었다. 그런 생각을 하니 정보들이 생기기 시작했다. 북경에 있는 유명대학교에서 방문교수나 박사후 과정에 들어갈 수 있음을 알게 되었다. 우선 포항 공대에서 국제적으로 유명한 한 교수님의 추천을 받아 청화대학교에 재료공학과의 한 교수님에게 연락을 하게 되었다. 한 번도 말해 보지 않은 영어로 통화를 했다. 상대방은 궁정적인 반응을 보였다. 나는 기대감을 갖게 되었다. 아내의 출산 후 홍콩에 들렸다가 연길로 오는 길에 북경에 들렸다. 그때 북경에서 사역을 하고 있던 사역자 몇 분을 만났다. 북경의 캠퍼스가 사역을 하기에 무르익었다는 것을 느낄 수 있었다. 우리는 사역지를 옮기기로 했다. 선교본부에 신청을 했더니 흔쾌히 허락이 떨어졌다.

문제는 연변과학기술대학교를 정리하고 떠나는 것이 큰 부담이었다. 아직 학교가 제대로 서지도 않은 상태에서 나의 사역만을 생각하고 떠난다는 것이 여간 부담이 아니었다. 또한 과기대 교수 직원들이 섭섭해 하고 반대하는 분들이 많아 그것도 부담이었다. 또한 돕고 있던 제자들을 놓고 떠나야 하는 것은 더더욱 어려움이 되었다. 나아가야 하는 것과 머무는 것 사이에 마음의 갈등이 매우 심했다. 홀로 기도하면 떠나는 쪽에 평강이 있음을 알 수 있었다. 말씀도 떠나는 것에 대한 말씀을 주셨다. 나는 하나님의 뜻이 떠나는 데 있다는 것을 확신하고 결심하고 떠났다.

당시의 결정을 후에 뒤돌아보면서 온전하지 않은 면이 있었음을 알게 되었다. 선교현장에서 연합으로 일해야 하는 필요를 부시하고 난독으로 움직인 것은 다른 지체들과 팀워크로 하는 사역에 도움이 되지 못한 면이 있었다. 교회와의 연합에 있어서 부족한 부분이 있었음을 알게 되었다.

미성숙함으로 인해 온전하지 못한 결정이었음에도 불구하고 우리들의 결정에는 하나님의 은혜로 말미암아 많은 긍정적인 면이 많이 있었음을 발견하게 된다. 첫째는 내 개인적으로 무언가 새로운 일을 시도해 보고 추진하는 좋은 경험이 되었다. 담대하게 믿음으로 나아가는 좋은 기회가 되었다. 결국 선교에 있어 새로운 일을 시도하고 개척할 수 있었다. 둘째는 북경에서 많은 준비된 열매들을 만날 수 있었고 그들을 도울 수 있었다. 셋째는 북경에서 비로소 운동을 할 수 있었고 나의 몸이 조금씩 회복되기 시작했다. 하나님께서 선교 초년생의 부족함을 용납하시고 받으셔서 사용하신 것을 생각하면 감사가 된다. 이때부터 하나님께서 나로 하여금 적극적인 믿음을 갖도록 훈련시키셨다.

적극적인 믿음을 위해 적극적이고 긍정적인 생각을 훈련할 필요가 있었다. 생각도 훈련과 반복을 요구했다. 나는 부정적인 생각과 말을 버리는 훈련을 의식적으로 했다. 계속적으로 긍정적인 생각과 믿음에 의한 생각을 하는 습관을 배양했다. 류태영 박사는 생각도 근육과 같이 훈련과 연습이 필요하다고 역설한다.

"생각도 근육과 마찬가지로 훈련과 연습으로 키워진다. 처음에는 힘들더라도 의식적으로 부정적인 생각을 밀어내려는 의지적 결단이 필요하다. 그런 훈련을 계속하다 보면 부정적인 생각이 차츰 줄어들고 긍정적인 생각들로 채워질 것이다. 긍정적인 생각으로 마음의 물 고랑을 만들어 놓으라. 그 속으로 희망, 성공, 기쁨, 승리가 흘러 들어올 것이다. 그러나 부정적인 물고랑 속에는 실패와 좌절, 절망과 슬픔, 패배와 낙심, 미움과 시기가 몰려들게 마련이다. 부정적인 생각의 끝은 불행이다. 내 삶의 방향을 이끄느냐는 결국 내 마음의 물줄기를 어디로 트느냐에 달려 있는 것이다."[37]

믿음에 있어서도 생각이 중요하다. 거룩한 신앙은 결국 거룩한 생각에서 나온다.

"거룩한 신앙은 신령한 생각에서 나온다. '대저 그 마음의 생각이 어떠하면 그 위인도 그러한즉'이라는 말씀처럼 생각은 그 사람의 됨됨이를 드러낸다."[38]

거룩한 생각도 하나님의 은혜이다. 하나님의 은혜 아래에서 이것을 훈련하는 것은 나의 할 일이었다. 나는 이때부터 하나님을 찾는 습관과 함께 말씀에 합당하게 생각하는 습관을 배양하기 시작했다. 기도하기만 한 것이 아니라 기도한 대로 믿는 것을 훈련했다. 또한 말에 있어서 부정적인 말보다 긍정적으로 말하는 습관을 계속해 나갔다. 내 안에 서서히 건전한 자신감과 자부심이 형성되기 시작했다. 연길에서의 삶은 주님 안에서 적극적인 믿음으로 스스로 서는 것을 배우는 소중한 시기였다.

연길에서도 육체적인 어려움과 정신적인 연약함 등으로 말미암아 나는 여전히 끊임없이 마음으로 하나님을 찾는 삶을 살았다. 계속되는 마음의 기도가 있었다. 마음의 기도는 전능자의 기운을 불러 일으킨다. 전능자의 기운이 들어오면 소성하고 회복되는 역사가 생긴다(욥 33:4).

성령 즉 전능자의 기운이 나의 생각의 영역을 회복시키셨다. 생각은 나의 말과 행동을 변화시켰다. 부정적인 생각과 말에서 긍정적인 생각과 말로 변화시켰다. 감당하기 어려운 장애를 뚫고 나아가게 했다. 하나님을 찾을 때 성령께서 역사하여 생각의 영역에 있어 회복을 가져 오신 것이다. 성령님은 지식의 영이요, 지혜의 영이요, 생각의 영이요, 깨닫게 하시는 영이요, 생각을 변화시키는 영이시다. 하나님을 지속하여 찾을 때 우리는 성령의 인도를 따르게 된다. 성령을 추구하게 된다. 성령을 추구할 때 우리는 육신적인 생각을 극복하고 성령의 생각으로 변화하게 된다. 성령에 의한 생각이 우리를 이끌어 갈 때 우리에게는 생명과 평강이 찾아온다.

"육신을 따르는 자는 육신의 일을, 영을 따르는 자는 영의 일을 생각하나니 육신의 생각은 사망이요 영의 생각은 생명과 평안이니라"(롬 8:5-6).

포항에서의 7년간 하나님을 찾을 때 하나님께서는 환경적인 문을 여시고 환경을 회복시켜 주셨다. 반면에 연길에서는 생각과 믿음을 회복시켜 주셨다. 부정적인 생각에서 긍정적인 생각으로 바꾸어 주셨다. 의심에서 믿음으로 변화시켜 주셨다.

25

풍성한 열매

일이 형통한 것이 복이다. 하나님께서 우리에게 주시는 축복 중의 하나는 사명을 완수하는 능력이다. 예수 그리스도의 일꾼에게 있어 사역이 형통한 것은 큰 복이다. 하나님께서는 자신을 찾는 자들에게 모든 좋은 것에 부족함이 없게 하시겠다고 약속하셨다. 그 모든 것 중의 하나가 사역이다. 사역의 열매가 사람이 갖고 있는 재능이나 일 처리 능력에 의해 결정되기보다는 하나님과의 연합의 여부에 의해 결정된다.

"나는 포도나무요 너희는 가지라. 그가 내 안에, 내가 그 안에 거하면 사람이 열매를 많이 맺나니 나를 떠나서는 너희가 아무 것도 할 수 없음이라"(요 15:5).

마음으로 하나님을 찾는 삶은 자연스럽게 예수 그리스도와의 연합의 삶으로 인도한다. 예수님과의 지속적인 연합은 열매를 맺게 한다. 성품의 열매뿐 아니라 영혼의 열매를 맺게 한다. 나는 연길에서 열매를 많이 경험했다. 몸이 허약하고 여러 가지 일이 있었지만 하나님께서 다섯 명의 학생을 붙여 주셔서 그곳에서 제자로 삼을 수 있었다. 아내도 마찬가지로 5명 정도의 여학생을 붙여 주셔서 임신한 상태에서 한어를 배우면서 제자 삼는 사역을 계속했다. 북경으로 사역지를 옮겼을 때는 하나님께서 우리로 하여금 보다 풍성한 열매를 경험하게 하셨다.

북경으로 사역지를 옮겼을 때 처음 계획한 대로 청화대학교에 가지 못했다. 마지막 단계에서 청화대에서 거절을 하게 되었고 한국에서 지도교수이신 제 교수님의 도움으로 북경의 한 국가 중점대학교 방문학자의 신분을 얻게 되었다. 집은 학교 근처의 퇴직 공산당원들이 사는 아파트에 있었다. 학교와 집은 북경의 유명 학교들이 모여 있는 지역이었다. 학교는 모두 넓었고 녹지가 많았다. 연길에 비해서 환경이 너무 좋았다.

북경으로 올 때 두 자매가 우리를 따라왔다. 한 자매는 아내의 한어 가정 교사였던 H자매였다. 그녀는 연변에서 대학교를 졸업하고 국가가 분배하는 직장을 포기하고 아내를 따라왔다. 북경에 오기 전 H자매는 예수님을 영접했다. 공산주의 사상에 깊이 사로잡혀 있던 자매는 아내를 만나서 교제하면서 새로운 세상에 대해 눈을 뜨기 시작했고 결국 예수님을 영접했다. 그리고 더 예수님을 배우기 위해 따라가겠다고 나섰다. 우리는 경제적으로 아무런 것도 보장할 수 없다고 했지만 믿음으로 따라가겠다고 하여 함께 북경에 왔다. 북경에서 H 자매는 한국인들에게 한어를 가르치는 교사가 되었다. 그리고 우리 집을 드나들면서 가사일을 도왔다. 다른 한 자매는 S자매였다. 이 자매는 맨 처음 연길에 도착했을 때 만났던 자매였다. 이 자매도 곧바로 한국인 회사에 취직하였다. 두 자매가 함께 우리 집 근처의 한 자취방에서 생활했다. 그리고 우리 집을 드나 들면서 아내와 성경을 공부하며 교제를 했다. 또한 가사 일을 도왔다.

북경에 도착한 지 6개월 후에 아내는 둘째 아이를 출산하기 위해 한국에 다시 나갔다. 은영이를 출산한 후 곧 북경으로 돌아왔다. 우리는 네 식구가 되었다. 귀여운 아들과 딸과 함께 우리 부부는 화목하고 행복한 가정을 이루게 되었다. 우리가 북경에 갔을 때 한국과 중국의 과학기술의 교류를 위해 박사후 과정을 지원하는 프로그램이 생겼다. 1년씩 지원해 주는 프로그램이었다. 나는 포항공대 지도교수님의 추천을 받아 신청하여 지원승낙을 받았다. 당시 생활비로서 충분한 액수를 지원받았다. 나는 이후 2년간 계속 지원을 받게 되었다. 경제적으로 신분적으로 안정한 가운데 사역을 할 수 있었다. 이것이 하나님의 은혜였다.

우리에게 필요한 것은 선교사로서 중국어를 배우는 것이었다. 정식 학교는 들어갈 수 없었고 사설학원에 다녔다. 아내는 연실에 이어서 계속 중국어를 배웠다. 나는 오전에 중국어를 배우고 오후에 실험실에 나가 중국 교수와 학생들과 함께 연구를 했다. 학원에서 배우는 것보다 학생들과 함께 실생활 속에서 배우는 것이 더 많았다.

우리는 북경에서 정서적인 쉼을 누릴 수 있었다. 아내와 함께 캠퍼스를 산책하며 대화를 하는 것이 큰 즐거움 중의 하나였다. 우리는 유모차 두 대를 한 사람이 하나씩 끌면서 캠퍼스를 거닐며 자주 대화도 하고 기도도 하였다. 우리는 서로 모든 것을 나누었다. 아이들 양육에 대해, 재정에 대해, 언어에 대해, 건강에 대해, 서로 간에 대해, 그리고 사역에 대해서도 자세히 나누었다.

우리는 아침에 번갈아 가면서 운동을 시작했다. 연길에서는 바깥에서 운동하기가 어려운 환경이었다. 그러나 북경은 공기도 훨씬 좋았고 숲도 많아 운동하기에 좋았다. 나는 조깅을 시작했는데 이후로 10년간 거의 매일 조깅을 했다. 여전히 건강은 좋은 상태가 아니었다. 그러나 좋은 환경과 정서적인 안정과 운동으로 말미암아 건강이 조금씩 조금씩 좋아지는 것을 느꼈다.

출산 후 중국에 들어 온지 얼마 되지 않은 날, 아내는 갑자기 나에게 청화대 캠퍼스에 가서 기도하자고 제안했다. 어느 날 우리는 중국에서 가장 유명한 이공계 대학인 청화대를 자전거를 타고 방문했다. 그리고 그곳에서 함께 기도했다. 영혼들을 달라고 기도했다. 기도하고 도서관을 방문했는데 거기에서 한 학생을 만났다. 매우 친절했다. 우리를 도와주고 싶어했다. 그의 이름은 H였다. 청화대에는 테니스 코트가 여러 면이 있었는데 H는 테니스에 관심이 많았다. 나는 대학시절 휴학하고 있었을 때 테니스를 여러 달 레슨 받은 적이 있었다. 내가 H에게 테니스를 가르쳐 주겠다고 하니 매우 좋아했다. 매주 토요일 아침 아내와 나는 함께 청화대에 가서 H와 그의 친구와 함께 테니스를 치고 그곳에서 아침을 함께 먹었다. 그리고 일 년간 서로 내왕하며 계속 사귐을 가졌다. 그들은 외국인과 사귀는 것에 대해 매우 기뻐하고 있었다.

일 년간 사귄 후에 우리는 그들이 복음에는 별로 관심이 없는 것을 보고 새로운 전략을 짰다. 중국어 교사를 채용하여 중국어를 배우는 동안 복음을 전하기로 마음 먹었다. H와 그 친구에게 과에서 중국어 교사를 구하는 광고를 이메일로 해 달라고 했다. 여러 명이 지원을 했고 우리는 한 사람 한 사람 면접을 본 후에 기도하고 결국 J를 선택했다.

J는 매우 친절했다. 우리는 수업을 마치고 늘 함께 식사를 했고 식사를 하면서 먼저 기도했다. J는 곧바로 기독교에 대한 관심을 표명했다. 우리를 만난 후 무언가 다른 삶을 느꼈고 나름대로 교회도 찾았고 성경도 구입해서 읽는 것을 알 수 있었다. 나는 공부할 때 일주일에 하루는 성경을 함께 읽자고 했다. 그는 흔쾌히 승낙했다. 얼마 후에는 기독교 복음을 알고 싶어서 전도용 성경공부를 시작하게 되었다. 전도용 성경공부를 하는 가운데 5주 만에 그는 예수님을 영접했다. 북경에 온 지 1년 만에 얻은 첫 열매였다.

아내는 H자매와 S자매를 도왔다. 이 두 자매는 아내가 연길에서부터 도왔던 자매들이었다. 이들은 우리가 북경으로 올 때 모든 것을 버려두고 주님을 배우겠다고 따라온 자매들이었다. 특별히 H자매는 순전하게 따랐다. 그녀가 하나님 앞에 자신을 드리는 은혜의 기회가 있었다. H자매의 동생이 연길에서 대학교를 졸업할 때였다. 그녀는 국가의 규정을 따라 국가가 지정한 곳으로 가야 했다. 대부분 시골이었다. 동생은 연길에 남고 싶었다. 그렇게 하려면 관련 공무원에게 뇌물을 주어야 했다. 그 돈을 언니인 H자매에게 요구했다. 한국인이 가까이에 있기 때문에 융통할 수 있다고 생각한 것 같다. H자매가 우리에게 사정을 이야기했다. 나는 여러 날 기도하고 생각했다. 그리고 그 돈이 우리에게 그다지 큰 액수가 아니었지만 도와주지 않기로 결정했다. 우리를 의뢰하지 않고 하나님을 의뢰하는 믿음을 도와 주어야 한다고 생각했기 때문이었다. 아무리 그것이 문화라 할지라도 그것은 그 동안의 우리가 가르쳐 온 말씀과 모순되는 것이었다. 또한 돈을 앞세워 선교하는 것은 옳지 않다고 생각했다.

H자매에게 우리의 의사를 설명했다. 자매는 매우 어려워했다. 아내

는 자매와 하루 종일 말씀을 나누며 함께 기도했다. 자매는 기도한 후 믿음으로 행하고자 마음을 정했다. 언니가 도와줄 수 없다는 말을 듣고 언니와 관계를 끊겠다는 말까지 했다고 한다. 그 이후에도 H자매는 계속 동생의 요구를 받았고 어려워했다. 우리는 끝까지 믿음으로 도움을 주지 않았다. 어느 날 놀라운 일이 생겼다. 김 자매의 동생은 언니의 도움을 포기하고 직접 관계된 공무원을 찾아 사정을 설명했다. 아무리 설명해도 그 공무원은 도와주지 않았다. 동생은 오전 내내 떠나지 않고 요구했다. 그러던 중 점심 즈음에 한 공무원이 들어왔다. 그는 담당 공무원의 상관이었다. 그는 자매의 동생을 알아 보았다. H자매의 동생은 예전에 그 상관의 딸의 가정교사를 한 적이 있었던 것이다. 사정을 말했더니 담당자에게 연길에 남도록 허가해 주라고 명령을 내렸다. 은혜가 임한 것이다. 게다가 또 한 가지의 경사가 났다. 갑자기 H자매의 집에 수천 달러의 큰 돈이 우편으로 보내어졌다. 몇 년 전에 러시아로 가면서 아들을 맡기고 갔던 삼촌이 이제야 약속한 돈을 보내왔던 것이다. 그 돈은 동생이 원했던 돈의 열 배가 되는 돈이었다. 이 가정에 모든 문제가 해결되었다. 이것을 통해 H자매는 하나님의 뜻을 따르는 것이 얼마나 중요한 것인가를 깨닫게 되었다. 말씀에 순종하고 믿음으로 사는 삶이 무엇인가를 체험하게 되었다. 그 후 자매는 하나님 앞에 헌신하기로 결심하였다. 그리고 그 가족 모두가 주님께 나오게 되었다.

 H자매는 이때부터 캠퍼스에서 한족 학생들을 상대로 복음을 전하기 시작했다. 하나님께서 자매들을 약 다섯 명 가량 붙여 주셨다. 그들과 함께 살면서 그들을 양육하기 시작했다. 게다가 우리가 관찰할 때 자매는 공부하는 은사가 있었다. 그래서 우리는 자매에게 대학원 공부를 하도록 권면했다. 지방대학을 겨우 졸업했기 때문에 북경에서 대학

원에 간다는 것은 생각지도 못할 일이었다. 그러나 기도하고 하나님의 약속을 찾고 그 약속을 의지하여 시도해 보도록 했다. 보기에 불가능하고 무모한 일 같아 보였지만 자매는 순종하고 준비했다. 북경의 한 국가 중점대학교 입학을 시도했다. 첫 해에는 실패했다. 그러나 믿음으로 다시 한번 시도했을 때 두 번째 해에는 과수석으로 입학하는 기적과 같은 일이 일어났다. 자매는 대학원에 다니면서 공부를 하는 가운데 복음을 전하고 제자 삼는 일을 계속했다. 이 자매는 하나님의 놀라운 은혜를 경험하며 그리스도의 제자와 일꾼으로 계속 성장해 갔다. 그 자매를 통해 많은 한족 자매들이 구원을 받고 제자로 성장하는 일이 있었다. H 자매는 많은 영적 세대의 디딤돌이 되었다.

그 사이에 나는 J형제를 계속 양육했다. 진보는 느리지만 분명하게 성장해 갔다. 또한 북경대학교 출신 박사생인 W형제를 얻게 되었다. 나는 G형제, W형제, 그리고 다른 몇몇 형제를 계속 양육했다. 우리는 북경에서 매우 풍성한 열매를 경험하고 있었다. 두 번째 해 크리스마스 때는 그 동안 돕던 형제자매들을 우리 집에 모아 예배를 드리고 파티를 했다. 모인 인원이 벌써 30명이나 되었다. 보안상 문제가 될 조짐이 보였다. 모임을 다시 분산해야만 했다.

사역이 형통하였지만 그것은 희생을 요구하였다. 문화가 다른 사람들을 돕는 것은 스트레스를 가중시키는 요인이 되었다. 특별히 깔끔한 성격인 아내는 대충대충 넘어가는 성격인 중국인들을 감당하기가 쉽지는 않았다. 어느 날 고난 주간을 맞아 우리 부부는 하루 동안 금식을 했다. 저녁 때쯤 아내가 갑자기 복통을 일으켜 피를 쏟기 시작했다. 세수대야로 삼분지 일내지 반 정도를 채우도록 피를 토했다. 마침 자매들이 성경공부를 위해 집으로 들어오던 중이었다. 아내를 업고 급히 병원으로 이송했다. 평소에 매우 느리게 입원수속을 하는 중국병원인데 아내의 상태를 보고 응급처치를 해 주었다. 알고 보니 급성 십이지장궤양이었다. 아내는 출산 시 두 번 모두 개복수술을 했고 또한 십이지장궤양으로 피를 쏟는 바람에 몸이 극도로 쇠약해졌다. 결혼 후에 건강을 자랑하던 아내는 출산과 사역으로 말미암아 연약함을 경험해야 했다. 쉼이 필요하게 되었다. 선교사로서 사역의 한 기간인 4년이 지나면서 휴식을 필요로 하였다.

하나님은 전혀 예상하지 못한 사건을 통해 우리를 휴식의 길로 인도하셨다. 하루는 포항공대 교수님이 내가 다니던 학교를 방문했다. 나는 그를 도왔다. 그 교수님은 믿지 않는 분이었고 선교가 무엇인지 모르는 분이었다. 학교 관계자들이 있는 자리에서 내가 선교사라고 말했다. 그는 나를 위해서 한 말이었다. 분위기가 싸늘해졌다. 아무 말도 하지 못했다. 나는 더 이상 그 학교에 있을 수 없었다. 다음 해에 체류 연장을 할 수 없는 처지가 되었다. 결국 학교를 나가야 했다. 나는 당시에 전문가로서 연구면에서 여러 해 뒤쳐져 있었기 때문에 자기 개발이 필요한 시기이기도 했다. 정부 지원을 얻어 미국에 일 년간 연구를 가는 계획을 생각했다. 또한 돕던 J형제, W형제도 박사과정을 마치기 때문에 함께 기도했다. 미국에 박사후 과정을 갈 수 있는 문을 열어 주시도록 기도했다. 하나님께서 신실하게 우리의 기도에 응답하셨다. 세 명 모두 미국에 박사후 과정의 자리를 얻었다. 중국 형제들은 학교의 장학금을 얻었고, 나는 한국 정부의 장학금을 얻었다. 더욱이 W형제는 나와 같은 시카고 소재의 노스웨스턴대학교에 가게 되었다. W형제는 입학허가가 나고 미국에 가는 사이에 결혼을 하게 되었다. 자매는 아내가 돕던 J자매였다.

J형제는 하와이대학교로 갔다. 이후에도 우리는 계속 전화로 교제했다. J형제는 후에 결혼을 하고 신학을 공부했다. 졸업 후 국제선교단체의 중국과 대표가 되어 중국으로 돌아갔다. H자매도 학업을 마치고 박사가 되었고 계속 사역에 전념하여 리더가 되었고 중국 형제와 결혼을 하게 되었다. 하나님께서 왕들이 나의 허리에서 나오겠다고 하신 약속의 일부가 이들 형제 자매들을 통해 이루어지고 있다.

북경에서의 3년 동안 우리는 역동적인 공예배를 제대로 드리지 못했다. 다른 선교사들과의 영적인 교제가 활발하지 않았다. 자연히 우리의 영적인 공급이 제한적이었다. 우리의 영적 생활이 그다지 활력을 얻지 못했다. 그러나 그 가운데서 부부가 함께 기도하고 함께 사역에 대해 의논하며 팀워크를 이루었다. 아내와의 팀워크는 우리 사역을 매우 효과적으로 만들었다. 영적으로 메마름을 경험했지만 부부의 팀워크만 제대로 된다면 얼마든지 사역을 할 수 있다는 확신을 이때 얻게 되었다.

영적으로 어려운 가운데 그래도 삶과 사역을 지탱할 수 있었던 가장 큰 힘은 여전히 하나님과의 교제였다. 평소에 하던 대로 늘 아침마다 정한 시간에 조용히 홀로 기도를 했다. 기도를 하면서 이렇게 메마른 심령으로 하는 기도도 들으실까 하는 의구심을 가지고 기도했었다. 그러나 뒤돌아보면 하나님은 그 메마른 영혼의 상태에서 드리는 모든 기도에 응답하셨다. 하나님은 작은 신음에도 응답하시는 분이셨다.

포항에서의 기간이 제자로서 부름 받은 시간이었다면 중국 연길과 북경에서의 기간은 스스로 일을 하는 일꾼으로서의 기간을 보냈다. 연길에서는 제자에서 일꾼으로 전환하는 기간이었다면 북경에서의 기간은 효과적인 일꾼으로서 사역을 하며 풍성한 열매를 경험하는 기간이었다. 하나님을 찾는 삶의 과정에서 주시는 좋은 것 중의 하나는 사역의 형통함임을 경험했다. 사역의 형통함 속에서 일하시는 하나님을 경험했다. 우리를 사용하여 일하시는 하나님을 경험하면서 나의 몸과 정신은 점점 강해졌다.

26

놀라운 인도

　그리스도인의 삶은 나그네 삶이다. 하나님의 인도를 따라가면 계속 떠나는 삶을 살게 된다. 죄와 옛 습관으로부터 떠나는 것도 떠남이다. 또한 실제로 물리적으로 육체적으로 떠나는 삶을 살 때가 많다. 선교사의 삶은 더욱 그렇다. 본국에서 선교지로 떠나고 선교지 안에서도 자주 옮길 때가 많다. 떠남은 불안정한 삶을 만든다. 그러나 불안정함 속에서 하나님을 의지함으로 새로운 경험을 하게 된다. 새로운 사역을 한다. 새로운 사람, 새로운 지식과 만난다. 주님을 새롭게 만난다. 이전에 경험해 보지 못한 것들을 경험하게 된다. 떠나지 않았으면 경험하지 못할 많은 것들을 떠남을 통해 경험하게 된다.
　우리 온 가족은 중국을 떠나서 잠시 한국을 거쳐 1998년 9월 말 불안한 마음으로 시카고 오헤어 비행장에 내렸다. 앞길에 대해 보장된 것이 없었다. 1년 동안 노스웨스턴에서 박사후 과정을 마친 후 정해진 것이 전혀 없었다. 때는 한국의 경제적인 위기가 가장 고조에 달했던 IMF 구제금융을 받던 혼란스러운 시절이었다. 달러대 원화의 환율은 두 배로 뛰었다. 우리는 환율이 높아져서 한국과학재단의 지원금이 반토막 났다. 당초에 한국과학재단에서 지원받기로 했던 돈은 달러로 1,500불에 해당하는 돈이었으나 한국 돈으로 지원을 받기로 되어 있었기 때문에 실제 수령액은 월 700불 정도였다. 그 동안 가지고 있던 아내의 퇴직금을 모두 보태고 전 재산을 모아 미국으로 갔다.

노스웨스턴대학교는 중부 명문으로서 미시간 호숫가에 있었다. 노스웨스턴대학은 나의 전공인 재료공학분야에 있어 MIT 다음으로 미국 및 세계에서 두 번째로 학문적 명성이 있는 학교였다. 우리는 학교가 있는 에반스톤에 아파트를 얻었다. 에반스톤은 조용하고 깨끗하고 아름다운 도시였다. 중국에서 생활하던 우리에게는 너무 쾌적한 환경이었다. 환경이 너무 좋아 아내에게는 큰 쉼이 되었다. 영찬이 은영이도 좋아했다.

학교에서의 연구생활은 매우 힘난했다. 나는 영어가 서툴렀다. 서툴른 영어 때문에 학교에서 실험을 하다 실수를 했다. 그 후부터 내게 실험을 더 이상 시키지 않았다. 그 교수님은 실수를 용납하지 않는 철저한 분이었다. 또 유대인 특유의 철저함과 엄격함을 가지고 있었다. 눈에는 눈, 이에는 이로 반응하는 것 같은 느낌을 받았다. 나의 작은 실수를 목격한 유대인 교수님은 이후부터 결코 내게 일을 시키지 않았다. 나는 그저 실험실에 앉아서 동료들과 이야기하거나 도서관에서 지내다가 돌아오곤 했다. 과학재단에서 지원을 받기 때문에 1년 안에 연구를 해서 논문을 학술지에 실어야만 했다. 나는 매우 난감한 상태에 있었다.

중국에서 W형제 부부가 함께 왔기 때문에 그들을 계속 영적으로 돌보는 역할을 감당해야 했다. 우리는 함께 타이완 교회에 다녔다. 그러나 이들 부부는 결혼 생활에 적응하지 못하고 부부싸움이 그치지 않았다. 나중에 J자매는 교회와 우리 교제를 떠나 구원파 교회를 다니게 되었다. 이들을 돕는 것이 우리들로서는 너무 큰 짐이 되었다.

그러나 나는 W형제를 돕다가 중국어를 깨우치는 은혜가 있었다. 자주 만나 중국어로 교제하고 기도하였다. 때로는 기도가 나오지 않아 고통스러웠다. 그러던 어느 날 교제 후에 함께 중국어로 기도를 했다. 기도 후에 내 마음 속에 갑자기 중국어를 할 수 있다는 자신감이 생겼다. 두려움이 사라진 것이다. 이날 이후에 나는 중국어를 하는데 있어 큰 진전을 이루었다. 중국말을 할 줄 아는 사람이 된 것이다. 1999년 미국을 떠난 후 지금까지 중국어를 더 이상 사용하지 않았다. 그러나 나는 아직도 중국어를 말하고 들을 줄 안다. 영어 표현에 "pick up the language"라는 표현이 있는데 나는 이 표현이 의미하는 바가 무엇인지 잘 알게 되었다. 나는 비로소 중국어를 "pick-up"한 것이었다.

미국에서 6개월 정도 보냈을 때 다음 해의 진로가 걱정뇌었다. 나는 다시 중국으로 가고자 했으나 중국으로 들어갈 방법이 없었다. 이제 선교사로서 섬길 길이 막혀 있었다. 아울러 다음해부터 경제적인 공급원이 사라지게 되었다. 살길이 막막했다. 그 가운데서 나는 어쨌든 중국에 보다 쉽게 들어가기 위해 전공을 컴퓨터로 바꾸고자 했다. 다시 석사학위 공부를 하려 했다. 한국과 미국의 교수님들로부터 추천서를 받아 시카고의 드 폴(De Poul) 대학교에 입학원서를 제출했다. 아무런 대책이 없는 상황에서 단순히 믿음으로 시도했다. 아내는 옆에서 자신의 전공을 가지고 직업을 얻을 생각을 왜 안 하느냐고 했다. 나는 "마흔이다 된 나이에 누가 나를 고용하겠느냐"고 대답했다. (당시 나의 나이는 서른 일곱이었다.) 아내와 나는 아이들을 바라보고 그들을 키울 것을 생각하며 탄식하고 있었다. 그러나 우리는 여전히 하나님께 기도했다. 공급에 관한 약속인 로마서 8장 32절을 붙잡고 기도했다. "자기 아들을 아끼지 아니하시고 우리 모든 사람을 위하여 내 주신 이가 어찌 그 아들과 함께 모든 것을 우리에게 주시지 아니하겠느냐"(롬 8:32).

하나님은 우리를 기가 막힐 웅덩이에서 건지시는 분이시다. 그리고 자신을 찾는 자에게 좋은 것을 주시는 분이시다. 어느 날 내게 한 통의 이메일이 날아 들어왔다. 삼성그룹에서 사람을 리쿠르팅하는 이메일이었다. 이 메일이 왜 나에게 왔는지 어떻게 왔는지 알 수 없었다. 삼성에서 전문연구원을 모집하는 광고였다. 모집 분야가 나의 전공과 정확히 일치했다. 나는 이메일을 다른 한국 학생들에게 전달했다. 그리고 혹시나 해서 응모하였다. 며칠 되지 않아 인터뷰 요청이 왔다. 두 군데에서 인터뷰를 하자고 했는데, 하나는 삼성전자였고, 다른 하나는 삼성SDI였다. 양쪽의 인터뷰에 응했다. 삼성SDI에서 채용하겠다는 연락이 곧 왔다. 조건이 파격적이었다. 박사급 책임연구원으로서 제안을 받았다. 그 동안 박사 졸업 후의 모든 경력을 인정하겠다고 했다. 중국에서 있었던 경력도 인정이 되었다. 전세금을 제공해 준다고 했다. 또한 이사 비용과 귀국 비행기 값이 모두 제공되는 조건이었다. 우리는 선교본부에 알리고 의견을 물었다. 이규원 간사님 부부가 미국으로 직접 오셨고, 우리는 교제와 기도를 통해 하나님의 뜻을 분별하게 되었다. 선교본부에서는 우리를 귀국하도록 허락해 주었다. 우리는 다시 삼성을 통해 다시 중국으로 가서 사역을 한다는 계획을 세우게 되었다.

나는 나이 때문에 불가능하다고 생각했는데 하나님은 나이를 초월하여 일을 행하시는 분이셨다. 아브라함이 75세였을 때 부르셨던 것처럼 하나님께서는 나이가 그다지 큰 장애가 되지 않았다. 놀라운 방법으로 일하셨다. 나중에 안 일이지만 바로 1주일 전에 삼성의 이건희 회장께서 임직원을 모아놓고 "지금같이 어려운 시기가 사람을 리쿠르팅할 좋은 기회이니 미국으로 가서 사람들을 초빙해 오라"고 말했다고 한다. 명령이 떨어지자마자 이사진들이 급히 미국으로 들어오게 되었고, 미국의 유명대학교에서 설명회와 인터뷰를 하게 된 것이다. 마치 나를 위해 만든 제도 같은 인상을 받았다. 아무튼 어려움에서 건지시는 주님께 감사드리게 되었다. 또한 자신을 찾는 자들에게 좋은 것으로 주시는 주님을 경험하게 되었다. 하나님은 참으로 선한 길로 인도하시는 분이셨다.

연구 일도 형통하게 해결되었다. 유대인 교수는 내게 일을 시키지 않았기 때문에 부득이 다른 지도교수님을 찾았다. 한 한국인 학생을 통해 물리과 교수 캐터슨 박사를 소개 받았다. 그는 백인으로서 유명한 물리학자였다. 그는 나를 환영했고 자신의 실험실의 장비를 사용할 수 있도록 허락해 주었다. 연구할 수 있는 기회를 얻어 감사했다. 연구할 시간이 부족했지만 하나님께서 지혜를 주셨다. 샘플을 제조하기 어려운 상황이었는데 포항공대 제 교수님께 연락하여 샘플을 부탁했다. 교수님은 샘플을 곧바로 보내 주었다. 나는 캐터슨 박사의 연구 테마를 빨리 익히고 나의 지식과 연결하여 새로운 실험을 하게 되었다. 실험은 성공했다. 곧바로 논문을 쓰고 지금까지 발표했던 잡지보다 더 권위 있는 잡지에 기고를 했다. 곧바로 승인이 되었다. 하나님께서 형통하게 길을 여셨다. 캐터슨 교수도 매우 좋아했다. 일이 성사 되지 않았지만 캐터슨 교수님은 포항공대 제 교수님과 협력연구의 의향을 비추기도 하였다. 그 실험실에 있던 한국인들도 자신들의 면목을 세워 주었다고 기뻐했다.

처음에 시카고에 도착했을 때 우리는 매우 불안정한 상태였다. 나와 아내는 여느 때처럼 하나님을 의지했다. 미국이라는 새로운 환경에 적응하는 것은 많은 영적 에너지를 필요로 했다. 교수와의 갈등, 형제자매와의 갈등, 그리고 불확실한 미래 등으로 인해 많이 지치기도 했다. 그러나 주님은 우리와 함께 하셔서 모든 갈등과 불안을 극복하게 하시고 결국에는 평안과 쉼을 주셨다. 환경에서 오는 쉼이 있었다. 또한 마지막에 상황을 역전시키시는 하나님을 경험하면서 쉼을 누릴 수 있었다. 한국으로 가기 전에 우리 가족은 모두 나이아가라 폭포에 함께 갔다. 거기에서 우리를 연변과기대로 가도록 다리 역할을 했던 이임식 박사 가족을 만났다. 가벼워진 마음으로 대자연을 보면서 휴식을 만끽했다. 아내는 북경에서 십이지장 궤양으로 큰 고생을 했던 터라 쉼이 필요했는데 시카고에서의 생활은 아내에게 많은 쉼을 제공해 주었다. 하나님께서 우리를 위해 안식년을 예비하신 것으로 생각하며 감사했다.

나의 심령은 점점 강해져 갔다. 중국에서의 여러 어려움을 잘 극복하면서 강해졌고 또한 미국에서 또 다른 적응훈련을 통해 한층 내면이 강해졌다. 기도를 통해 성령의 충만이 경험되고 또한 고난을 통과하면서 심지가 단단해졌다. 우울증이나 불면증은 이제 다시 나를 찾아오지 않았다.

포도나무와 가지
(요 15:5)

오영례

나는
주님으로부터
수액과
충만을 받아내려
얼마나 몸부림쳤던가.

주님은 포도나무요
나는 가지,
주님의 지체요,
주님의 살과
뼈의 일부이니

뿌리만이 아니라
줄기, 가지, 잔가지,
잎사귀, 꽃, 열매 등
나무의 모든 것이
나의 것이네.

주님은
나에게
양분이시요,
햇빛이시며
공기와 비가 되시니

내가 그토록
꿈꿔 왔고
바래 왔고
필요로 해 왔던 것,
주님이시네.

6장
고립과 회복

27

성숙을 위한
중년기의 흔들림

　빛은 어두움 속에서 드러난다. 하나님께서 천지를 지으실 때 땅에는 먼저 혼돈과 공허와 흑암을 지으셨다. 그리고 나서 빛을 만드셨다. 질서가 생기기 전에 먼저 혼논이 있다. 충만함이 오기 전에 공허가 있다. 밝음이 있기 전에 어두움이 있다. 이는 빛을 빛이 되게 하기 위함이다. 빛은 우리에게 아름다움을 가져다주고, 창조의 신비를 드러나게 해 주며, 기쁨을 가져다 준다. 빛을 만드신 후에 하나님도 그 빛을 보시고 기뻐하셨다.

　우리의 영혼 속에서도 빛이 비추어지기 전에 먼저 어두움이 온다. 영혼의 어두움의 시기는 빛을 준비하기 위한 기간이다. 영혼의 어두움은 드러나기 전에 감추어지는 기간이다. 요셉은 보디발 장군의 집과 감옥에서 감추어져야 했다. 모세는 드러나기 전에 광야에서 40년 동안 감추어져야 했다. 여호수아가 민족의 지도자로서 드러나기 전에 그는 늘 모세의 시종이 되어 모세를 좇아 다니는 기간을 거쳐야 했다.

영혼의 어두움의 시기는 주목 받지 못하는 시기이다. 외로운 시기이며 쓸쓸함의 시기이다. 인내가 요구되는 시기이다. 감추어지는 시기이다. 하나님도 예수님을 준비시키기 위해 감추시고 숨기시는 기간이 있었다.

"내 입을 날카로운 칼 같이 만드시고 나를 그의 손 그늘에 숨기시며 나를 갈고 닦은 화살로 만드사 그의 화살통에 감추시고 내게 이르시되 너는 나의 종이요 내 영광을 네 속에 나타낼 이스라엘이라 하셨느니라"(사 49:2-3).

예수님뿐 아니라 주의 일을 하는 주의 종, 즉 영적 지도자들은 하나님의 영광을 드러내기 전에 먼저 감추어지고 숨겨지는 기간을 거치게 된다.

풀러신학교 로버트 클린턴 교수는 영적 지도자들의 삶 속에서 특별히 감추어지는 시기를 '고립의 시기'라는 명칭을 붙였다. 이는 광야 생활(wilderness time)의 다른 이름이 고립(isolation)이다. 그는 고립을 정상적인 사역의 환경에서 벗어나는 기간으로 정의하였다.

"고립이란 한 지도자를 일정기간 동안 정상적인 사역의 환경으로부터 떼어내는 것을 의미하며 이는 새로운 방법으로 혹은 더 깊은 차원에서 하나님을 경험하도록 하기 위한 것이다."[39]

내게 있어 한국으로 돌아가 삼성에서 직장 생활을 하던 시기는 바로 이 고립의 시간들이었다. 환경적으로는 안정적이고 편안했지만 영적으로는 외로운 시간들이었다. 하나님의 인도하심으로 우리 가족은 삼성 SDI 연구소가 있는 수원에 집을 얻어 정착을 했다. 회사에서는 박사급 책임연구원으로서 좋은 대우를 받았다. 인재들이 모인 집단이었고 좋은 첨단 시설에서 연구를 하고 실험을 할 수 있었다. 그러나 마음 속에는 의구심이 계속 따라다녔다. "내가 선교사로 헌신한 사람인데 이렇게 좋은 환경을 누려도 되나?" "무언가 잘못 온 것이 아닌가?" 하는 생각이 계속 나의 마음을 떠나지 않았다.

하나님께서 한 번은 나의 이러한 내적인 고민을 아시고 내게 말씀을 주시며 위로하셨다. "내가 결코 너희를 버리지 아니하고 너희를 떠나지 아니하리라 하셨느니라"(히 13:5하). 이 말씀을 통해 선교를 하다가 그만두고 돌아왔을지라도 예수님께서 결코 나의 곁을 떠나지 않고 나와 함께 하신다는 약속과 함께 큰 평안을 마음 속에 부어 주셨다. 큰 위로가 되었다. 하나님께서 나를 받으신다는 확신은 내게 안정감을 가져다주었다.

직장 생활을 시작하자마자 새로운 문제가 생겼다. 우리가 몸담고 있던 한국네비게이토선교회는 내부적인 갈등을 겪으면서 분리의 위기에 있었다. 해외선교 책임자이신 변희관 목사님과 다른 두 동료지도자인 한 선생님과 오 선생님은 결국 네비게이토를 떠나서 새로운 단체를 만들기로 결정을 하였다. 대부분의 선교사들도 동참하기로 하였다. 새로운 단체의 이름은 "세계로선교회(Every Nation Mission: 약칭 ENM)"였다. 우리도 선교사로서 둘 중의 하나를 결정을 해야 했다. 우리 부부의 직접적인 리더는 포항의 이규원 간사님이었다. 이규원 간사님은 네비게이토에 남기로 결정했다. 우리도 처음에는 지도자를 따라 그냥 남아 있으려 했다. 그러나 점점 마음 속에서 떠나야 하는가, 남아야 하는가 하는 문제로 고민하고 있는 나를 발견하게 되었다. 기도하고 인도하심을 구하는 가운데 떠나서 새로운 단체에 함께 하기로 하였다. 어려운 결정이었는데 성령께서 떠나는 것에 대한 마음을 많이 주셔서 결정할 수 있었다. 우리는 세계로선교회의 멤버로서 활동하게 되었다. 아내는 자신을 키워준 지도자와 다시 함께 하게 되었다. 그러나 나는 13년간 나를 사랑하고 키워준 지도자와 결별을 해야 했다. 이것은 내게 있어 매우 힘든 일이었다.

　새로운 선교회의 다른 분들은 기존의 교제를 그대로 유지한 채 이름을 달리했지만 나는 기존의 교제를 떠났기 때문에 소속감이 매우 적은 상태였다. 게다가 나는 더 이상 선교를 하고 있지 않은 상태였다. 남들이 선망하는 직장에서 박사급 연구원으로 일하고 있었지만 나에게는 그것이 그다지 큰 기쁨과 만족을 주지 못했다. 내가 해야 할 일을 하고 있지 않다는 생각이 나를 떠나지 않았다. 그러나 아내와 아이들과 함께 할 수 있는 시간이 많아 좋았다. 함께 설악산 여행도 가고 놀이공원도 갔다. 즐겁게 놀다 돌아올 때면 나의 영혼 한 구석에는 지워지지 않는 허전함과 외로움이 있었다. 이 가운데에서 나에겐 작은 사역을 통해 위로가 있었다. 연길에서 영적으로 도왔던 O형제가 한국에 와서 공부하고 있었다. 그 형제를 중심으로 몇몇 조선족 형제들을 영적으로 돕는 기회가 있었다. (O형제는 후에 북경에 H자매가 이끄는 그룹의 한 자매와 결혼하여 지금까지 계속 사역에 드려지고 있다.) 그러나 여전히 앞으로의 진로는 불투명했다.

　한 가지 희망적인 소식은 연구소에서 나를 앞세워 중국에 연구소를 세우고자 하는 계획을 세우고 있었던 것이다. 삼성으로 올 때 나의 꿈은 삼성을 통해 중국으로 들어가는 것이었다. 그것이 실현되는 것처럼 보였다. 아마 윗사람들이 나를 받을 때는 그것을 염두에 두지 않았나 하는 생각이 들기도 했다. 회사에서는 나를 다른 부장급 연구원과 함께 중국으로 파견을 했다. 현지 조사를 위한 것이었다. 북경에 삼성 중국 법인이 있었고 천진에 SDI공장이 있었기 때문에 우리는 그곳을 차례로 방문했다. 또한 서안과 상해와 청도도 함께 방문했다. 우리는 돌아와서 조사보고서를 제출했다. 회사에서는 당시 연구소를 중국에 세우는 것은 시기 상조라는 결론을 내리고 계획을 백지화했다.

나는 실망했다. 회사의 결정에 실망한 것이 아니라 나의 앞길이 막히게 된 것에 대해 실망했다. 탁월한 연구를 통해 하나님께 영광 돌리고자 하는 것은 나의 궁극적인 목표가 아니었다. 박사학위 때도 연구는 늘 나의 가장 큰 관심사는 아니었다. 선교를 하고 사역을 하는 것이 나의 꿈이요 하나님의 약속이었다. 그렇기 때문에 나의 낙심은 컸다. 육신적으로는 편했지만 영혼은 너무나도 쓸쓸했다.

나의 정체성이 흔들리기 시작했다. 중국으로 가는 길이 막힌 상황에서 "나는 연구원으로 계속 살아가야 한단 말인가?"라고 질문하며 혼동스러워했다. 나 자신의 미래에 대해 생각하기 시작했다. 앞길이 잘 보이지 않았다. 새로운 단체와 함께 하였지만 영적인 관계가 매우 느슨해져 있었다. 역할이 불분명해져 있었다. 나의 존재감이 흔들리는 것을 느꼈다. 한 번은 수양회에 참석하였다. 지난 번 참석 때는 선교사로서 인정받고 워크샵 인도도 할 수 있었는데 이번에는 아무런 역할도 없었고 처음 예수님 믿었을 때처럼 한 멤버로 앉아 있어야 했다. 아내는 쉴 수 있어서 좋다고 했는데 사람들의 인정을 중요시하는 남자인 나는 달랐다. 나의 존재가 사라져가는 것을 보면서 가슴이 아팠고 부끄러웠다.

이 일은 나의 신앙의 동기가 사람들로부터의 인정인가 아니면 하나님으로부터의 인정인가에 대해 심각하게 묻는 계기가 되었다. 신앙의 근간이 흔들리는 것을 느끼며 고통스러웠다.

이러한 고립은 영적 지도자의 시간선에서 매우 전형적인 현상임을 후에 풀러에서 선교학을 배우면서 알게 되었다. 로버트 클린턴 교수로부터 영적인 지도자의 시간선을 배우면서 더욱 분명하게 되었다.

"지도력 전문가인 로버트 클린턴 교수는 그의 저서 『영적 지도자 만들기』에서 영적인 순례의 단계를 설명하였습니다. 그는 많은 성경적 역사적 인물을 연구한 후에 영적 시간선 단계를 만들어 제시했습니다. 그는 한 지도자의 삶이 주권적 기초기, 내적 성장기, 사역 성장기, 생의 성숙기, 수렴기, 후광기로 나뉜다고 설명합니다. 주권적 기초기는 하나님이 주권적으로 준비하시는 시기입니다. 내적 성장기는 기본적인 삶을 훈련하고, 사역을 훈련하는 시기입니다. 대부분 멘토들로부터 배우는 단계입니다. 따르며 배우는 단계입니다. 무엇보다도 속사람이 개발되는 시기입니다. 영적 뿌리를 내리는 시기입니다. 사역성장기는 사역에 진입하고 사역의 결실을 경험하는 단계입니다. 삶의 성숙기는 고립, 갈등, 위기 등을 경험하면서 삶이 성숙하는 시기입니다. 자신의 정체성, 은사와 소명 등이 분명해지는 단계입니다. 수렴기는 하나님께서 한 지도자를 은사에 적합하고 사역 경험에 맞는 역할로 인도하여 사역을 극대화시키는 단계입니다. 후광기는 과업은 없지만 그 동안의 삶을 통해 하나님께 영광 돌리는 시기입니다."[40]

위의 단계 중에서 당시 나는 사역의 성장기와 수렴기 사이인 생의 성숙기를 보내고 있었다. 중국에서 사역의 성장기를 경험했다고 볼 수 있다. 생의 성숙기에 고립의 시기를 겪는 것은 전형적인 과정이었다. 이 과정을 잘 거치면 정체성과 은사와 소명 등이 분명해지고 고유의 사역의 시기로 들어가게 된다.

대부분 이 삶의 성숙기의 고립은 인생의 계절 중에 중년기와 겹쳐서 나타날 때가 많다. 인생의 계절에 있어서 정체감과 존재감의 흔들리는 현상은 중년기를 맞은 사람들의 전형적인 특징이다. 영적인 것이 결부되지 않더라고 인생의 중년기는 흔들리는 시기이다. 흔히 사추기(思秋期)라고 부르기도 한다. 특별히 남자의 마음이 흔들리는 시기이다. 대략 35세에서 45세 사이의 기간이며 요즈음은 50세까지 사추기로 분류하는 경우도 있다. 그 동안 앞만 보고 달려 오다 갑자기 인생의 브레이크가 걸려 주춤하는 시기이다. '중년기의 위기'라는 용어를 사용하기도 한다. 나는 중년기의 위기와 영적인 성숙기의 고립을 동시에 경험하며 통과하고 있었다. 이 시기에는 인내하는 가운데 주님과의 친밀히 교제하는 것이 무엇보다 필요한 시기이다.[41]

나는 당시에 고립에 관한 지식이 없어서 다른 것은 못했지만 그 시기를 인내하는 가운데 하나님의 음성을 듣고자 애쓰며 하나님을 찾는 일에 힘을 기울였다. 이 시기에 나는 늘 하던 대로 하나님과의 교제에 가장 우선순위를 두고, 새벽에 정한 시간에 일어나 두 시간 가량 기도와 묵상의 시간을 보냈다. 때로는 아내와 함께 기도하기도 하였다. 낮에 연구실에서도 늘 주님을 바라보는 삶을 살았다. 포항에서 절박한 가운데 익힌 하나님을 찾는 습관은 이후 어디를 가든지 항상 나와 함께 하였다. 기회가 닿는 대로 전도하는 삶을 살았다. 혼란스러운 상태에서도 나는 주님을 견고하게 붙들었다. 항상 하나님과 교제하며 마음으로 하나님을 찾는 습관은 하나님께서 내게 주신 가장 큰 선물이다. 일평생 동안 어떤 어려움도 이 습관을 통해 극복해 갔다. 한편 결혼 초에 시작한 아내와의 데이트를 아직도 지켜가고 있었다. 매주 한 번씩은 충분히 아내와 대화하는 시간을 가졌다. 어려움을 함께 나누며 함께 어려워하고 함께 즐거워했다.

어느 날 아내와 함께 어느 백화점 식당에서 미래에 대한 계획을 나누었다. 내가 많이 낙심되어 있고 흔들리는 상태에 있는 것을 잘 아는 아내가 의외의 제안을 하였다. 나의 은사 개발문제를 이야기했다. 자신이 생각할 때 나의 은사는 가르치는 것이라고 했다. 아내는 내가 그 방향으로 가려면 신학을 공부하는 것이 좋겠다는 제안을 했다. 자신이 기꺼이 다시 간호사를 해서 뒷바라지를 하겠다는 말을 했다. 나는 도저히 생각해 보지 못한 생각이었다. 나는 내심 무척이나 기뻤다. 현재의 상태에서 벗어나 다시 영적인 일을 할 수 있다는 것을 생각하니 너무 기뻤다. 또한 나의 은사를 개발하는 길을 간다니 너무 기뻤다. 나는 철없이 기뻐했다. 그 길이 얼마나 험난한 길인지는 생각도 하지 않고 그저 좋아했다. 당장 미국 LA에 있는 풀러신학교 선교학 석사과정을 생각했다. 선교를 하지 못한다면 선교학자가 되는 것을 생각했다. 그렇기 위해서는 아내는 미국 간호사 시험에 합격하고 간호사 자격증을 따야 했다.

우리는 그 길을 가기로 결정했다. 당시 아내는 무심코 나를 위로하려고 한 말인데 내가 너무 좋아하는 것을 보고 할 수 없이 그 길을 가기로 결정했다고 한다. 나의 영혼이 다시 생기를 얻었다. 소망과 기쁨이 넘쳐 흘렀다. 준비하는 데 2년 정도 걸리는 일이었다. 영적 지도자이셨던 변희관 목사님과 상의했다. 변 목사님은 미국간호사자격시험에 합격하면 하나님의 사인으로 알고 미국으로 가라고 허락해 주었다. 아내는 곧바로 미국간호사자격시험 준비를 시작했다. 나는 풀러신학교 선교학 과정에 입학원서를 제출했고 입학 허가를 받았다. 선교학 과정은 신학과 선교학이 함께 있는데 신학은 한국의 신학교에서 공부한 것을 인정한다는 것을 알았다. 그래서 한국의 한 작은 신학교에 입학하여 틈틈이 학점을 이수하기로 하였다. 그렇게 되면 시간과 학비를 많이 줄일 수 있었다. 그렇게 시작한 신학석사과정 공부를 모두 마쳤다. 신학석사 학위를 갖게 된 것이다. 아내는 1년 정도 공부하여 미국간호사자격시험에 합격하여 자격증을 갖게 되었다. 미국 이주를 알선하는 업체를 통해 이민 수속을 밟게 되었다. 삼성에 들어간지 만 3년이 되던 2003년에 우리는 미국 이민의 발걸음을 옮기게 되었다. 미국으로 건너가면서 여전히 마음 한 구석에는 내가 옳은 길로 가고 있는 것인가에 대해 계속적으로 자문하고 있었다. 실패에 대한 두려움과 염려가 있었다.

당시 나이 41세에 하는 새로운 도전이었다. 미국으로 가는 비행기 속에서 나는 계속 자문하고 있었다. "내가 과연 옳은 길로 가고 있는 것일까?" "나의 이기심 때문에 미국에 가고 있는 것은 아닐까?" "나이 41세에 새로운 발걸음을 띄는 것인데 실패하면 어떻게 하지?" 하는 질문들이 나의 마음을 떠나지 않았다. 나는 여전히 흔들리는 고립의 터널을 지나고 있었다. 흔들림 속에서도 내가 할 일을 계속했다.

28

하나님과의 특별한 만남

　그리스도인은 언제든지 하나님과 만날 수 있다. 십자가의 은혜로 직접 지성소로 들어갈 수 있다. 하나님과의 교제가 언제든지 어디서든지 가능하다. 매일의 기도 속에서 하나님을 만날 수 있고, 말씀을 묵상하면서 만날 수 있고, 또한 일상의 삶 속에서 하나님과의 대화를 통해 만날 수 있다. 우리의 심령 속에 성령께서 내주하셔서 하나님과의 만남을 인도하신다. 작은 깨달음 속에 하나님의 음성이 있고 우리 심령의 평강과 기쁨을 통해 그분의 미소를 경험하며 살 수 있다. 일상에서 하나님을 만나고 경험하는 것은 성도의 큰 특권이다.

　일상에서 하나님을 경험하고 만나는 것 외에 하나님과의 초월적인 만남이 있다. 보다 신비롭고, 보다 강력하고, 보다 생생한 만남을 의미한다. 가랑비를 맞는 것을 일상에서의 만남이라면 소나기를 만나는 것을 초월적인 만남이라고 비유할 수 있다. 일상에서의 만남에서는 성령의 작은 빛줄기를 경험하는 것이라면 초월적인 만남은 성령의 충만한 영광스러운 광채를 경험하는 것과 같다.

초월적인 만남은 일상에서의 만남과 연결되어 있는 것 같다. 일상 속에서 주님을 꾸준히 찾고 만난 경험이 있는 사람들이 주로 초월적인 만남을 경험하는 것 같다. 매일 매일의 삶 속에서 하나님과 동행한 사람들이 어느 순간 갑자기 찾아오신 하나님과 예수님을 만나는 것이다. 세미한 음성으로만 듣던 하나님의 음성이 이제는 생생한 목소리로 들린다. 그 주님을 마치 대면하여 보는 것 같은 경험을 하게 된다. 갑자기 찾아온 것 같지만 사실은 그렇지 않다. 끊임없는 내적 갈망과 교제의 보상처럼 찾아온다. 댐에 물이 찬 후에 넘쳐흐르는 것과 같다. 잔잔한 기쁨이 변하여 큰 기쁨이 된다.

초월적인 만남에는 황홀함이 있다. 신비로움이 있다. 평생 잊을 수 없는 경험으로 마음 속에 자리 잡는다. 하나님의 훈훈한 인정(acceptance)을 경험한다. 영혼의 새로움이 있다. 넘쳐 흐르는 물이 터빈을 돌려 전기를 일으키는 것과 같이 초월적인 하나님을 만난 사람들은 보다 역동적으로 주님의 일을 감당하게 된다. 이전보다 하나님과 더 친밀해진다. 보다 더 큰 일을 감당하게 된다.

초월적인 만남은 영혼의 어두움의 터널을 통과한 후에 경험할 때가 많이 있다. 고난의 끝에 경험하는 경우가 많다. 많은 영적 지도자들이 삶의 성숙기에서 발생하는 고립 혹은 중년의 위기를 극복하면서 영적인 부흥을 경험하게 된다. 영적인 회복 혹은 영적인 갱신을 경험한다. 로버트 클린턴 교수는 이것을 '신적 확증(divine affirmation)'이라고 명명했다. 그리고 다음과 같이 말했다.

> "신적 확증이란 인생목적에 대한 감각을 얻는 특별한 경험이다. 이 경험을 통해 한 지도자는 하나님의 인정을 확인하게 된다. 이 인정은 지도자로 하여금 궁극적인 목적에 대한 새로워진 감각을 갖게 하며 하나님을 계속해서 섬기도록 하는 새로워진 열망을 갖게 한다."[42]

클린턴 교수의 저서 『지도력 출현 이론』에 의하면 신적인 확증은 내적인 음성, 천사의 방문, 기적, 예언의 말씀, 꿈, 인생에 부어 주시는 하나님의 축복에 대한 감각, 환경의 주권적 섭리 등을 통해 온다. 그리고 이 신적 확증은 하나님을 섬기고자 하는 마음을 새롭게 한다. 특별히 사역의 환경이나 개인적인 환경에 의하여 거절감이 있을 때, 하나님의 용납하심에 대한 확증을 준다. 또한 신적 확증의 경험은 영적 권위를 확장시키는 결과를 가져온다.[43] 이때 대부분 성령의 충만을 경험한다.

예수님은 갈릴리에서 세례 요한으로부터 세례를 받으실 때 하나님의 음성을 들으므로 신적 확증의 경험을 하셨다. 또한 변화산상에서 하나님의 음성을 확인함으로 다시 한 번 경험하셨다. 아브라함은 창세기 12장에서 하나님을 만나 음성을 듣는 경험 이후 25년간 여러 차례에 걸쳐 직접 말씀하시는 음성을 들었다.

나는 언젠가 허드슨 테일러의 전기를 읽으며 그의 신적 확증 장면을 보며 크게 감동한 적이 있다. 전기작가 로저 스티어가 지은 전기에서 "기쁨과 능력의 길"이라는 제목의 장이 그것을 잘 설명한다. 이는 허드슨 테일러가 중년기의 위기와 삶의 성숙기의 고립에서 벗어나면서 경험한 하나님과의 접촉을 묘사한 장면이다. 그는 큰 영적 깨달음을 통해 영적 갈등에서 벗어나 성령충만을 경험하게 되므로 영혼의 회복과 안식을 경험하게 되었다. 넘쳐 흐르는 기쁨을 경험하게 된다. 나는 그 장을 너무도 사랑하여 일생 동안 두고두고 읽는다. 그리고 나에게도 그런 날이 오길 간절히 사모하며 살았다. 어느 순간 내게도 그와 같은 순간이 찾아왔다. 그것은 미국으로 이민 온 직후였다. 영혼의 흔들림을 심하게 경험한 후의 일이었다.

LA에 도착했을 때 일이 순조롭지 않았다. 아내의 간호사 자격증으로 취업이민을 수속 중이었는데 스폰서가 되는 병원이 규모가 작아 재정능력이 되지 않아 이민 수속이 중단되었다. 아내는 일을 할 수 없었고 나 또한 공부를 시작할 수 없었다. 신분이 안정적이지 않았고 시간이 갈수록 가져온 돈이 점점 바닥이 나고 있었다. 환경이 어려워지니 나는 또다시 의심하기 시작했다. 내가 미국에 잘못 온 것은 아닌가? 하나님의 인도하심에 역행하여 내 육신의 뜻대로 온 것은 아닌가 하는 의구심이 생겼다. 실패에 대한 두려움이 생겨났다. 나이 마흔이 넘어 보장되지도 않은 학문의 길을 간다는 것이 무모해 보이기 시작했다. 환경을 바라보면 불안하기 짝이 없었다. 철없이 뛰놀고 있는 두 아이를 바라볼 때면 더욱 그러한 생각이 들었다. 영혼의 흔들림과 어두움은 깊어만 갔다.

이러한 문제를 안고 주님과 조용한 시간을 갖고 싶었다. 미국에 온 지 2개월이 되었을 때부터 나는 매일 집에서 멀리 떨어지지 않는 주대학(USC) 도서실에 가서 오전에 기도와 말씀과 독서의 시간을 가졌다. 하나님과 교제를 할 때는 확신이 들다가도 환경을 바라보면 그 확신은 온데간데없이 사라져 버렸다. 그러는 가운데 성령께서 나의 영혼 깊이 숨어 있는 한 문제를 다루고 계신다는 것을 느끼기 시작했다. 처음에 나는 그것을 그다지 심각하게 여기지 않았다.

다루시기를 원하는 문제로 느끼지 못했다. 단지 인간마다 갖고 있는 약점이요 혹은 기질적인 문제라고만 생각했다. 내가 문제로 인식하게 된 것은 내가 새로운 변화를 시도할 때마다 번번히 인도하심에 대한 하나님의 뜻을 확신하지 못하는 것이었다. 또한 계속 사람들의 인정이 분명하지 않은 것에 대해 갈등하고 있다는 것이었다. 벌써 여러 번 사역의 장소를 옮겼는데 그때마다 일의 시작은 잘하지만 하나님 뜻을 분별하고 결정하는 데 확신이 없었다. 주위 사람의 인정이 분명할 때는 안심하고 하나님의 뜻으로 알지만, 그렇지 못할 때는 항상 흔들리는 나 자신을 보게 되었고 그때마다 아내를 통해 말씀을 보여 주시고 아내의 도움으로 결정하게 하셨다. 아내는 주님 안에서 한 번 결정한 것에 대해 누가 무어라 해도 바꾸지 않고 앞으로 나아가며 상대방을 어떻게든 설득하며 나아가는 리더십이 있었지만 나에게는 이것이 부족하여 늘 흔들렸다. 그때까지 16년 동안 나름대로 열심히 주님과 동행하며 늘 평안 가운데 은혜를 누리며 살았지만 하나님의 뜻을 분별하고 확신하는 면에서 온전하지 못했다. 물론 진보는 했지만 늘 문제로 남았다. 그래서 나는 그저 약점으로만 생각했다. 성령께서 나의 이 약점을 변화되어야 할 부분으로 보여 주고 계셨다.

어느 날 나는 당시에 다니고 있던 LA의 한 교회에서 수요예배 설교 요청받았다. 이 교회는 중국에서부터 오랫동안 친분이 있던 친구 목사 영어예배 담당으로 있던 교회였다. 나의 친구 목사의 아버님이 그 교회 담임목사님이셨다. 내가 선교사 경험이 있다는 것을 아신 담임목사님 설교하도록 기회를 주신 것이다. 처음 하는 설교라 많이 기도하고 준비하였다. 수요일 당일에 나는 여러 목사, 장로, 성도들 앞에서 말씀을 전했다. 떨리지도 않았고, 말이 끊어지지도 않았고, 준비한 대로 무사히 전하고 내려왔다. 사람들의 반응에 민감한지라 표정들을 보니 대체적으로 무덤덤한 것 같았다. 그 중에 축복되었다는 사람도 몇몇 있었다. 나는 망치지 않은 것만 해도 다행이라고 생각하고 감사했다. 그러나 일주일 내내 마음 한 구석이 불편했다. 내 설교의 마지막 부분, 즉 나의 생각을 나눈 부분이 계속 마음에 걸렸다. 잘 생각해 보았지만 그것은 지극히 합리적인 내용이고 많은 사람들이 하는 말이므로 문제가 될 리 없다고 생각하며 무시하려 했다. 내 자신이 지나치게 민감한 것이라고 생각했다.

그러던 어느 날 나는 기독교 서점에서 한 책을 만났다. 그 책은 나의 일생에 있어 중요한 만남으로 인도했고 생애 큰 전환점을 가져오게 했다. 그 책은 강준민 목사님이 지은 『뿌리깊은 영성으로 세워지는 교회』였다. 책의 표지를 보는 순간 언젠가 친구목사에게서 들은 적이 있는 글 쓰는 목사님을 연상하게 되었다. 그 연상은 정확했다. 책을 사서 읽었는데 내게 큰 감동을 주었다. 나는 또 다른 책을 사서 읽었다. 그것은 『마음의 정원을 가꾸는 지혜』였다. 영성에 관한 그의 글은 무언가 신선한 충격을 던져 주었고 내가 갖고 있는 문제에 대해 잘 설명해 주고 있었다. 나는 강준민 목사님에 대해 관심을 갖기 시작했다. 인터넷을 통해 수소문해 보니 LA 동양선교교회에서 시무하고 있었다. 어느 날은 아내와 함께 TV에서 강준민 목사님의 설교를 들었다. 호리호리한 인상의 사람이 말씀을 전하는데 일반적인 목사님에게서 나는 이미지가 아닌 매우 청순하고 우리에게 익숙한 말씀 중심적인 설교를 하고 있었다. 그 설교 중에 자신이 동양선교교회로 인도함 받을 때 하나님의 음성을 듣고 왔다는 간증이 내게는 매우 충격적으로 들렸다. 그리고 나에 대해 생각해 보았다. 나는 하나님의 음성을 듣고 움직인 적이 있는가 하는 자문을 하게 되었다.

다음 날 아침 우리 부부는 여느 때처럼 아침에 일어나 경건의 시간을 가졌다. 그러나 그날의 경건의 시간은 평소와는 달랐다. 구절을 잘못 알고 요한복음 2장을 했는데 예수님께서 성전에서 매매하는 자들을 내쫓는 부분이었다. 주님께서 성전 된 내 안에 소와 양과 비둘기 파는 것이 있음을 지적하시는 것 같았다. 옳지 못한 생각, 인본주의적인 생각이 나의 온전한 예배를 막고 있음을 지적하시는 것 같았다. 느낌이 예사롭지 않았다. 아침을 먹은 후 아내와 나의 생각을 나누었는데 자신도 나의 마음이 어려운 것이 설교와 관련이 있는 것 같다는 생각이 든다고 조심스럽게 말했다. 아내는 아침 말씀 묵상 가운데 "for the Lord"라는 말씀에 마음이 많이 얹혀졌다고 했다. 그러면서 "주님께서 주시는 대로 전하였으면 쉬웠을 텐데. 아마 인간적인 이야기를 한 것이 성령을 근심시켰나 봐요"라고 말했다. 나는 갑자기 마음이 찢어지는 것 같았다. 나는 마음 속으로 탄식하며 외쳤다. "주님, 내가 나름대로 열심히 기도하고 최선을 다하며 준비하였는데도 주님을 기쁘시게 하는 설교를 하지 못했다면 도대체 어떻게 하나님을 기쁘시게 하는 설교를 해야 하는지 나는 모르겠습니다."

나는 다시 여느 때처럼 캠퍼스로 나갔다. 캠퍼스를 거닐면서 기도하며 생각해 보았다. 계속 아내가 한 말들이 생각났다. "for the Lord"라는 말과 "주님께서 주신 말씀으로 전했으면 쉬웠을 텐데"라는 말이 계속 마음을 때렸다. 성령께서 분명하게 잘못을 지적해 주셨다. 그러나 나는 한편으로 반항하고 있었다. "제가 그렇게 기도했는데도 안 보여 주셨으면서 왜 책망하십니까? 제가 무엇을 잘못하였습니까?" 하고 외쳤다. 그러나 그럴수록 나의 마음은 더욱 찢어지듯 아팠다. 내 영혼은 깊이 신음하고 있었다. 뼈가 녹아지고 진액이 마르는 것 같았다. 그 후 나는 이틀에 걸쳐 깊은 영혼의 씨름을 하게 되었다. 그 사이에 성령께서 나의 마음 속 깊이에 있는 인간적인 생각들, 하나님 앞에 죄악 된 냄새 나는 생각들을 들추어 내기 시작하였다. 자신도 의식 속에서 깨닫지 못하는 부분들이었고 성령께서 보여 주시지 않으면 볼 수 없는 것들이었다. 마치 이와 같은 음성들이 마음에 울려 퍼지는 것 같았다. '너의 속에 아직도 네가 가지고 있는 세상 학력과 경력을 자랑하는 것이 있다.' '너는 네가 하고 있는 일들, 즉 열심히 기도하는 것과 경건의 시간을 갖는 것과 그 동안 받아온 영적 훈련들을 나보다 더 의지하고 있다.' '너는 너의 사역의 경험과 선교의 경험들을 나보다 더 대단하다고 생각하고 있구나.' '그리고 하나님을 기쁘시게 하고자 하는 것보다 먼저 눈에 보이는 사람을 기쁘게 하고자 하고 사람의 인정을 먼저 구하고 있구나,' '여전히 인간적인 야망을 마음속 깊이 감추고 있구나,' '나의 인도하심을 믿지 못하고 있구나.' 이 모두는 나 자신도 알지 못하는 저 깊은 마음 한 구석에 숨어 있던 것들에 대한 말씀이었다.

조용하지만 준엄한 성령의 훈계 앞에 나는 굴복하고 자복하지 않을 수 없었다. 시편 51편을 가지고 기도하기 시작했다. "내가 내 죄과를 알겠습니다. 주의 인자와 자비를 좇아 나의 죄과를 도말하시며 사하소서. 내가 주께만 범죄하여 악을 행하였습니다. 나를 정결케 하소서. 내 속에 정한 마음을 창조하시고 내 안에 정직한 영을 새롭게 하여 주옵소서. 주의 구원의 즐거움을 회복시키시고 자원하는 심령을 주십시오. 그리하면 내가 범죄자에게 주의 도를 가르치리니 죄인들이 주께 돌아오게 하겠습니다."

기도를 마쳤을 때 말로 표현할 수 없는 깊은 평강이 내 마음에 밀려

들어왔다. 구원의 즐거움이 샘 솟듯 넘쳐났다. 배에서 생수의 강이 넘쳐 흐르리라는 말씀이 무슨 말씀인지 이해될 정도로 충만함이 밀려 들어왔다. 내가 마치 천국에 있는 느낌이었다. 잠시 있다가 없어지는 기쁨이 아니었다. 그 시간 이후 수개월 동안 나는 베드로가 베드로전서 1장에서 "말할 수 없는 기쁨(inexpressible joy)"이라고 표현한 그 기쁨 속에 살았다.

그 기쁨은 하나님의 인정을 의미했다. 하나님의 사랑이 내 마음에 부어지는 것을 의미했다. 하나님의 받으심과 용납을 의미했다. 나는 더 이상 의심하지 않았다. 하나님의 인도하심을 확신하게 되었다. 하나님의 함께 하심을 확신하게 되었다. 이 확신을 얻은 이후 나는 전하는 말씀이나 섬기는 사역에 영향력이 더해지는 것을 경험했다. 영적인 권위가 더해진 것이다.

내적인 기쁨뿐 아니라 새로운 사역이 나를 기다리고 있었다. 사역의 전환점이 생긴 것이다. 캠퍼스에서 회개하고 돌이킨 날, 벅찬 감격을 가지고 남가주 대학 캠퍼스에서 집으로 돌아왔다. 돌아오는 길에 내 마음에 내가 보고 또 기도했던 마지막 구절이 계속 나의 마음을 두드렸다. "내가 범죄자에게 주의 도를 가르치리니 죄인들이 주께 돌아오리이다"라고 한 구절이었다. 나는 이 말씀이 무엇을 의미할까 질문하면서 집으로 왔다. 집에 돌아오니 아내가 한 자매와 교제를 하고 있었다. 그 자매는 아내에게 자신의 교회에 중고등학생들이 있는데 그들을 도울 사역자를 필요로 한다고 했다. 당시 한국은 IMF 금융위기 시절이었다. 한국의 경제가 어렵게 되자 사업이 어렵게 되어 갑자기 이민 오게 된 가정의 자녀들이라고 했다. 나에게 와서 도우면 좋겠다고 했다. 기도하고 아내와 상의한 후 하나님의 뜻이라 생각되어 이력서를 냈다. 나로 하여금 죄인들을 가르치게 하시겠다는 말씀이 "바로 이것을 의미하는구나" 하는 생각이 들었다. 목사님과 장로님을 만나 뵈었는데 그날로 전도사로 초빙이 되었다. 이력서에 신학석사를 한 내용을 적었다. 실은 선교학 과정의 신학과정을 면제 받기 위해 한 공부였는데 그래도 신학석사 졸업이기 때문에 나는 교회 전도사라는 직분을 얻게 된 것이다. 이렇게 해서 나는 목회에 발을 내딛기 시작했다. 얼마 후 아내는 간호사 일을 시작하게 되었고 나도 풀러신학교에서 선교학 공부를 시작하게 되었다. 미국에 들어온 지 6개월 만의 일이었다.

29

축복된 섭리적 만남

영적인 순례 동안에 하나님께서 주시는 축복 중의 하나는 섭리적 만남이다. 섭리적 만남은 하나님께서 예비하신 특별한 사람과의 예기치 않은 만남이다. 매우 절실할 때 적절하게 주어지는 축복된 만남이다. 요셉의 바로와의 만남이 섭리적 만남이다. 모세의 이드로와의 만남, 다니엘의 느부갓네살 왕과의 만남, 이스라엘의 고레스와의 만남, 바울과 디모데의 만남, 바울과 루디아의 만남, 바울과 아굴라 브리스길라 부부와의 만남 등이 섭리적 만남이다. 예수님의 제자들이 예수님을 만난 사건은 신적인 만남인 동시에 섭리적 만남이기도 하다.

섭리적 만남은 주로 인생의 전환기에 주어진다. 인생의 전환기 혹은 사역의 전환기에 그것을 확증해 주고 격려할 사람이 필요하다. 때로는 새로운 기회의 문을 열어 줄 사람이 필요하다. 지혜와 통찰력과 새로운 시야가 필요하다. 이를 위해 하나님께서 예비하신 만남이 섭리적 만식을 경험하게 되었다. 넘쳐 흐르는 기쁨을 경험하게 된다. 나는 그 장을 너무도 사랑하여 일생 동안 두고두고 읽는다. 그리고 나에게도 그런 날이 오길 간절히 사모하며 살았다. 어느 순간 내게도 그와 같은 순간이 찾아왔다. 그것은 미국으로 이민 온 직후였다. 영혼의 흔들림을 심하게 경험한 후의 일이었다.

LA에 도착했을 때 일이 순조롭지 않았다. 아내의 간호사 자격증으로 취업이민을 수속 중이었는데 스폰서가 되는 병원이 규모가 작아 재정능력이 되지 않아 이민 수속이 중단되었다. 아내는 일을 할 수 없었고 나 또한 공부를 시작할 수 없었다. 신분이 안정적이지 않았고 시간이 갈수록 가져온 돈이 점점 바닥이 나고 있었다. 환경이 어려워지니 나는 또다시 의심하기 시작했다. 내가 미국에 잘못 온 것은 아닌가? 하나님의 인도하심에 역행하여 내 육신의 뜻대로 온 것은 아닌가 하는 의구심이 생겼다. 실패에 대한 두려움이 생겨났다. 나이 마흔이 넘어 보장되지도 않은 학문의 길을 간다는 것이 무모해 보이기 시작했다. 환경을 바라보면 불안하기 짝이 없었다. 철없이 뛰놀고 있는 두 아이를 바라볼 때면 더욱 그러한 생각이 들었다. 영혼의 흔들림과 어두움은 깊어만 갔다.

이러한 문제를 안고 주님과 조용한 시간을 갖고 싶었다. 미국에 온 지 2개월이 되었을 때부터 나는 매일 집에서 멀리 떨어지지 않는 남가주대학(USC) 도서실에 가서 오전에 기도와 말씀과 독서의 시간을 가졌다. 하나님과 교제를 할 때는 확신이 들다가도 환경을 바라보면 그 확신은 온데간데없이 사라져 버렸다. 그러는 가운데 성령께서 계속 나의 영혼 깊이 숨어 있는 한 문제를 다루고 계신다는 것을 깨닫기 시작했다. 처음에 나는 그것을 그다지 심각하게 여기지 않았고 또 성령께서 다루시기를 원하는 문제로 느끼지 못했다. 단지 인간마다 갖고 있는 약점이요 혹은 기질적인 문제라고만 생각했다. 내가 문제로 인식하게 된 것은 내가 새로운 변화를 시도할 때마다 번번히 인도하심에 대한 하나님의 뜻을 확신하지 못하는 것이었다. 또한 계속 사람들의 인정이 분명하지 않은 것에 대해 갈등하고 있다는 것이었다. 벌써 여러 번 사역의 장소를 옮겼는데 그때마다 일의 시작은 잘하지만 하나님 뜻을 분별하고 결정하는 데 확신이 없었다. 주위 사람의 인정이 분명할 때는 안심하고 하나님의 뜻으로 알지만, 그렇지 못할 때는 항상 흔들리는 나 자신을 보게 되었고 그때마다 아내를 통해 말씀을 보여 주시고 아내의 도움으로 결정하게 하셨다. 아내는 주님 안에서 한 번 결정한 것에 대해 누가 무어라 해도 바꾸지 않고 앞으로 나아가며 상대방을 어떻게든 설득하며 나아가는 리더십이 있었지만 나에게는 이것이 부족하여 늘 흔들렸다. 그때까지 16년 동안 나름대로 열심히 주님과 동행하며 늘 평안 가운데 은혜를 누리며 살았지만 하나님의 뜻을 분별하고 확신하는 면에서 온전하지 못했다. 물론 진보는 했지만 늘 문제로 남았다. 그래서 나는 그저 약점으로만 생각했다. 성령께서 나의 이 약점을 변화되어야 할 부분으로 보여 주고 계셨다.

어느 날 나는 당시에 다니고 있던 LA의 한 교회에서 수요예배 설교를 요청받았다. 이 교회는 중국에서부터 오랫동안 친분이 있던 친구 목사가 영어예배 담당으로 있던 교회였다. 나의 친구 목사의 아버님이 그 교회 원로목사님이셨다. 내가 선교사 경험이 있다는 것을 아신 담임목사님께서 설교하도록 기회를 주신 것이다. 처음 하는 설교라 많이 기도하고 준비하였다. 수요일 당일에 나는 여러 목사, 장로, 성도들 앞에서 말씀을 전했다. 떨리지도 않았고, 말이 끊어지지도 않았고, 준비한 대남이다. 이는 하나님의 선하신 인도하심 속에 담긴 선물이다. 하나님의 사람을 빚어내시는 과정 속에 주어지는 축복이다. 섭리적 만남의 기능이 주로 하나님의 인도하심을 돕는 역할이기 때문에 많은 경우 멘토와의 만남을 의미한다.

로버트 클린턴 교수는 섭리적 만남을 '신적 만남(divine contact)'이라는 표현을 사용하였다. 그리고 그것을 다음과 같이 정의하였다.

> "섭리적 만남(divine contact)은 인생의 중요한 순간에 하나님의 인도로 맺어진 사람과의 만남이다. 이 만남을 통해 지도자들은 지도자적 잠재력의 확증을 받기도 한다. 혹은 지도자적 잠재력에 대한 격려를 받는다. 특별한 문제에 대한 인도를 준다. 혹은 하나님의 인도에 대한 새로운 통찰력을 간접적으로 주어 지도자의 시야를 넓힌다. 혹은 지도자를 도전하여 하나님 편에 서게 한다. 혹은 새로운 사역의 기회에 대한 문을 열어 준다. 혹은 섭리적 만남은 떠오르는 지도자가 바른 결정을 하도록 돕기도 한다."[44]

나는 예수 그리스도 안에서 여러 번의 섭리적 만남을 경험했다. 크고 작은 많은 섭리적 만남들이 주님 안에서 축복으로 주어졌다. 예수님이 아니었다면 경험할 수 없는 소중한 만남들이었다. 그 중에 생의 전환기에 경험한 멘토들과의 만남은 그 의미가 특별하다. 이성민 원장님은 나를 극심한 우울증에서 건져 주었고 예수님과 복음을 소개해 주었다. 제정호 교수님과의 만남은 나를 네비게이토선교회로 인도했다. 이규원 간사님과의 만남은 나를 제자의 삶과 제자 삼는 사역으로 인도했다. 변희관 목사님과의 만남은 나와 아내를 선교사로서의 삶으로 인도했다.

중년기의 위기와 영적인 고립의 시기에 하나님은 내게 또 다른 섭리적 만남을 예비하셨다. 그것은 강준민 목사님과의 만남이었다. 앞의 글에서 언급한 대로 나는 영적인 소성함을 입는 과정 속에서 강준민 목사님의 책과 설교가 큰 역할을 하였다. 새로운 인도에 대한 안내자가 되었다. 그 후 하나님과의 특별한 만남을 경험했다. 그리고 한 교회에서 전도사로서 중고등부를 6개월간 잠시 섬겼다. 사역은 생각보다 잘 되었으나 교회의 구조와 리더십에서 잘 적응하지 못했다. 교회를 잘 알지 못했기 때문이었다. 교회를 배우는 계기가 되었다. 다시 교회 사역을 쉬고 있었다. 나는 교회를 좀 더 배우고 싶은 마음이 들었다.

그때 불현듯 강준민 목사님이 생각났다. 나의 새로운 인도하심에 좋은 길잡이가 되어 준 책과 설교의 원저자를 만나고 싶은 마음이 들었다. 교회 웹사이트에서 이메일 주소를 얻어 장문의 간증과 이력서를 써서 강 목사님께 보냈다. 아무리 기다려도 답장이 없었다. 나중에 안 일이지만 강 목사님은 매우 관계를 중요시하는 분이었다. 아무런 관계 없이 단지 이메일로 사람을 만나는 분이 아니었다. 마침 우리가 살던 아파트의 바로 위층에 강 목사님이 시무하는 교회 전도사님인 이희문 전도사님이 살았다. (이희문 전도사님은 지금 목사님이 되었고 그와의 만남 역시 섭리적 만남이었다.) 서로 몇 번 교제를 하여 친분이 있는 터라 나의 사정 이야기를 하고 이력서와 간증을 직접 전달해 주도록 부탁했다. 이희문 전도사님이 좋은 역할을 해 주어 강 목사님을 만나는 기회가 주어졌.

2004년 연초 어느 날, 목양실에서 설레는 마음으로 강 목사님을 처음 만났다. 청빙을 위한 만남이 아니고 단순한 교제를 위한 만남이었다. 처음 만날 때 긴장을 많이 했는데 교제하는 동안 내내 평안했고 자연스러웠다. 당시 강 목사님께서 내게 건네 준 말은 내게 큰 격려가 되었다. 몇 가지 말이 아직도 기억에 남는다. "예전에는 지식이 있는 사람을 교만하다고 교회에서 좋아하지 않았다. 그러나 지금은 다르다. 지금은 지식을 중요시 하는 시대이다. 만약 겸손하기만 하다면 지식 있는 사람이 교회에서도 날개를 달 수 있다. … 사람마다 잠재력을 발휘할 수 있는 장이 다르다. 작은 교회에 맞는 사람이 있고, 큰 교회에 맞는 사람이 있다. 오 전도사님은 큰 교회에 보다 잘 맞는 사람이다." 나는 그 동안 중국에서부터 LA까지 사역지를 자주 옮겨진 것에 대해 부담이 되어 이에 대해 언급하였다. 그러나 강 목사님은 떠남이 새로운 만남의 기회를 제공한다고 긍정적인 면을 부각시켜 주었다.

강 목사님과의 만남은 새로운 가치관에 눈을 뜨게 했다. 사람을 격려하고 사건을 긍정적으로 바라보는 가치관과 접하게 된 것이다. 나는 인터뷰에서 강 목사님의 말씀에 큰 격려를 받았다. 당시에 나는 내가 가지고 있는 학벌이 오히려 교회에서 사역하는데 방해된다는 생각을 하고 있었다. 그 동안 만난 목회자들이 내게 그런 사고를 형성시켜 준 것이다. 목회자나 영적 지도자들은 세상 학력이 높은 것을 좋아하지 않는다는 생각을 갖고 있었다. 그것은 그들이 내게 대해 호감보다는 반감을 갖게 한다고 생각했다. 그런데 강 목사님께서 나의 학력을 장애가 아닌 큰 재산이 될 수 있다고 긍정적으로 말해 준 것이다. 또한 지난번 교회에 잘 적응하지 못한 것에 대해 나는 죄책감이나 열등감을 가지고 있었다. 목회자들은 나와 같이 교회를 모르는 선교단체 출신을 싫어한다는 생각을 가지고 있었다. 그러나 강 목사님은 내가 적응하지 못한 것이 원인이 아니라 적합하지 않는 곳에 있었기 때문에 그런 것이라고 긍정적으로 설명해 주었다. 나의 내면의 불안이 모두 가시게 되고 안도감이 생겼다. 강 목사님의 격려는 내가 당시 경험하고 있던 변화에 부응하는 말이었다. 나의 변화의 과정에 긍정적인 힘을 실어 주었다.

첫 인터뷰에서 강 목사님은 내게 아무런 약속을 하지 않았다. 시간을 두고 생각해 보겠다고 했다. 그러나 멘토는 되어 줄 수 있다고 했다. 나는 그것만으로도 기뻤다. 약 2개월이 지난 후 교회 내부의 승인절차를 거쳐 나는 동양선교교회 청년부 파트타임 전도사가 되었다. 당시를 회고하는 청년들에 의하면 매우 촌스러운 청년과 같은 모습이었다고 한다. 그 모습으로 당시 이민교회의 대표격인 교회의 교역자가 되었다. 교단이나 교회 경력이 없던 내가 교역자로 받아들여진 것은 교단을 그다지 중요시 하지 않는 미국적 환경과 이민교회적 환경이 큰 보탬이 되었다고 생각이 된다. 또 한 가지는 강 목사님이 개방적인 마음으로 시대의 변화에 발맞추어 가는 목회자였다는 점과 형식과 절차보다는 영성을 추구하는 목회자였기 때문이었다고 생각된다. 무엇보다도 하나님의 섭리가 그 속에 있었다.

강 목사님은 내게 은사를 드러내 주고 개발하는 것을 도와주었다. 또한 사역의 기회를 마음껏 제공해 주었다. 비록 내가 파트타임 전도사였지만 강 목사님은 나를 전폭적으로 지지해 주었다. 언젠가 강 목사님 앞에서 새벽 설교를 하게 되었다. 강 목사님은 다음날 아침 새벽예배에서 전체 회중을 향하여 "오 전도사님은 말씀의 은사가 있습니다. 무엇이 말씀 은사인지 설교를 잘 들어보세요"라고 성도들 앞에서 알려 주었다. 그날 강 목사님은 내게 설교에 관한 몇 권의 고전을 선물로 주며 계속 정진하라고 격려해 주었다. 교역자들은 나에게 와서 축하의 말을 건넸다. 교역자들은 아무도 담임목사님으로부터 그런 칭찬을 들어 본 사람이 없었다고 말했다. 당시 나는 말을 잘하지 못했다는 것을 누구보다도 잘 안다. 강 목사님은 나의 말이 어눌하고 서툴렀지만 나의 전하는 메시지의 내용은 말씀 은사가 담겨 있음을 감지한 것이다.

나의 은사가 공개적으로 언급되는 순간 나는 귀가 번쩍 열렸다. 나는 나의 은사가 무엇이라는 말을 가족 이외의 사람에게서 처음 듣는 순간이었다. 또한 그 은사를 말해 줄 수 있는 권위 있는 분으로부터 듣는 것은 더욱 처음이었다. 담임목사님에 의해서 은사가 언급될 때 나의 영혼에 떨림이 있었다. 은사라는 말이 나의 영혼을 흔든 것은 사실 당시가 두 번째였다. 몇 년 전 아내와 이야기를 하던 중 아내가 나의 은사가 가르치는 것이므로 미국에 가서 신학을 공부하라고 권면하고 자신은 간호사 일을 하면서 지원하겠다고 했던 적이 있다. 그때가 첫 번째 영혼의 소성함을 경험하는 시기였다. 그 일로 인해 우리가 미국으로 온 것이다. 어느 면에서 은사를 찾아 개발하기 위한 발걸음이었던 것이다. 하나님께서 그 길로 인도하신 것을 강 목사님을 통해 확증을 받은 것이다.

은사를 밝혀 주고 그 길로 가도록 돕는 것이 한 사람의 영혼을 복되게 하는 것임을 경험하게 되었다. 고립의 시기나 중년의 위기를 잘 극복한 사람들이 공통적으로 갖게 되는 축복이 있다. 이는 고립이나 중년의 위기를 주신 하나님의 뜻이기도 하다. 하나는 하나님을 새롭게 만나는 것이다. 또 다른 하나는 주님 안에서 자신을 새롭게 발견하는 것이다. 자신을 발견하는 것 중의 하나가 은사인 것이다. 은사는 우리 존재 중 중요한 요소가 된다. 따라서 은사가 드러나고 그것이 개발될 때 우리 영혼이 흔들리는 것이다.

담임목사님으로부터 그런 격려와 확인을 받은 후에 나는 나의 은사에 대해 더욱 진지하게 생각하고 말씀의 가르침과 설교에 보다 많은 노력을 기울이게 되고 진보를 보였다. 강 목사님은 나의 잠재력을 보고 그것을 드러내 준 것이다. 은사가 드러나지고 격려되고 개발된다는 것은 사역자로서 축복을 의미한다. 나는 행복한 사역자가 되었다.

한편 새로운 멘토로부터 배운 것은 배움의 정신이다. 교회에서 교역자들에게 책을 제공해 주고 매주 읽고 나누는 모임을 통해 계속적으로 학습하는 훈련을 했다. 배움이 사역자로서 때로 겪는 정체 현상(플레토: plateau)을 극복하는 지름길이 되었다. 배움을 통해 역사적 인물 가운데서 멘토를 만났다. 좋은 책을 만날 때 큰 희열을 느꼈다. 학습을 통해 지성이 숨쉬는 것을 느꼈다. 배움 그 자체보다도 배움의 정신을 배운 것이 더욱 값졌다.

하나님 안에서의 섭리적 만남을 통해 나는 새로운 멘토를 만났다. 멘토는 나의 전환에 대해 확증을 더해 주고 의미부여를 해 주었다. 멘토를 통해 은사가 드러나게 되고 개발의 동기를 얻게 되었다. 새로운 멘토를 통해 새로운 사역의 기회가 주어졌다. 내가 알지 못하던 내 안의 능력이 새롭게 나오기 시작했다. 큰 규모의 청년들을 교육하고 훈련하는 데에 매우 효과적인 나를 발견하게 된 것이다. 설교와 가르침이 격려를 받게 되고 계속 진보하게 되었다. 나는 소그룹뿐 아니라 대중적인 가르침에도 은사가 있음을 발견하게 되었다. 새로운 섭리적 만남을 통해 전에는 경험해 보지 못한 교회 사역으로 전환하게 되고 또한 적합성이 드러나게 되었다. 나는 지역교회 사역에 오히려 강점이 있음을 발견하게 되었다.

섭리적 만남도 하나님을 부지런히 찾는 자에게 주어지는 선물이라고 생각된다. 하나님을 찾는 자들에게 주시는 좋은 선물 중에 하나가 좋은 멘토를 만나는 것이다. 좋은 도움의 손길을 만나는 것이다.

30

행복한 사역자

하나님은 자기 백성을 인도하실 때 광야를 지나게 하신 후에 반드시 새로운 일을 행하신다. 하나님과 새로운 관계를 만드신다. 새로운 영혼이 되게 하신다. 새로운 만남을 주신다. 그리고 새로운 일을 주신다. 영적 지도자들을 인도하실 때 고립의 시기를 지나게 한 후에 새로운 사역으로 인도하신다. 하던 사역을 새로운 자세와 새로운 방법으로 하게 하신다. 때로는 전혀 새로운 일을 하도록 인도하신다. 또한 지도자의 고유 사역을 하도록 하신다. 강점을 가지고 사역하도록 도우신다. 인간의 열심히 이끌어가는 사역이 아닌 성령께서 이끌어 가시는 사역이 된다.

고립의 목적은 인격의 성숙이다. 사역이 인격으로부터 흘러나오게 하기 위한 하나님의 의도적인 고난이다.

"위기, 갈등, 소명에 대한 경험, 학습 등이 (왜 중요한 것인지

가) 지도자에게 새로운 의미로 드러난다. 지도자의 인격이 성숙됨에 따라 '사역이 존재로부터 흘러 나온다'는 원리가 새로운 중요성으로 부각된다."[45]

인격의 성숙을 위한 고립이나 위기의 시기를 지나면서 리더는 자신의 은사와 경험에 맞는 사역으로 인도된다.

"이 시기에 지도자는 은사와 경험에 맞는 역할을 하도록 하나님에 의해 인도되어 사역이 극대화된다."[46]

나의 경우 고립의 시기를 지나면서 영혼이 새로워지고 사역이 새로워졌다. 선교단체를 섬기고 선교사로서 일하던 것에서 이제 지역교회에서 목회를 하도록 인도하셨다. 처음에는 작은 규모의 교회에서 청소년을 섬기게 하시고 다음에는 큰 교회에서 청년부 사역을 하도록 하셨다. 이전에는 소그룹 제자훈련만을 했지만 이제 회중을 상대로 설교하는 일과 수백 명 청년그룹을 상대로 교육하고 훈련하는 일을 해야 했다. 이는 나의 새롭게 발견된 은사에 맞는 일일 뿐만 아니라 그 동안 해온 제자훈련의 경험과도 일치되는 일이었다. 하나님께서는 내가 목회의 환경 안에서 제자 삼는 일을 하는 것이 가장 적절한 역할이었음을 미리 아시고 그렇게 인도하신 것이다

나는 청년부 전도사로서 청년들의 제자훈련과 소그룹 성경공부를 담당했다. 청년부 담당목사이신 유수열 목사님은 찬양과 예배를 인도하는 역할을 했다. 우리 둘이 조화가 잘 되었다. 유 목사님은 YWAM에서 훈련 받아 예배와 찬양에 강했고, 나는 소그룹과 훈련에 강점이 있

었다. 처음 청년들의 예배 인원은 약 120명 정도였고 교회 본당에서 드리지 못하고 외부에서 드렸다. 금요예배에는 약 50-60명 정도 모였다. 청년들은 강 목사님의 설교를 좋아했다. 좋은 설교, 역동적인 찬양, 소그룹의 활성화 등에 힘입어 청년예배가 성장하기 시작했다. 예배는 곧 본당에서 드리게 되었고 청년들은 몰려왔다. 예배인원이 400명, 500명, 2006년, 2007년에는 600명 가량되었다. 나는 청년사역이 커가고 또 건강하게 되는 것을 보면서 매우 기뻐했다. 이러한 부흥에 있어 나의 역할은 소그룹 리더들을 계속적으로 세우고 그들을 훈련시키는 일이었다.

나는 그때까지 약 20여년 동안 10명 이하의 청년 소그룹만으로 제자훈련을 시켜 왔었다. 큰 규모의 청년들을 어떻게 교육하고 훈련시킬 것인가에 대해 많이 고민했다. 나는 그 동안 해온 제자훈련 방식을 보다 큰 규모로 확장시키는 데에 있어 지혜를 구했다. 결국 제자훈련 프로그램을 만들어 6개월간 훈련시켜 소그룹 리더로 세우고 그 리더들을 계속 훈련시키며 리더들 위에 간사들을 두어 그들과 함께 동역하는 시스템을 활용하였다. 물론 기존에 간사와 소그룹이 있어서 그들을 보다 강하게 훈련시키는 일을 했다. 이 모든 일들에 있어 열매가 좋았다. 특별히 담임목사님의 적극적인 지지와 담당목사님과의 조화로운 팀워크가 있었기에 가능한 일들이었다. 지난 세월 동안의 사역의 경험과 그 동안 쌓아진 말씀과 기도 등이 함께 어우러져 역사하였다. 나는 물을 만난 물고기같이 기쁘게 일을 했다.

목회적 환경 속에서 제자훈련을 하는 고유의 사역을 한 이외에 하나님께서 내게 또 다른 역할을 선물로 주셨다. 파트타임 전도사였지만 풀타임처럼 일했다. 풀러신학교를 다니고 있었지만 사역을 우선으로 하여 한 쿼터에 한 과목씩만 수강했다. 내게는 사역하는 것이 더 즐거웠다. 사역의 기회가 보다 소중하게 여겨졌다. 사례는 내게 중요하지 않았다. 순수한 마음으로 사역에 임했다. 이러한 태도가 담임목사님께 좋게 보였던 것 같다.

그러던 중에 나의 멘토이신 세계로선교회의 변희관 목사님께서 LA를 방문하시는 기회가 있었다. 이때 나는 장문의 이메일 편지를 통해 변희관 목사님을 소개했다. 강 목사님은 나의 지도자를 향한 마음을 귀하게 여겼다. 나같은 사람을 길러낸 분이라면 만나고 싶다고 했다. 변희관 목사님이 미국을 방문할 때 잘 알지도 못하지만 5부 청년 예배의 설교를 부탁했다. 일반적으로 강 목사님은 모르는 분에게 강단을 맡기지 않는 분이었다. 변 목사님의 설교는 청년들에게 잘 통하였다. 다음 날 강 목사님과 변희관 목사님의 교제가 이루어졌다.

이 만남은 선교단체와 지역교회간의 아름다운 교류가 이루어지는 순간이었다. 당시 변 목사님은 세계로선교회 내 선교사 간사들에게 신학을 공부시키고자 하는 마음과 필요를 갖고 있었다. 이러한 필요가 나누어졌을 때 마침 동양선교교회가 설립하고 지원하고 있었던 월드미션신학교는 우수한 학생들을 모집해야 하는 필요가 있었다. 또한 통신으로 목회학석사(M.DIV) 과정 공부를 할 수 있는 시스템이 이미 갖추어져 있었다. 인재 양성에 큰 관심을 갖고 있던 강 목사님은 세계로선교회를 돕고자 했다. 결국 동양선교교회가 세계로선교회 선교사 간사들에게 반액 장학금을 제공하기로 약속하였다. 그 이후 세계로선교회의 선교사 간사들이 약 40여 명이 두 차에 걸쳐 신학공부를 하게 되어 목회학 석사학위를 받고 모두 목사 안수를 받았다. 동양선교교회는 이들에게 약 4년 동안 아무 조건 없이 흔쾌히 지원을 했다.

이것을 계기로 세계로선교회는 지역교회와의 교류가 활발해지게 되었다. 강 목사님께서 세계로선교회에 가서 강의를 하였다. 일부 세계로선교회 선교사들은 세계로선교회 파송선교사가 되었다. 세계로선교회 선교사 간사들이 졸업 및 안수를 받기 위해 부부가 미국을 찾았을 때 동양선교교회는 그들을 매우 따뜻하게 맞아 주었다. 모두들 교회 게스트 하우스에 묵으며 극진한 대접을 받게 되었다. 이러한 교류를 통해 세계로선교회는 건강한 교회의 영향을 받았고, 동양선교교회는 선교회의 순수함과 열정과 헌신에 있어 좋은 영향을 받게 되었다. 하나님 나라에서 아름다운 팀워크의 모습이었다. 이 일에 있어 하나님께서 나를 앞서 보내시고 사용하셨다. 마치 요셉을 애굽에 미리 보내어져 애굽과 이스라엘을 섬겼듯이 하나님께서 나를 미리 LA에 보내셔서 동양선교교회와 세계로선교회를 섬기게 하셨다. 이것은 내게 선물이었으며 섭리적인 인도였다. 이제 하나님께서 왜 나로 하여금 고립의 과정을 겪게 하고 미국으로 보내셨는지가 보다 분명해졌다.

교회 내에서 나의 사역은 계속 확장되어 갔다. 2006년, 나는 청년부 사역을 마치고 1년간 젊은 커플 사역을 맡게 되었다. 교회에 들어온 이후의 나의 사역은 청소년 사역, 청년 사역, 젊은 커플 사역으로 계속 확장되어 갔다. 이후 또 한 가지의 사역이 나를 기다리고 있었다. 2007년에 행정목사직이 공석이 되면서 새로운 행정목사가 필요했다. 행정목사는 수석부목사라 불리기도 하였다. 당시에 동양선교교회는 각 교단에서 모인 훌륭한 부목사들이 많이 있었다. 나는 안수 받은 지 1년 반밖에 되지 않았다. 아무도 나를 행정목사의 후보로 생각지 않았다. 나 역시 그랬다. 그런데 놀랍게도 강 목사님은 나를 행정목사로 임명하였다. 모두들 의외로 생각했다. 나 역시 의외였다. 나는 새로운 시야에서 목회를 경험하는 좋은 기회였다.

  3년간의 고립의 시간을 거쳐 영혼을 새롭게 하시고 하나님께서 나로 하여금 교회 사역으로 전환하게 하셨다. 그리고 청소년부 사역, 청년부 사역, 젊은 커플 사역을 거쳐 행정에 이르기까지 두루 경험하게 하셨다. 전혀 예상하지 못했던 사역이 내 앞에 펼쳐졌다. 성령의 능력으로 즐겁게 감당하며 행복하게 목회를 했다. 그 동안의 경험과 지식과 훈련이 한데 모아져서 사역의 극대화를 이루었던 시기였다.

  이 모든 과정에서 가장 소중하게 여겼던 것은 역시 하나님과의 교제였다. 기도와 말씀이었다. 나는 새벽마다 계속해서 무릎을 꿇고 하나님을 바라보았다. 그 큰 동양선교교회 본당에서 전에 하던 습관대로 늘 기도에 힘썼다. 그리고 마음으로 주님을 찾았다. 하나님의 말씀을 묵상하는 것과 공부하는 일을 게을리하지 않았다. 지도자에 대한 순종을 주요 가치로 여기며 살았다. 하나님의 말씀 안에서 항상 지도자와의 연합을 우선으로 하며 일을 해 나갔다. 또한 계속해서 제자 삼는 사역에 나 자신을 드렸다. 계속 배우는 정신을 따라 새로운 것들을 배워갔다. 목회사역이 새로웠지만 하나님께서 하시고 나는 단지 그 뒤를 좇아갔기 때문에 능히 감당할 수 있었다. 참으로 소중한 역할과 경험들을 은혜 가운데 하게 되었다.

  참 놀라운 일 아닌가? 뒤돌아 보자면 약 28년 전 나는 우울증으로 고생하며 자살만을 생각하던 사람이었다. 25년 전 예수님을 영접했다. 그때만 해도 나의 몸과 마음은 매우 허약한 상태에 있었다. 20년 전 박사학위를 받고 결혼을 하고 중국에 가게 되었다. 몸과 마음이 조금 나아졌지만 여전히 건강하지 못했다. 그 이후 나는 몸과 정신과 영혼에 있어 조금씩 조금씩 건강해져 갔다. 그러는 사이에 선교사역을 감당하고 미국에서 박사후 과정을 마쳤고 삼성에서 연구원으로서 연구도 잘 감당했다. 그런 후에 고립의 시기를 거쳐 미국에 온 이후에 나는 영적인 회복을 경험했다. 또한 점점 정서적으로도 충만해졌다. 그리고 40대 중반으로 접어들면서 내 건강이 급속도로 좋아지기 시작했다. 모든 면에서 회복과 건강을 누렸다. 뒤돌아보면 엄청난 변화이다. 기적과 같은 변화이다. 하나님을 찾는 삶, 하나님을 부지런히 찾는 삶이 우리 안에 공허함과 우울증을 극복하고 충만함과 차고 넘치는 삶으로 나아가게 하는 비결임을 깨닫게 된다.

 31

중년기에 찾아온
건강의 회복

건강은 인생의 행복에 있어 중요한 요소 중의 하나이다. 건강을 잃으면 불행을 경험한다. 육신적인 건강의 손상은 많은 경우 우리의 정신과 의지를 약하게 만든다. 때로는 믿음도 약해지기 쉽다. 육신적으로 어려울 때는 하나님을 의심하기도 한다. 필립 얀시(Philip Yancey)가 그의 책의 제목에서 "내가 고통 당할 때 하나님은 어디 계신가?"라고 표현했던 것처럼 육신적인 고통은 하나님의 임재를 경험하기 어렵게 만든다. 욥도 자신의 육체적인 고통 속에서 하나님의 임재를 느낄 수 없는 것을 더 괴로워했다.

"그가 내 앞으로 지나가시나 내가 보지 못하며 그가 내 앞에서
움직이시나 내가 깨닫지 못하느니라"(욥 9:11).

그러나 육신의 연약함은 도리어 하나님을 간절히 찾는 기회가 되며 믿음을 연단하는 기회가 된다. 오히려 하나님을 친밀히 느낄 수 있는 길로 인도한다. 이는 때로 우리를 하나님의 능력을 경험할 수 있는 길로 인도한다. 육신적인 고난 속에서 우리가 하나님과 동행할 때 그 고난은 우리로 하여금 그리스도의 십자가의 고난에 참여하게 한다. 또한 고난의 때를 통과한 후 이후에 그리스도의 부활에 참여하게 한다. 생명의 회복을 경험하게 된다. 일반적으로 영적인 회복, 정서적 회복, 육신적인 회복이 함께 일어난다. 욥의 회복이 그런 경우였다. 하나님의 정한 때가 되었을 때 그에게는 영적인 회복, 정서적 회복, 육체적인 회복, 환경적인 회복이 함께 일어났다.

예수 그리스도와 동행하는 삶은 의의 길, 진리의 길, 생명의 길을 가는 것이다. 의의 길과 진리의 길은 말씀의 길이다. 말씀의 길은 생명의 길이며 생명 충만의 길이다. 곧 회복의 길을 의미한다. 말씀에 순종하는 삶, 즉 하나님과 동행하는 삶은 고난을 역전시키며 회복의 삶으로 이끌어 준다.

성경 말씀은 말씀에 순종하는 삶을 통해 치유와 회복의 은총을 주심을 여러 곳에서 약속하고 있다. 마라의 쓴 물을 단물로 만든 이후 모세는 이스라엘 백성에게 말씀에 순종하고 계명에 귀를 기울이면 질병을 치유하시겠다는 말씀을 전했다.

"이르시되 너희가 너희 하나님 나 여호와의 말을 들어 순종하고 내가 보기에 의를 행하며 내 계명에 귀를 기울이며 내 모든 규례를 지키면 내가 애굽 사람에게 내린 모든 질병 중 하나도 너희에게 내리지 아니하리니 나는 너희를 치료하는 여호와임이라"(출 15:26).

하나님은 자기 백성의 치유와 회복에 관심을 갖고 계신다. 하나님께서 회복시키실 때는 먼저 영적 회복을 불러 일으키신다. 그리고 정서적인 회복, 육체적인 회복, 사명의 회복을 함께 총체적으로 불러 일으키신다. 이사야 선지자는 이사야 59장 6~12절은 이스라엘의 회복을 예언하면서 영적인 회복, 정서적인 회복, 육체적인 회복, 사명의 회복을 약속한다. 하나님의 말씀에 순종하고 기도에 힘쓸 때 어떤 약속을 누리는 지를 예언한다. 기도할 때에 응답해 주시고 임재를 보여 주시겠다는 약속은 영적인 약속이다. 어려울 때도 영혼에 만족을 누릴 것이며 너의 심령이 물 댄 동산같고 물이 끊어지지 않는 샘같이 차고 넘칠 것이라는 약속은 감정적인 정서적인 충만에 대한 약속이다. 뼈가 견고해질 것이라는 약속은 육체의 건강에 대한 약속이다. 12절의 말씀은 사명의 회복을 의미한다.

나는 이 말씀을 붙들고 20여 년을 기도하며 이 말씀에 따라 순종하는 삶을 힘써 왔다. 지금에 와서 돌이켜 보면 이 약속이 나의 삶 속에 분명하게 이루어졌고 또 이루어져 가고 있음을 보게 된다. 나는 고립의 시기를 지나면서 영적인 회복과 사명의 회복을 분명하게 경험했다. 그것에 대해 앞의 글에서 자세하게 설명했다. 이번에는 정서적인 회복과 육체의 건강의 회복에 대해 나누고자 한다. 정서적인 회복은 마음의 회복을 의미한다.

정서적인 회복과 육체적인 건강의 회복은 영적인 회복과 매우 밀접하게 연결되어 있다. 또한 육체적인 건강과 마음의 건강은 서로 또한 매우 밀접하게 연결되어 있다. 솔로몬은 잠언에서 하나님의 말씀에 주의하고 그것에 순종하면 육체의 건강을 얻을 것이라고 말했다.

"내 아들아 내 말에 주의하며 내가 말하는 것에 네 귀를 기울이라. 그것을 네 눈에서 떠나게 하지 말며 네 마음 속에 지키라. 그것은 얻는 자에게 생명이 되며 그의 온 육체의 건강이 됨이니라. 모든 지킬 만한 것 중에 더욱 네 마음을 지키라. 생명의 근원이 이에서 남이니라. 구부러진 말을 네 입에서 버리며 비뚤어진 말을 네 입술에서 멀리 하라. 네 눈은 바로 보며 네 눈꺼풀은 네 앞을 곧게 살펴 네 발이 행할 길을 평탄하게 하며 네 모든 길을 든든히 하라. 좌로나 우로나 치우치지 말고 네 발을 악에서 떠나게 하라"(잠 4:20-27).

하나님의 말씀에 귀를 기울이고 그것을 마음에 간직하면 그것이 우리 마음에서 생명이 되고 또한 육체의 건강이 된다고 말씀한다. 이것은 영적인 회복이 마음을 치유하고 육체를 치유한다는 것을 의미한다. 마음의 생명이란 마음의 기쁨과 평강을 의미한다. 마음에 말씀을 담고 그것을 잘 지키면 마음에서 생명 즉 기쁨과 평강이 넘친다는 말이다. 이것은 곧 우리의 말을 고치게 되고 우리의 행동을 고치게 된다는 의미이다. 말씀을 마음에 간직하고 그것에 따라 살 때 우리의 마음은 기쁨과 평강이 넘치게 된다. 또한 우리의 입술의 말이 하나님의 말씀에 의한 바른 말이 됨으로 우리의 인생이 변화된다. 아울러서 우리의 육체에도 건강이 찾아온다.

육체적인 건강을 논하기 전에 우리는 먼저 우리의 정서적인 건강, 즉 마음의 건강에 대해 살펴볼 필요가 있다. 하나님과의 관계가 우리의 정서적 건강에 어떤 영향을 미칠 것인가를 살펴볼 필요가 있다. 하나님과의 관계가 회복될 때 즉 영적인 회복이 일어날 때 우리의 마음은 기쁨으로 가득 차게 된다. 평강이 흘러 넘치게 되므로 마음에 즐거움이 생긴다. 조나단 에드워즈는 참된 믿음은 거룩한 감정을 동반한다고 말한다.

"참된 신앙은 대체로 거룩한 감정 안에 있다."[47]

'거룩한 감정'이란 '은혜로운 감정'이라고 한다. 신앙이 올바르면, 즉 영적인 관계가 올바르면 그것은 은혜로운 감정으로 나타나게 된다. 이 은혜로운 감정은 영적인 관계가 깊을수록 뚜렷이 나타나게 된다. 이것이 생명의 상태를 가늠하는 척도가 된다. 따라서 영적인 회복은 정서적인 회복을 수반하게 된다. 말씀은 우리의 마음 속에서 선한 말과 선한 감정을 창조한다. 기도는 전능자의 숨결을 불러들인다. 전능하신 하나님의 숨결은 생명의 흐름이다. 생명을 살리는 기운으로 충만하게 한다. 이는 은혜로운 정서, 즉 평강과 기쁨을 동반한다.

 나는 예수 그리스도를 믿은 후 기도를 통해 꾸준히 하나님을 찾고, 말씀을 섭취하고 그 말씀에 순종하는 삶을 살아가면서 느리지만 점점 감정적인 회복을 경험했다. 믿기 전의 우울증의 상태는 감정 에너지가 거의 없는 상태를 의미한다. 하나님과 동행하면서 하나님의 말씀이 들어오고, 기도를 통해 전능하신 하나님의 숨결이 내 안에 들어오면서 평강과 기쁨의 수위가 점점 오르는 것을 느낄 수 있었다. 그것은 오랜 시간이 걸렸다. 5년, 10년이 지나면서 변화를 조금씩 느낄 수 있는 정도였다. 그러나 분명하게 은혜의 감정의 수위는 지속적으로 높아졌다. 고립의 시기를 지나면서 하나님을 만나는 경험을 통해 나는 큰 기쁨과 평강을 맛보게 되었다. 영적인 도약과 함께 정서적인 도약을 경험했다. 주님과 동행하기 시작한지 약 15년이 지났을 때였다. 이날 이후 나는 영적 권위를 얻게 되고 은사가 확인되며 지도자와 성도들로부터 인정을 받으며 사역을 하게 되었다. 늘 기쁨이 함께 하였다. 조나단 에드워즈가 말한 은혜로운 정서, 즉 거룩한 정서가 늘 나와 함께 함을 느낄 수 있었다. 이러한 정서가 내 안에 계속해서 증대됨을 느낄 수 있었다.

기도와 말씀을 통한 하나님과의 교제는 나의 내면 속에서 하나님의 영이 역사하도록 공간을 만드는 것이다. 하나님과의 교제를 통해 하나님과 접촉할 때 조금씩 조금씩 주님의 모습을 담게 되고 인격의 치유와 회복이 일어난다. 그때 당시에는 눈에 띄게 변화되는 것을 느낄 수 없을지라도 꾸준히 교제하다 보면 나도 모르는 사이에 변화된 자신을 발견하게 된다. 깨달음을 통해 변화가 일어난다. 잘못된 시야가 교정되고 잘못된 생각이 교정된다. 성령의 역사로 내면의 자세가 바로 잡히게 됨에 따라 우리 안에 행복감이 깃들게 된다. 우리의 생각과 감정이 주님의 생각과 감정을 닮아감에 따라 충만감이 싹트게 된다. 나는 주님과의 교제를 20여 년 계속했을 때부터 이와 같은 현상을 더욱 분명하게 경험할 수 있었다. 이사야 58장 11절 말씀에서 언급된 "물 댄 동산 같고 물이 끊어지지 않는 샘" 같은 차고 넘치는 심령을 지속적으로 경험할 수 있었다. 이는 지난 날 은혜로운 감정이 전혀 없었던 청소년시절과 대학시절의 우울증의 상태와 비교하면 기적과 같은 변화이다. 주님과의 20여 년간의 지속적인 교제에 힘쓴 것이 이 차이를 만들었음을 나는 확신을 가지고 말할 수 있다.

내면의 치유와 회복과 함께 내 안에는 육체적 건강의 회복이 동시에 진행되었다. 나는 우울증을 통해 마음과 몸이 얼마나 밀접하게 연결되어 있는지를 깊이 체험한 경험이 있었다. 당시 나의 불면증, 소화불량, 두통 등은 나의 불안과 두려움과 매우 밀접하게 연결되어 있었다. 그러므로 정서적인 회복은 곧바로 육체적 기능의 회복에 큰 영향을 미치게 된다. 특별히 나의 건강은 마음의 상태와 밀접하게 연결되어 있음을 늘 경험해 왔다. 영적인 회복은 나의 생각과 정서의 회복을 가져왔고, 또한 정서의 회복은 육체적인 회복의 주요 원인이 되었다.

포항에서의 박사학위 과정과 영적 훈련 기간에 나는 극도의 긴장감을 가지고 생활했다. 그 긴장감이 모든 과정을 견디게 했다. 결혼 이후 긴장이 풀렸을 때 나의 몸은 더 이상 조절이 되지 않는 상태가 되었다. 다시 한 번 대학생 때 경험한 불면과 불안이 나의 삶의 문턱까지 침범해 있었다. 우리가 중국으로 가기 전의 일이었다. 나는 두려움에서 대전의 이성민 원장님께 연락해서 처음으로 안정제를 요구했다. 이 선생님은 약을 곧바로 보내 주었다. 그러나 그 약을 먹지 않고 새롭게 대처했다.

믿지 않던 학창시절과는 달리, 다시 찾아온 건강의 위기를 대처하는 나에게는 이제 새로운 무기들이 있었다. 하나는 기도이고, 다른 하나는 아내와의 대화였다. 기도는 늘 해 오던 영적 활동이지만 내가 경험해 보지 못한 것은 솔직하고 진실된 투명한 의사소통이었다. 몸과 마음의 상태가 매우 쇠약해 있던 어느 날, 나는 아내와 이야기를 하고 있었다. 나의 삶의 여정에 대해 이야기 했다. 나의 마음의 어려움들을 이야기했다. 아내는 나의 이야기를 잘 경청해 주었다. 내가 이야기하고 아내가 경청하는 동안 붉게 상기되어 있던 나의 얼굴 빛이 정상으로 변했고 내 몸의 열기가 가라앉는 것을 느낄 수 있었다. 그리고 그날부터 잠을 잘

자기 시작했다. 더 이상 약을 복용하지 않고 위기를 넘길 수 있었다.

그럼에도 불구하고 나는 연길에 갔을 때 체력의 한계를 느끼며 매우 고통스러워 했었다. 처음 중국에 도착하던 날, 우리는 북경에서 연길로 가는 비행기를 타야 했다. 매우 추운 날이었는데 비행장에 난방이 잘 되어 있지 않았다. 나는 견디기 어려운 상태에서 공항에 있었다. 공항에서 어느 조선족 아주머니가 느닷없이 우리 부부를 보면서 "이 집은 아내 때문에 먹고 살겠구먼" 하는 것이었다. 나는 그 말을 들으며 얼마나 가슴이 철렁했는지 모른다. 가뜩이나 몸에 자신이 없어서 자신감을 잃고 있었는데 그런 이야기를 들으니 좌절이 되었다. 한번은 한국에서 생식으로 유명하신 분이 연변과기대를 방문하여 학교의 한국인 교직원들의 진맥을 보아 주었다. 그분은 나의 맥을 짚어보고 이렇게 말했다. "오 선교사님은 맥이 잡히지 않습니다. 일 년 내내 감기에 걸릴 체질입니다. (몸의 허약함 때문에) 아내를 매우 괴롭게 할 체질입니다." 이런 부정적인 말은 내게 큰 낙심을 가져오기에 충분했다. 육체적인 약함뿐 아니라 정신적으로 자신감이 없게 되니 살아가는 데 큰 지장이 되었다. 연길에 있었던 1년 반 동안 나는 조심조심 살얼음판을 걷는 것같이 육신적으로 힘없는 삶을 살았다. 몸이 회복되리라는 생각을 하기가 어려웠다. 가장으로서, 선교사로서, 교수로서의 직무를 잘 감당할 수 있을 것인가에 대해 늘 회의적이었다.

그러나 아내는 달리 생각하고 달리 말했다. 간호사 출신이었기 때문에 잘 먹고 운동하면 건강해질 수 있다는 믿음을 갖고 있었다. 아내는 믿음의 말로 "당신은 건강할 수 있어요"라며 나를 늘 격려해 주었다. 음식과 나의 휴식에 대해 세심하게 신경 쓰며 배려해 주었다. 그리고 아내는 믿음을 가지고 나의 몸무게가 10kg 더 찔 수 있기를 줄곧 기도했다. 나의 몸에 10kg이 찌게 해 달라는 기도에 대해 나는 불가능한 일이라 생각했다. 믿음을 갖지 못했다. 당시 나의 몸무게는 내가 대학생부터 그때까지 약 15년간 요지부동하게 가지고 있던 몸무게인 50kg이었다. 그리고 그 후에도 약 15년은 더 같은 몸무게로 있었다.

이후 북경에 간 후부터 나는 아침마다 조깅을 했다. 이후부터 약 10년 동안 매일 조깅을 했다. 미국에 올 때까지 매일매일 계속 뛰었다. 운동을 하지 않을 때보다 운동을 할 때 혈액순환이 잘되고 몸이 개운해지고 몸의 컨디션이 조금씩 좋아지는 것을 느낄 수 있었다. 그러나 몸 전체의 기력은 근본적으로 회복되지는 않았다. 항상 일을 앞두고 나의 연약한 육체를 걱정해야 했다. 일을 제대로 이루어 낼 수 있을 지에 대해 확신하지 못했다. 그러므로 어떤 일을 할 때 주도권을 쥐고 담대하게 나아갈 수가 없었다.

그러나 미국에 온 이후 중년기의 위기와 고립을 벗어나면서 경험한 영적인 회복과 정서의 회복은 나의 육체적인 회복에 촉진제가 되었다. 육체적인 면에서도 돌파를 경험하는 순간이 있었다. 어느 날 아침, 나는 몸이 매우 피곤했다. 지난 밤 잠을 설친 탓이었다. 나는 잠을 잘 자지 못하면 좌절감을 쉽게 느낀다. 지난 날 오랫동안 불면증으로 고생한 경험 때문이다. 그날 밤에 행사가 있었다. 그 행사 때까지 내 몸이 버틸 것 같지 않다는 생각이 들었고 자신감이 없어졌다. 그 순간 내 마음 속에 다른 생각이 들었다. 내 안에서 이런 말을 나도 모르게 하고 있는 자신을 발견하게 되었다. "운철아, 괜찮아. 큰 문제 아니야. 너는 충분히 감당할 수 있어. 별것 아니야" 하는 말을 내가 나에게 하고 있었다. 순간 나의 마음이 뜨거워지면서 확신이 들었다. 그리고 이렇게 다짐했다. "죽으면 죽으리라는 마음으로 몸을 드리자. 더 이상 두려움과 불안의 노예가 되지 말자. 몸을 드리자." 이런 다짐을 하자 내 안에 생기가 돌았다. 할 수 있다는 자신감이 생겼다. 몸에 힘이 느껴졌다. 그날 나는 밤까지 넉넉히 일을 감당했다. 그날 이후, 나는 건강 염려증으로부터 온전히 해방되었다. 그것은 내가 43세가 되었을 때의 일이다.

몸이 점점 쾌적해졌다. 몸에 기력이 조금씩 증진되었다. 특별히 운동을 하지 않아도 몸이 그다지 피곤하지 않았다. 후에 대형교회의 행정목사로서의 역할을 잘 감당할 만한 체력이 되었다. 새벽에 나가 밤에 들어가는 사역 속에서도 큰 어려움 없이 즐겁게 일을 할 수 있었다. 이는 나에게 있어 기적과 같은 일이었다. 나의 나이 48세 되던 어느 날, 나는 몸무게를 재고 깜짝 놀랐다. 아내가 기도하던 대로 정확히 10kg 살이 쪄 있었다. "네 뼈를 견고하게 하리니"라는 약속(사 58:11)이 성취된 것이다.

큰 체력과 근력은 없었지만 항상 몸과 마음의 균형을 느꼈고 쾌적함을 느끼며 살게 된 것이다. 나의 일생에 있어 이런 건강을 경험한 적이 없었다. 나는 그 원인에 대해 생각해 보았다.

첫째는 하나님의 은혜이다. 무엇보다도 하나님과의 조화로운 관계를 유지하고 발전시키는 일이 건강에도 매우 유익했다. 은혜 속에서 행한 지속적인 하나님과의 교제가 나의 영혼을 치유하는 결과를 낳았다. 특별히 나는 기도하는 일에 많은 시간을 드렸다. 예수님을 믿은 후 하루 아침 2~3시간을 기도에 드렸다. 낮에도 틈나는 대로 마음으로 하나님을 찾았다. 지속적으로 말씀을 묵상하고 암송하고 읽고 공부했다. 그리고 아는 말씀에 성령의 인도를 따라 순종했다. 이런 생활을 시작한지 약 17년이 되고부터 영적, 정서적, 환경적 회복이 일어나고 뒤이어 육체적인 회복이 일어났다. 하나님과의 교제가 이끈 건강이라고 말할 수 있다. 폴 트루니에도 신경증 치유의 핵심을 하나님과의 교제 회복에 두고 있다.

> "신경증으로 고생하는 사람이 그리스도와 교제를 나눌 때 단순하고 복잡하지 않은 어린아이와 같은 마음을 재발견할 수 있다. 공포와 증오의 악순환은 파괴되고, 이제는 자신의 나약함을 감추지 않고 남에게 있는 그대로 자신을 거리낌없이 보여 줄 수 있다."[48]

여기에는 경건의 연습을 위해 삶이 규칙적으로 되었던 것도 큰 몫을 차지한다고 하겠다. 또한 내면의 치유를 통해 기쁨과 평강과 감사가 넘치는 삶이 건강에 큰 역할을 한 것이다. 노만 커즌스(Norman Cousins)는 즐거운 마음은 과학적으로도 건강의 증진에 큰 역할을 한다고 말하고 있다.

> "웃음 및 적극적 정서 일반이 우리 몸의 화학작용에 좋은 영향을 끼친다는 믿음에는 과연 과학적인 근거가 있는가? 만일 웃음이 실제로 몸의 화학작용에 건전한 영향을 끼친다면, 적어도 이론적으로 웃기만 해도 조직의 염증에 대한 저항력이 높아져야 한다. 그래서 유쾌한 이야기를 듣기 직전과 듣고 몇 시간 지난 후의 적혈구 침강속도를 측정해 보았다. 그 결과, 적어도 5 포인트가 낮아졌다. 그 수치는 그리 큰 의미가 없지만, 그것이 지속되고 누적된다면 이야기가 달라진다. 나는 '웃음의 보약'이라는 옛말에 생리학적인 근거가 있다는 것을 알아내고는 뛰어

오를 듯 기뻤다."⁴⁹

둘째는 지속적인 육체의 훈련이다. 내가 했던 육체의 훈련은 지속적인 운동과 규칙적인 생활이었다. 북경에 도착한 후 나는 10여 년간 계속해서 조깅을 했다. 이것이 조금씩 쌓여 몸에 좋은 영향을 준 것 같다. 회복의 시기에 이러한 것들이 함께 모아져서 긍정적인 작용을 한 것이라 생각한다. 또한 나는 대학시절 건강을 심하게 잃은 후 이성민 원장님의 권면을 따라 몸과 마음을 늘 살피는 삶을 살아왔다. 이것은 나의 몸의 상태를 민감하게 살펴 진단하고 조치할 수 있게 해 주었다. 또한 규칙적인 생활과 절제하는 생활이 나의 건강에 큰 도움이 되었다. 정한 시간에 일어나고, 정한 시간에 자는 삶을 꾸준히 살았다. 일도 미리 미리 준비하여 급하게 몰아치는 일 처리를 하지 않았다. 음식을 과하게 먹지 않고 과한 운동을 삼가고 과한 스트레스를 피하는 삶을 늘 실천하며 살았다. 오랜 질병으로부터 얻은 삶의 패턴이었다. 절제, 즉 훈련이 쌓이면 나중에 큰 돌파를 이루어 낸다는 것은 육체적인 영역에서도 사실이라고 나는 믿는다.

셋째는 아내와의 친밀한 의사소통과 정성 어린 보살핌이다. 아내는 나의 연약함을 잘 받고 늘 격려해 주었다. 항상 나의 친구가 되어 준 것이다. 우리는 많은 대화로 삶의 모든 것을 나누는 삶을 살았다. 그러한 삶의 방식이 어려울 때 짐을 함께 질 수 있는 좋은 장점을 가져다 주었다. 또한 나의 시야가 잘못되었을 때 서로간의 충분한 의사소통은 나를 감정의 늪과 잘못된 시야에서 빨리 벗어나게 해 주었다. 우울증 환자의 특징은 부정적인 사고방식과 왜곡된 시야이다.

"우울증이 가져오는 매우 파괴적인 결과 중 하나는 많은 부정적인 생각을 야기한다는 것이다. 그런 생각들은 우울증에 자양분을 공급함으로 우울증을 불필요할 정도로 지속시킨다. 부정적인 생각이 들 때마다 그것들을 가려내어 즉각적으로 도전하고 반전시키는 것은 매우 중요하다."[50]

아내는 내게 있어 긍정적인 시야에 대한 좋은 자원이 되어 주었다. 아내와 대화를 하고 나면 나의 부정적인 시야가 긍정적으로 바뀔 때가 많았다. 아내와의 대화를 통해 얻은 긍정적인 시야가 나를 많은 어두움에서 해방되게 했다. 아내와의 대화도 훈련이요 노력의 산물이었다. 이것이 습관화되기까지 많은 시간과 노력이 필요했다. 아내와의 친밀한 의사소통은 결과적으로 나의 행복감을 증진시키고 건강에도 많은 도움을 주었다.

또한 아내가 간호사였기 때문에 음식과 생활 습관 면에서 많은 도움을 주었다. 결혼 전에 나는 몸에 좋은 음식과 나쁜 음식에 대해 들어보지 못했다. 결혼 후에 아내는 몸에 좋은 것을 가려서 먹고 또 그것을 권면했다. 의학지식과 건강에 대한 지식이 있었기 때문에 때마다 나의 몸 상태를 진단해서 음식과 약과 휴식에 대해 조언해 주었다. 세밀하고 정성 어린 보살핌이 나의 육체적인 상태가 긍정적으로 변한 주요한 원인 중의 하나가 되었다.

넷째는 좋은 영적 지도자들과 건강한 공동체와의 만남이다. 나는 예수님을 믿고 좋은 공동체를 만났다. 네비게이토선교회, 세계로선교회, 동양선교교회, 새생명비전교회를 경험했다. 때마다 훌륭한 영적 지도자들을 만났다. 이규원 간사님, 변희관 목사님, 강준민 목사님과의 만남과 그분들로부터의 배움은 나의 영성과 인격 성장에 지대한 영향을 끼쳤다. 현재의 나는 그분들로부터 배우고 받은 사랑의 결과라 아니할 수 없다. 사랑이 많은 형제자매들과 성도들과의 아름다운 교제 또한 나에게 생명의 에너지를 공급해 주었다. 함께 성장하는 과정을 거치게 되었다. 건강한 공동체에는 밝음이 있었다. 생명의 에너지가 넘쳤다. 용서와 용납이 있었고 격려가 있었다. 여기에서 치유가 가속되었다.

하나님은 나로 하여금 끊임없이 하나님을 찾게 하시고 어느 순간 큰 영적인 회복을 경험하게 하셨다. 하나님을 찾는 삶은 전능자의 기운을 나의 영에 불어 넣어졌다. 전능자의 숨결이 나의 영에 들어와서 나의 정신을 차고 넘치게 하였다. 그리고 나의 육체의 회복을 불러 일으켰다. 일평생 나를 따라 다니며 나의 삶을 위협했던 건강의 문제에서 자유하게 하셨다. 육체의 연약함과 정서적 빈곤함은 나로 하여금 하나님을 간절히 찾게 했다. 하나님을 찾고 그 말씀에 순종함을 통해 나는 주님의 임재를 지속적으로 경험하게 되었다. 그리고 나의 내면이 점점 충만하게 되었다. 은혜로운 감정이 점점 내 안에 쌓여 갔다. 평강과 기쁨이 내 안에 자라고 차오르게 되었다. 마음의 평강은 나의 육체에 긍정적인 영향을 미쳤다. 지속적인 운동과 절제의 삶이 더해져서 나의 건강은 점점 증진되었다. 동시에 사역을 감당하는 능력도 커지게 되었다.

나의 경험을 통해 다음을 배운다. 건강은 단지 육체적인 질병이 없는 것으로 또는 육체적인 능력으로만 평가할 수 없다. 나는 나의 경험을 통해 건강을 나름대로 정의해 본다. 건강이란 영과 마음과 육체와 일의 조화로운 상태이다. 이것은 구약에서 말하는 '평강', 즉 '샬롬'의 의미에 근접한 것이다. 결국 건강은 하나님과의 올바른 관계에 그 원인을 두고 있다. 폴 트루니에는 건강을 육체적, 정신적, 영적으로 구김살 없는 상태라고 정의한 바 있다.

"건강이란 병이 없다는 것만을 의미하지 않는다. 건강은 삶의 질적 문제이다. 육체적, 정신적, 영적으로 구김살이 없는 것을 말한다. 그리고 인간의 힘을 최대한으로 발휘시키는 것이다."[51]

32

점점 차오르는 충만함

하나님을 찾는다는 것은 기도한다는 것이다. 기도는 하나님 앞에서 영적으로 호흡하는 것이다. 하나님 앞에서 영적인 호흡을 할 때 우리의 영은 전능자의 기운을 들이 마시게 된다. 그때 우리 안에 있는 세상의 기운이 물러가고 하나님의 기운이 들어오게 된다. 전능자의 기운은 우리의 영혼을 살린다.

"하나님의 영이 나를 지으셨고 전능자의 기운이 나를 살리시느니라"(욥 33:4).

전능자의 기운은 우리의 영혼을 살릴 뿐 아니라 우리로부터 주위로 흘러 들어가게 된다. 우리의 가정을 살린다. 지역사회를 살린다. 나라를 살린다.

전능자의 영은 성령을 의미한다. 성령께서 우리 영 안에 들어오셨을 때 하는 주요한 일은 깨닫게 하는 일이다.

"그러나 사람의 속에는 영이 있고 전능자의 숨결이 사람에게 깨달음을 주시나니"(욥 32:8).

성령은 진리의 영으로서 진리를 깨닫게 한다. 하나님 나라의 것들을 깨닫게 한다. 하나님의 말씀을 깨닫게 한다. 우리의 죄를 깨닫게 한다. 하나님을 알게 한다. 성령은 깨달음을 줄 뿐 아니라 죄를 버리고 하나님과 예수님을 선택하고 말씀을 선택하도록 능력을 부어 준다.

말씀을 선택하고 예수님과 동행하게 될 때 비로소 우리 안에 치유가 일어난다. 상처의 치유가 일어난다. 내면 깊이 숨겨진 감추어진 상처도 드러나게 되고 부활의 기운으로 치유함을 받는다. 부활하신 예수님의 영이 우리 안에 역사하게 된다. 우리 안에 참된 회복이 일어난다. 하나님의 형상으로 닮아가는 일이 일어난다. 우리 안에 있는 아름다움이 드러난다.

성령은 치유의 영이다. 회복의 영이다. 포로 됨으로부터 자유하게 하는 영이다. 성령의 숨결, 즉 성령의 기름부음은 이 세상에서 받은 온갖 상처를 치유한다. 우리를 온전하게 한다. 건강하게 한다. 육체적으로, 정신적으로, 영적으로 건강하게 한다. 진정한 샬롬을 맛보게 한다. 하나님 나라를 맛보게 한다.

성령의 치유는 시간이 걸린다. 점진적으로 이루어진다. 성령의 역사에 우리가 지속적으로 동참할 때 이루어진다. 우리가 지속적으로 하나님 앞에 나아갈 때 그 치유를 경험할 수 있다. 하나님 앞에 나아가는 것도 성령께서 도우신다. 그분께서 하신다. 성령은 하나님 앞에 간절히 나아가게 하시기 위해 우리를 고난이라는 광야로 내몰기도 하신다. 성령의 숨결의 차오름은 점진적이다. 에스겔은 환상을 통해 성령의 강수가 점진적으로 차오르는 것을 보았다. 처음에는 물이 발목에 오르고 그 후에 물이 무릎까지 오르고 그 후에 허리에 올랐다. 그 후에 물이 건너지 못할 정도로 차고 넘쳤다(겔 47:3-5). 이렇게 물이 넘치게 될 때 물이 지나가는 모든 곳의 생물들이 되살아났다. 그들이 생기를 얻은 것이다.

성령은 창조의 영이다. 성령은 새롭게 하는 영이다. 영혼을 새롭게 한다. 새로운 일을 하게 한다. 성령님과 동행할 때 성령님은 우리의 영혼을 치유하고 회복시키신다. 그리고 우리로 하여금 새로운 역사에 참여하게 한다. 고유한 사역을 하게 한다. 독특하고 아름다운 하나님의 사역에 동참하게 한다. 하나님의 선교에 동참하게 한다.

전능자의 기운이 내게 전혀 없을 때 나는 우울증과 불면증으로 심한 고생을 했다. 더 이상 살아갈 힘이 전혀 없는 절망의 상태에 이르렀다. 한 의사선생님과의 만남은 나를 극한 불안과 우울에게 건져 주었다. 깨달음과 소망이 찾아왔다. 회복이 찾아왔다. 그러나 그 깨달음과 소망은 세상의 것이었다. 그것이 가져다 준 것은 심리적 구원이었다. 영적인 구원이 아니었다. 전능자의 기운과의 접촉이 아니었다. 심리적 구원의 기초는 내게 삶의 견고한 기초를 주지 못했다. 나를 교만하게 했다.

하나님은 내게 전능자의 기운이 필요함을 아셨다. 나를 예수 그리스도께로 인도하셨다. 믿음을 주셨다. 나의 죄를 깨닫게 하셨고 하나님의 말씀을 깨닫게 하셨다. 영적인 구원을 이루셨다. 예수님과의 만남은 나의 인생을 근본적으로 바꾸셨다. 하나님에 대한 열망을 주셨다. 말씀에 대한 갈급한 마음을 주셨다.

나는 전능자의 숨결을 매우 갈급하게 찾았다. 그분의 숨결을 날마다 순간마다 필요로 했다. 하나님께서 내게 기도의 영을 주셨다. 하나님을 무시로 찾게 하셨다. 분초마다 고통스러웠던 과거의 삶이 아닌 분초마다 하나님을 찾는 새로운 삶을 주셨다. 전능자의 영, 즉 성령은 나를 영적 훈련의 삶으로 인도하셨다. 그리스도의 제자의 삶을 배우게 하시고 공동체의 삶을 배우게 하셨다. 여러 가지 크고 작은 어려움들이 찾아왔다. 하나님을 찾고 찾을 때 하나님의 도우심을 경험하게 하셨다.

예수 믿고 처음 7년의 기간 동안은 주로 영적인 훈련, 즉 제자훈련의 기간이었다. 영적인 훈련의 기간 동안 기도를 많이 쌓았다. 말씀을 마음에 많이 간직했다. 복음을 전했고, 순종과 인내를 배웠다. 한동안 하나님의 역사하심이 눈에 보이지 않았다. 그러나 때가 찼을 때 놀라운 결과로 응답하셨다. 박사학위 과정의 졸업과 결혼과 선교의 문을 동시에 여셨다. 상상하기 어려운 일들이 내게 일어났다. 졸업을 위한 놀라운 작품을 선물로 주셨다. 전능자의 기운이 내 발목까지 찼다. 영이 살아나기 시작한 것이다. 나의 영이 이제 숨을 쉬기 시작했다.

나는 그리스도의 일꾼이 되어 선교지에 갔다. 결혼 직후였다. 선교지에 갔을 때 나의 몸은 여전히 힘이 들었다. 기력이 부족했다. 나의 정신은 미약했다. 생각이 자유롭지 않았다. 마음에는 여전히 두려움과 불안과 염려가 많았다. 계속 하나님을 찾았다. 이번에는 아내와 함께 하나님을 찾았다. 아내와 함께 많은 것을 나누었다. 아내는 내게 인생의 밝은 면을 보는 것을 도와주었다. 하나님의 시야, 믿음의 시야를 갖는 것을 도왔다. 믿음에 새로운 엔진을 달게 되었다. 새로운 힘이 점점 생겼다. 기쁨과 평강과 안식이 생겼다. 자유함이 생겼다. 몸이 조금씩 회복되었다. 사역이 훨씬 효과적이 되었다. 풍성한 열매를 경험했다. 전능자의 기운이 내 무릎까지 차오른 것이다. 나의 영이 조금 더 활발하게 움직였다. 몸과 정신이 보다 자유로워졌다.

　새로운 도전이 시작되었다. 고립의 시기를 경험해야 했다. 선교지를 떠났고 미국으로 가게 되었고 다시 한국으로 들어가 직장생활을 하게 되었다. 하고 싶던 선교의 일에서 벗어나자 외로움이 찾아왔다. 정체성이 흔들리기 시작했다. 환경적으로는 문제가 없었는데 나의 영혼은 심하게 흔들렸다. 고통스러웠다. 많은 월급과 좋은 직장으로 채울 수 없는 공허감이었다. 하나님의 음성이 잘 들리지 않았다. 아내가 나의 은사를 말해 주었다. 그리고 나의 길을 가도록 격려해 주었다. 자신이 일을 하며 후원하겠다고 약속했다. 우리는 새로운 길을 향해 갔다. 중년의 나이에 직장을 그만두고 신학을 공부하기 위해 두 아이들을 데리고 미국으로 발걸음을 향했다. 대모험이었다. 미국에 도착해 보니 상황은 계획대로 되지 않았다. 신분문제가 해결되지 않아 아내가 일을 할 수 없었고 또한 나도 공부할 수가 없었다. 그래서 더욱 간절히 하나님을 찾게 하셨다.

　40대 초반의 어느 날, 하나님께서 내게 찾아오셔서 나의 믿음 없음을 책망하셨다. 나는 하나님 앞에 회개했다. 영혼의 소성함이 있었다. 말할 수 없는 기쁨이 나의 영혼에 찾아왔다. 아내는 곧바로 일을 하게 되었고 나도 신학교에 들어가 선교학 공부를 하게 되었다. 그리고 새로운 사역으로 인도하였다. 새로운 멘토와의 만남으로 인도하셨다. 전혀 예상하지도 않게 교회에서 일하게 되었다. 은사가 드러나고 예비된 사역을 하게 되었다. 인정받고 열매 있는 사역을 하게 되었다. 청소년부에서 청년부, 젊은 부부 사역을 거쳐 대형교회의 행정사역을 두루 경험하며 행복하게 사역하였다. 몸의 회복이 찾아왔다. "달음박질 하여도

곤비하지 아니하겠고 걸어가도 피곤하지 아니하리로다"고 한 이사야의 말씀처럼 새 힘을 가지고 일하게 되었다. 중년기의 위기와 함께 찾아왔던 고립은 결국 큰 회복을 위한 것이었다. 나의 영과 혼과 몸은 더욱 회복의 기운을 맞게 되었다. 전능자의 기운이 허리까지 차오른 것을 느꼈다. 이사야 58장 9~2절의 약속이 분명하게 드러나게 되었다. 주님의 임재가 더욱 분명하게 경험되었다. 영혼의 만족이 있었고 물 댄 동산 같고 물이 끊어지지 않는 샘 같은 심령이 되었다. 뼈가 견고하게 되었다. 영혼의 열매들이 풍성했다. 내게 기도의 영이 부어지고 끊임없이 하나님을 찾고 의지하며 달려온 지 약 16년 되었을 때부터 일어난 일이었다. 충만함의 길로 인도됨을 경험했다.

40대 후반기에 다시 한 번 큰 시험이 찾아왔다. 아들 영찬이가 사춘기에 많이 흔들리고 방황을 하게 되었다. 아들이 신앙의 길에서 벗어나는 것을 보는 부모의 처절한 심정을 경험했다. 2년간 안간힘을 다해 주님께 매달렸다. 일생에서 아마 가장 간절히 하나님을 찾았던 것 같다. 젖 먹던 힘까지 다해 주님을 의지하고 매달렸다. 하나님의 약속을 붙들고 밤낮 부르짖었다. 2년간 사투와도 같은 영적 싸움을 벌인 후에 아들 영찬이에게 회복의 계절이 찾아왔다. 주님의 자녀로, 부모의 아들로 돌아왔다. 우리 가족에 평안이 찾아왔다. 행복이 다시 찾아왔다.

이 영적 싸움은 내게 많은 것을 가르쳐 주었다. 믿음과 사랑과 소망에 대해 보다 깊게 배웠다. 고난을 극복하는 능력이 믿음임을 배웠다. 어떠한 상황 속에서도 사람의 좋은 면을 보고 그것을 빛나게 해 주는 능력이 사랑임을 배웠다. 사람의 연약함을 이해하고 받고 용납하고 최선을 기대하는 사랑을 배웠다. 고난 중에서도 밝은 미래를 바라보는 능력이 바로 소망임을 배웠다. 고난 속에 하나님을 찾을 때 전능자의 기운이 더욱 충만하게 임하게 됨을 배웠다. 전능자의 기운이 내 안에 더 차오름을 느낀다.

중년의 회복 이후 내게 새로운 사역이 펼쳐졌다. 평신도 선교단체 출신의 선교사이던 나를 교회의 사역으로 인도하셨다. 또 신학과 선교학을 공부하게 하셨다. 교회의 사역을 두루 경험하게 하셨다. 교회 안에서 설교와 전도와 제자 삼는 사역을 하게 하셨다. 셀 목장 사역을 하게 하셨다. 선교사역을 감당하게 하셨다. 교회와 선교단체의 아름다운 협력에 가교역할을 하게 하셨다. 책도 쓰게 하셨다. 전혀 새로운 일들을 하게 하시고 열매를 주셨다.

지금까지 50년을 살아오면서 25년은 전능자의 기운을 전혀 모르는 채 살았다. 그 다음 25년은 전능자의 손을 꼭 붙들고 살아왔다. 하나님께서 내게 기도의 영을 주셔서 밤낮으로 하나님을 찾게 하셨다. 25년간 계속해서 회복의 길로 인도하셨다. 충만함의 길로 인도하셨다. 이제 남은 생애를 더욱 충만하게 하실 것을 기대한다. 전능자의 기운이 더욱 왕성하게 역사하는 삶을 기대한다.

하나님은 치유와 회복의 하나님이시다. 절망에 빠져 있던 극도의 우울증 환자를 충만한 복된 일꾼으로 바꾸셨다. 하나님은 먼저 나로 하여금 하나님을 찾게 하셨다. 그리고 내가 하나님을 찾을 때 모든 좋은 것에 부족함이 없게 채우시고 치유하시고 회복시키셨다. 충만하게 하셨다. 하나님의 새 역사 창조에 동참하게 하셨다. 예수 그리스도는 나의 길이 되셨고 내 삶의 주인이 되셨다. 성령님은 나와 교통하셨고 내 안에서 전능자의 기운으로 나를 살리셨다. 그리고 나를 점점 충만하게 하셨다. 이 전능자의 기운이 주님과 동행하는 모든 사람에게 임하시기를 간절히 소원한다.

 33

영혼의 주시

예수님을 믿은 후 지난 25년간 나는 열심히 달음박질하며 살아왔다. 예수님을 배우기 위한 삶이었다. 예수님을 섬기기 위한 삶이었다. 그 사이에 많은 것들이 이루어졌다. 제자로서의 힘든 훈련을 받아냈다. 어디서든지 어떤 환경에서든지 꾸준히 영혼을 구원하며 제자들을 양육하는 삶을 살았다. 좋은 그리스도인들과의 아름다운 교제가 있었다. 세상일을 할 때에는 하나님을 의뢰하면서 열심히 행하여 좋은 결과도 내었다. 결혼도 했고, 선교사로서 파송을 받았다. 더 중요한 변화는 내면의 변화였다. 평강과 기쁨이 있었다. 꿈을 가지고 믿음과 인내의 삶을 살았다. 확신 있는 삶을 살았다. 항상 하나님을 찾고 바라보았다.

그 이전의 삶도 25년간이었다. 믿은 후의 삶을 믿기 전의 삶과 비교해 본다. 어려서는 가난에 찌들린 삶이었다. 가정의 불화로 긴장스러운 삶이었다. 대학 캠퍼스에서의 기간은 참으로 상실의 시간이었다. 온통 자신의 병에 집착했던 시기였다. 나의 질병을 묵상하고 질병을 두려워하며 살았다. 불면과 소화불량과 두통으로 고생했다. 평강과 쉼이 없었고, 불안, 염려, 절망이 나의 마음을 사로잡았다. 우울증 때문에 나는 분초마다 좌절했고 방황했다. 공허한 시간의 연속이었다. 마음에 하나님이 없었다. 시간을 허비했다. 무언가 알지 못하는 어둠의 세력이 나를 이끌어 갔다.

믿은 후 25년간은 마음이 공허하지 않았다. 점점 충만해져 감을 경험했다. 생산적인 일들을 많이 했다. 나의 인생의 주인이신 예수님이 나를 생명의 길로 인도하셨다. 가장 뚜렷한 변화는 하나님을 찾는 것이었다. 마음으로 하나님을 찾았다. 아침마다 찾고 점심에도 찾고 저녁에도 찾았다. 실험할 때도 찾았고 강의 중에도 찾았다. 성경을 공부할 때도 찾았고 교제 중에도 찾았다. 항상 어디서나 하나님을 찾는 것이 습관이 되었다. 힘들 때는 더욱 간절히 찾았다. 평안할 때는 조용히 찾았다.

하나님을 찾는다는 것은 마음의 행위이다. 마음으로 하나님을 추구하는 것이다. 하나님을 찾는 것은 마음으로 기도를 하는 것이다. "하나님을 찾는다"는 의미의 또 다른 성경적 표현은 "하나님을 바라보는 것"이다. "하나님을 앙망하는 것"이다. 이것을 다른 말로 하자면 "영혼이 하나님을 주시하는 것"이다. 영혼이 하나님을 주목하는 것이다.

하나님을 찾는 마음의 기도는 끊임없이 반복하는 기도이다. 시편 34장 10절에서 하나님을 찾는다고 할 때 '찾는다'는 말의 히브리어는 'darash'이다. 이 단어는 현재진행형으로 되어 있다. 이 단어의 영어 단어는 'resort'이다. 이 단어는 '계속'이라는 의미와 '자주' 혹은 '습관적으로'라는 의미를 갖고 있다. '자주 혹은 습관적으로 휴식하다,' '습관적으로 의지하다.' '자주 가다' 등의 의미를 갖는다. 또한 '습관적으로 수리하다'는 뜻도 있다. 그러므로 하나님을 찾는다는 의미는 '하나님을 자주 습관적으로 찾아 안식하다,' '하나님을 자주 습관적으로 찾아 의지하다,' '자주 습관적으로 수리하다'는 의미를 갖는다. 따라서 하나님을 찾는다는 의미는 계속해서 반복적으로 찾는 것을 의미한다. 순간 순간 찾는 것을 의미한다. 헨리 나우웬도 이 반복적인 기도를 매우 강조한다.

> "자주 반복적으로 찾기 때문에 기도는 매우 짧은 기도가 된다. R.M. 프렌치(French)의 『순례자의 길(The Way of the Pilgrims)』에 보면 한 러시아의 농부의 마음의 기도 이야기가 나온다. 그 농부는 하루 교회에 가서 말씀을 듣다가 "쉬지 말고 기도하라"(살 5:17)는 말씀에 큰 도전을 받았다. 그리고 어떻게 하면 쉬지 않고 기도할 수 있는지를 생각했다. 왜냐하면 살아가는 데에는 여러 가지 해야 할 일들이 많았기 때문이었다. 그러던 중 한 거룩한 영적 지도자를 만난다. 그 영적 지도자는 좀더 자주 하나님께 끊임없는 기도의 방법을 가르쳐 달라고 열렬히 그리고 많이 기도해야 한다고 말해 준다. 시간이 걸릴 것이라고 말해 준다. 그리고 나서 후에 그 영적 지도자는 농부에게 "주 예수 그리스도여 저에게 자비를 베푸소서"라는 기도를 가르쳐 주었다. 그는 여행하는 동안 수천 번 이 기도를 했다. 자신도 모르게 입술에서의 기도가 자신의 마음으로 내려 오는 것을 느꼈다."[52]

"영혼의 주시" 혹은 '마음의 주시"는 교회 역사에서 영성 저작에 등장하는 묵상 문구였다. 이 마음의 주시가 그들에게는 곧 기도였다.

"마음의 주목"은 예로부터 교회의 영성 저작에 등장하는 고대의 묵상 문구다. 저자 제이콥 니들먼은 『잃어버린 기독교』에서 기독교 체험의 정수를 찾아 나선다. 그는 우리가 그것을 다분히 '잃었다'고 보았다. … 니들먼은 "이 주목이 곧 기도다. 밤중에 지켜보며 기다리는 것이 바로 기도다"라고 썼다.[53]

수몽크 키드(Sue Monk KIDD)는 마음의 주목의 핵심요소로서 주의력과 헌신을 들었다.

"나는 마음의 주목을 주의력과 헌신이라는 두 내면 상태의 조합이라고 본다. 하나님의 임재 안에 가만히 앉아 있는 마리아는 이 둘의 융합을 유감없이 보여 준다. 주의력은 기다림에 꼭 필요하다. 기다린다는 말은 '주시하다'라는 뜻의 어근에서 왔다. 본래 기다린다는 것은 일정 기간 내내 주의력 내지 경각심을 품는다는 뜻으로 매우 중요시되는 것이었다. 하나님을 기다린다는 것은 하나님이 오시는 것을 예의 주시한다는 뜻이다. 주시하는 자들과 기다리는 자들은 거의 같은 의미였다."[54]

영혼을 주시하는 습관은 인생에 있어 가장 좋은 것을 얻는 결과를 낳는다. 다윗도 시편 34편 10절에서 하나님을 찾는 사람들에게 모든 좋은 것이 충분히 주어진다고 노래했다. A.W. 토저(Aiden Wilson Tozer)도 동일한 이야기를 한다.

"내적으로 하나님을 바라보는 습관이 우리 안에서 고정될 때 하나님의 약속과 신약의 분위기를 지킴에 있어 우리는 영적 생활의 더욱 새로운 차원으로 안내될 것이다. 비록 우리의 발이 세상 사람들 가운데서 하찮은 임무를 행하며 낮은 길을 걷고 있을 때라도 삼위일체의 하나님이 우리의 거할 처소가 되실 것이다. 진정으로 우리는 삶의 최고선을 발견하게 될 것이다."[55]

영혼의 주시는 믿음이라는 좋은 선물을 가져다 준다. 영혼이 하나님을 찾고 주시하는 동안 우리의 믿음이 자라는 것이다. 예수님을 바라봄으로 세상의 유혹을 이기고 믿음의 진보를 이루게 되는 것이다(히 12:2). 토저는 마음이 하나님을 주시하는 것이 곧 믿음이라고 말했다.

"믿는다는 것은 마음의 주의를 예수님께로 향하는 것이다."[56]

"믿음은 우리 시야의 방향을 돌리는 것이다. 즉 우리 자신의 시야에서 벗어나 하나님께 초점을 맞추는 것이다."[57]

영혼을 하나님께 고정시키는 삶 속에서 우리에게 주어지는 좋은 것 중에 하나가 평강과 안식이다.

"'항상 기도하라'는 말의 축어적 번역은 '와서 쉬시오'이다. 쉰다는 의미의 희랍어는 'hesychia'이고 헤서케즘(hesychasm)은 사막의 영성을 가리키는 용어이다. 헤서케스트는 끊임없는 기도의 길로서 고독과 침묵을 추구하는 사람들이다. 헤서키스트들의 기도는 휴식의 기도이다."[58]

끊임없이 나의 영혼이 주님을 향하는 가운데 나는 어느덧 우울증에서 벗어나 있었다. 여러 가지 신체적인 연약함에서 많이 극복하는 삶을 살게 되었다. 마음을 하나님께 고정하면서 주님께서 주시는 평강이 점점 나의 마음에 차는 것을 느꼈다.

영혼이 계속 하나님을 주시함으로 하나님의 믿음과 평강이 내 안에 흘러 들어온 것이다. 하나님의 말씀이 나의 내면의 언어가 되어 세상의 언어들을 몰아낸 것이다. 내 안의 어두움들이 서서히 물러가고 내 영혼 속에 있는 그리스도의 빛이 드러나게 된 것이다. 마음에 평강이 임함으로 몸도 더욱 건강해졌다. 생명의 열매도 맺기 시작했다.

영혼의 주시는 많은 연습과 훈련을 통해 내 안에 자리잡게 되었다. 이것은 시간이 걸리는 일이었다. 많은 반복과 훈련이 필요했다. 또한 기다림이 필요했다. 내가 기다렸지만 실은 하나님께서 기다리신 것이다. 내가 한 훈련이지만 하나님께서 주도하신 훈련이었다.

하나님께서는 내게 영혼의 주시를 훈련시키기 위해 지난 25년간의 세월을 투자하셨다. 숨막히는 환경 속에서 하나님을 바라보게 하셨다. 형통한 환경 속에서도 하나님을 바라보게 하셨다. 이 훈련은 어떤 의미에서는 예수 믿기 전 7년 전에 시작하셨는지도 모른다. 분초마다 상실과 고통을 경험하게 하신 것이 나로 하여금 분초마다 하나님을 찾는 삶의 보이지 않는 기초를 만들었다고 해도 과언이 아니다. 분초마다의 고통은 나로 하여금 반대로 분초마다 하나님을 의지하게 만들었다. 다시는 그러한 상실을 경험하고 싶지 않은 마음이 내 안에 깊이 형성되어 있었다. 그러므로 예수님을 믿은 후 나는 뒤를 돌아보지도 않고 예수님께만 매달린 것이다.

마음으로 하나님을 주시하는 훈련은 매우 단순한 훈련이었다. 어디서나 할 수 있는 훈련이며 어떤 상황에서도 할 수 있는 훈련이었다. 아무리 병약한 상태에서도 할 수 있는 훈련이었다. 아무리 큰 스트레스의 환경 속에서도 할 수 있는 훈련이었다. 오히려 그런 가운데 더 절박하게 할 수 있는 훈련이었다. 하나님께서 하시는 최고의 훈련은 돈이나 인간적인 방법이 들어가는 방법을 사용하시는 것이 아니었다. 누구나 어디서든지 어떤 상태에서든지 할 수 있는 훈련이었다. 이것은 내게 있어 하나님의 임재 연습이기도 했다. 하나님을 주목하고 바라보고 찾는 것은 그 자체가 하나님의 임재 속에서 살아가는 핵심이기도 했다. 이는 나만의 경험이 아니라 많은 영성가들의 경험이기도 한 것을 알았다. 로렌스 형제의 고백 속에서도 이것을 알 수 있다.

> "하나님의 임재 연습의 가장 감동적인 대목은 단연 로렌스 형제의 이런 고백이다. '내게 있어 하나님을 대하는 가장 유익한 길은 이 단순한 주목과 하나님을 향한 참된 열망이다. 나는 엄마 품에 안긴 아기보다 더 큰 기쁨으로 하나님께 속해 있는 자신을 종종 본다.' 로렌스 형제는 헌신의 애틋한 불꽃을 알았다."[59]

로렌스 형제의 말처럼 내가 하나님을 대하는 가장 유일한 길은 단순히 하나님을 찾는 것이다. 그분을 바라보는 것이다. 할 수만 있으면 순간순간마다 주목하는 것이다. 하나님의 이름을 부르고, 하나님을 생각하는 것이다. 고난 중에는 좀더 간절히 찾는다. 평안할 때는 평안한 마음으로 바라본다. 이것이 내가 아는 예배의 핵심이다.

하나님의 은혜 속에서 하나님을 찾을 때 하나님 안에 있는 많은 보화들을 발견할 수 있다. 그것들은 축복의 선물이다. 하늘의 신령한 복과 땅의 기름진 복이 그 안에 담겨 있다. 그 모든 복이 전능자의 기운을 통해서 온다. 나는 전능자의 기운이 황폐된 나의 영과 혼과 육체를 살리는 것을 경험하며 살았다. 25년간의 하나님의 숨결의 역사를 통해 배운 것은 이것이다.

"예수님은 전능하신 치유자이시다."

내 인생의 꿈
(빌 2:13)

오영례

내 자신은
내가 나를
어떻게 보느냐에 따라

하나님이
나와 함께 하실 수 있는
한계가 정해지네.

내 삶은
하나님이
내 안에 두신

비전과
꿈을 드낼
특별한 기회네.

하나님이
내게 심어 주신 꿈은
우연히 열매 맺어지지 않네.

날마다
나의 안전지대를 벗어나
더 높이 하나님께 가야 하리.

나를 순응시키려는
모든 저항에 맞서
계속 가까이 나아가야 하리,

나보다 더욱 더
나 자신인
그 분은

나의 참된 자리,
나의 독특한 꿈을
이루기까지

결코
내 속에서
쉬지 않으시리.

주

1장 상실한 마음과 고통

1. 폴 트루니에, 『강자와 약자』, IVP, 2000, p23.
2. 같은 책, p29.
3. 같은 책, p22.
4. 아치볼드 하트, 『우울증』, 요단, 2000, p22.
5. 데이비드 시멘즈, 『상한 감정의 치유』, 예찬사, 1994, p31-32.

2장 심리적 구원

6. 김주환, 『회복 탄력성』, 위즈덤하우스, 2011, p54.
7. 같은 책, p165.
8. 아치볼트 하트, 『우울증』, 요단, 2000, p228.
9. 폴 트루니에, 『강자와 약자』, IVP, 2000, p33.
10. 같은 책, p34.
11. 같은 책, p37.

3장 예수님과의 만남과 진정한 회복의 시작

12. 프랑소와 페넬롱, 『그리스도 안에서의 완전』, 크리스천 다이제스트, 1991, p144.
13. R.M. French, trans., The Way of the Pilgrim (New York: The Seabury Press, 1965, pp2-3. 헨리 나우웬, 『마음의 길』, 분도출판사, 1989, p90.
14. 헨리 나우웬, 『마음의 길』, 분도출판사, p83.

4장 훈련과 회복

15. 더치 쉬츠,『하나님의 얼굴로 들어가라』, 베다니 출판사, 2007, p237.
16. 홍일권,『5만 번 응답 받은 뮬러의 기도비밀』, 생명의 말씀사, 2001, p227.
17. 유진 피터슨,『응답하는 기도』, IVP, 2003, p11.
18. 도슨 트로트맨,『불타는 세계 비전』, 네비게이토출판사, 1998, p41.
19. Robert Clinton, Having a Ministry that Lasts, Altadena CA: Barnabas Publications, 1997, p221.
20. Robert Clinton, Leadership Emergence Theory, Barnabas Resources: Altadena, CA, 1999, p293.
21. 리처드 포스터,『영적 훈련과 성장』, 생명의 말씀사, 1995, p24.
22. 마크 뷰케넌 Mark Buchanan,『열렬함』, 규장, 2004, p210.
23. 같은 책, p210.
24. 존 맥스웰,『최고의 나』, 다산라이프, 2008.
25. 로저 스티어,『허드슨 테일러』, 두란노, 1990, pp 74-75.
26. 같은 책, pp76.
27. 같은 책, pp76.
28. 양낙흥,『조나단 에드워즈의 생애와 사상』, 부흥과 개혁사, 2003, p210.
29. 같은 책, p210.
30. 최인철,『프레임』, 21세기 북스, 2007, p204.
31. 말콤 글래드웰,『아웃라이어』, 김영사, 2009, p54-58.
32. 마크 뷰케넌,『열렬함』, 규장, 2004, p216.
33. 더치 쉬츠,『하나님의 얼굴로 들어가라』, 베다니 출판사, 2007, p238-239.
34. 강준민,『기다림은 길을 엽니다』, 토기장이, 2012, p79.
35. 워렌 위어스비,『소망』, 살림, 2004, p15.

5장 사명에 대한 헌신과 회복

36. 김주환,『회복 탄력성』, 위즈덤하우스, 2011, pp164-165.
37. 류태영,『나는 긍정을 선택한다』, 비전과 리더십, p143.
38. 토마스 왓슨 Thomas Watson,『하나님을 경외하는 사람』, 2008, p139.

6장 고립과 회복

39. Robert Clinton, Leadership Emergence Theory, Altadena, CA: Barnabas Pub. 1989, p274.
40. 오운철,『끝까지 쓰임 받는 비결』, 두란노, 2009, p23.
41. Shelly Tebesch, Isolation, Barnabas Publishers, Altadena: CA, 1997, p62.
42. Robert Clinton, Leadership Emergence Theory, Barnabas Publications, Altadena: CA, 1989, p264.
43. 같은 책, p264.
44. Robert Clinton, Leadership Emergence Theory, Barnabas Publishers, Altadena: CA, 1989, p260.
45. 같은 책, p316.
46. 같은 책, p316.
47. 조나단 에드워즈,『신앙감정론』, 부흥과 개혁사, 2005, p147.
48. 폴 트루니에,『인간 치유』(2판), 생명의 말씀사, 2002, p30.
49. 노먼 커즌즈,『웃음의 치유력』, Smart Business, 2007, pp42-43.
50. 아치볼트 하트,『우울증』, 요단출판사, 2000, p211.
51. 폴 트루니에,『인간 치유』, 생명의 말씀사, 2002, p96.
52. R.M. French, The way of Pilgrims, pp1-3. 재인용: 헨리 나우웬,『마음의 길』, 분도출판사, p89.
53. 수 몽크 키드,『기다림』, 복있는 사람, 2006, p183.
54. 같은 책, p183.
55. A.W. 토저,『하나님을 추구함』, 2판, 생명의 말씀사, 1997, p106.
56. 같은 책, p98.
57. 같은 책, p100.
58. 헨리 나우웬,『마음의 길』, 1989, 분도출판사, p71.
59. 수 몽크 키드,『기다림』, 복있는 사람, 2006, p185.